信息素养与信息检索

尹志清　肖　尧　主　编

天津大学出版社
TIANJIN UNIVERSITY PRESS

图书在版编目（CIP）数据

信息素养与信息检索 / 尹志清，肖尧主编. -- 天津 ：
天津大学出版社，2024. 7（2026.1重印）. -- ISBN 978-7-5618-7766-1

Ⅰ. G254.9

中国国家版本馆CIP数据核字第20242G0H36号

出版发行 天津大学出版社
地　　址 天津市卫津路92号天津大学内（邮编：300072）
电　　话 发行部：022-27403647
网　　址 www.tjupress.com.cn
印　　刷 天津泰宇印务有限公司
经　　销 全国各地新华书店
开　　本 787mm×1092mm　1/16
印　　张 15
字　　数 374千
版　　次 2024年7月第1版
印　　次 2026年1月第2次
定　　价 45.00元

前　言

党的二十大报告提出要加快建设数字中国。随着大数据、人工智能、移动互联网、云计算、物联网等现代信息技术的飞速发展，信息技术成为建设创新型国家、制造强国、网络强国、数字中国、智慧社会的基础支撑。信息的海量增长与人们对信息的特定需求之间的矛盾越来越突出。高职院校以培养生产、建设、管理、服务等一线需要的高素质技术技能型人才、能工巧匠和大国工匠为主。提升高职院校学生的信息素养，增强高职院校学生在信息社会的适应能力与创新创造能力，对建设中国式现代化国家具有重要意义。

在数字化赋能和教育数字化转型背景下，为加强高职院校学生信息意识，使其掌握基本信息检索知识和检索技能，提升其信息检索实践能力，增强其创新创造能力，使其树立正确的信息社会价值观和责任感，为其职业发展、终身学习和服务社会奠定基础，我们编写了《信息素养与信息检索》一书。本书将理论与实践相结合，引导学生学以致用，提升信息素养。

本书由武汉船舶职业技术学院尹志清和武汉铁路职业技术学院肖尧担任主编。尹志清编写了第一章、第二章、第三章、第四章和第九章，肖尧编写了第五章、第六章、第七章和第八章，尹志清负责稿件整理和定稿。本书既可作为高职院校信息检索课程的教学用书，也可作为广大读者提高信息素养能力的实用参考书。

本书在编写过程中，参阅了大量有关文献资料，在此向有关作者表示衷心的谢意。由于现代信息技术快速发展和编者学识和水平有限，书中难免有疏漏之处，敬请广大专家、学者、同行、读者批评指正。

编　者

2024 年 3 月

前　言

目　　录

第一章　信息社会与信息素养

第一节　信息社会

一、信息社会概述

1970 年，美国未来学家阿尔文·托夫勒（Alvin Toffler）出版了关于未来社会研究系列的第一部著作——《未来的冲击》。其中写道："变革，就是未来入侵我们生活的征程。……来势汹汹的变革浪潮达到了足以溃决庙堂、否定价值、毁拔根基的地步。""不是一个人，而是整个社会、整整一代人离开熟悉的环境、突然被抛入截然不同的新世界中，而新世界的行为准则——时间、空间、工作、爱情等各种概念全然不同，人们又断绝了重回熟悉的社会环境的希望。""个人、组织，甚至国家，在太短的时间内遇到太多的变化，是承受不了的，必然使他们迷失方向，无力做出明智的适应性决定。总之，他们可能要备尝未来冲击之苦。"从这些表述中可以发现，如果回溯 50 年，我们将看到一个与现在截然不同的世界。对于越来越多的人来说，现在生活的世界与他们出生时的世界已截然不同。信息时代的到来，使得人类社会的政治、经济、科技、教育和文化等领域发生了巨变。

我们生活在怎样的社会？"信息社会"可能是一种常见的回答。关于"信息社会"，有人称之为信息时代，有的人称之为后工业社会，有的人称之为知识社会，有的人称之为高技术社会，有的人称之为信息化社会，还有人称之为电子技术时代、服务业社会、超工业社会、后资本主义社会、后现代社会、后集体主义社会、多面社会、成熟社会等。其中，信息社会的概念为绝大多数人所认同。在某种意义上，其他概念都是信息社会这个概念的同义词或者近义词。

那么，什么是信息社会？这个问题恐怕就不那么容易回答了。信息社会是一个宏大的术语，可以说这一话题从诞生之日起，便成为大众媒体与社会科学领域跨学科学术研究的热点话题。大概从 20 世纪 70 年代开始，社会学、哲学、经济学、图书馆学等多门社会科学从不同的角度、通过不同的路径和方法，尝试剖析"信息社会"，理解这个以信息领域的变迁为重要特征的新时代。

信息社会的概念来源于 20 世纪 50 年代由美国社会学家丹尼尔·贝尔（Daniel Bell）提出的"后工业社会"，描述了从工业生产社会过渡到服务性社会的社会产业结构变革。1979 年，丹尼尔·贝尔认为以前所讲的"后工业社会"其实就是"信息社会"。此外，1962 年美国学者费里茨·马克卢普（Fritz Machlup）在《美国的知识生产与分配》一书中提出了"知识产业"概念，虽然这个概念与其后的"信息产业"概念在边界范围上有出入，但基本反映了"信息产业"的主要特征。日本学者梅棹忠夫（Tadao Umesao）于 1963 年在《论情报产业》一文中提出了“情报产业”概念，认为产业结构变动类似于动物进化过程，与信息流动、知识创造相联系的信息产业在农业、工业发展到一定水平后会迅速发展起来成为社会的感觉器官、神经系统和大脑，推动社会前进。1977 年，美国经济学家马克·尤里·波拉特（Marc U. Porat）在其《信息经济》一书中正式提出了“信息产业”的概念，并把“信息产业”划分为第一信息部门（直接向市场提供信息产品和服务的部门）和第二信息部门（把信息劳务和资本提供给内部消耗，不进入市场的信息服务部门）。另外，马克·尤里·波拉特还将信息产业纳入国民经济基本产业结构框架，突出了信息产业在国民经济发展过程中的重要作用。

除了经济学家外，其他领域的学者也对信息社会进行了全方位的探讨。美国未来学家阿尔文·托夫勒在其著作《未来的冲击》（1970 年）、《第三次浪潮》（1980 年）中，深刻剖析了科学技术、人类文明、组织社会的演变。他认为，在未来几十年内人类将由工业社会进入信息社会，产生现代文明。另一位美国未来学家约翰·奈斯比特（John Naisbitt）在其著作《大趋势》（1982 年）中，描述了在工业社会向信息社会的过渡过程中，信息社会来临的标志及其基本特征。英国社会学家弗兰克·韦伯斯特（Frank Webster）在《信息社会理论》一书中，对信息社会的各种定义和理论进行了批判性回顾，从关于信息社会的研究成果中总结出科技、经济、职业、空间和文化所面向的信息社会的定义：科技面向的信息社会定义，往往从科技革新引起社会重构谈起；经济面向的信息社会，描绘了信息活动在经济上的递增价值；职业面向的信息社会，强调职业的变迁是信息社会的标志；空间面向的信息社会，强调信息网络及其对时间和空间所产生的影响；文化面向的信息社会，论及信息特征对人们日常生活的渗透。

信息社会与以前的农业社会、工业社会等社会形态相比，发生了一系列明显的变化，主要表现在：①信息数量激增，信息和知识是社会发展的重要力量；②信息技术、信息产业、信息经济成为社会发展的关键性能动力量；③信息职业规模进一步扩大，信息将发挥更大的作用；④信息意识加强和信息技术广泛应用，对政治、经济、科技、文化、教育、医疗等社会各个领域产生了巨大而深远的影响，从根本上改变了人们的生活方式、行为方式和价值观念。

数十年来，信息社会产生了摩尔定律、吉尔德定律、麦特卡夫定律和长尾定律等一些发展定律，它们共同推动信息社会的飞速发展。

1）摩尔定律

戈登·摩尔（Gordon Moore）是 Intel（英特尔）公司创办人之一，在 1975 年任 Intel 公司总裁兼首席执行官。1965 年，他提出了摩尔定律（Moore' s law）：集成电路上可以容纳的晶体管数目在大约每经过 18~24 个月便会增加 1 倍。换言之，处理器的性能大约每两年翻一倍，同时价格下降为之前的一半。摩尔定律揭示了信息社会中信息技术进步的速度。摩尔定律影响深远，集成电路数十年的发展如摩尔定律的预测，推动了信息技术发展。

2）吉尔德定律

被称为“数字时代三大思想家”之一的美国经济学家、未来学家乔治·吉尔德（George Gilder）提出了吉尔德定律（Gilder' s law）：在未来 25 年，主干网的带宽每 6 个月增加 1 倍，每 12 个月增加 2 倍。其增长速度是摩尔定律预测的 CPU（中央处理器）增加速度的 3 倍，并预言将来上网会免费。吉尔德定律实际揭示了数字经济的广覆盖性，是现代互联网低价模式、免费模式等新商业模式的理论根源。

3）麦特卡夫定律

以太网的发明人、3Com 公司（美国设备提供商）的创始人鲍勃·麦特卡夫（Bob Metcalfe）提出了麦特卡夫定律（Metcalfe's law）：一个网络的价值等于该网络内的节点数的平方，而且该网络的价值与联网的用户数的平方成正比。该定律也被称为“网络效应”（Network Effect）。麦特卡夫法则揭示了互联网的价值随着用户数量的增长而呈指数级增长或二次方程式的增长的规则。麦特卡夫定律为互联网企业估值提供了一个简易的估值比较方法，即用户数越多，其估值越高。

按照摩尔定律和吉尔德定律，随着信息技术的迅速发展，未来的计算机成本将会持续降低，而网络用户数量将呈指数级增长。随着网络用户数量迅速膨胀到数以亿计，网络的价值越来越不可估量，这又与麦特卡夫定律不谋而合，与旧经济时代的“物以稀为贵”的原则完全不同。

4）长尾定律

长尾定律（The Long Tail law）是网络时代兴起的一种新理论，由美国人克里斯·安德森（Chris Anderson）提出，用来描述诸如 Amazon（亚马逊）和 Netflix（网飞）之类网站的商业和经济模式。长尾定律认为，由于成本和效率的因素，过去人们只能关注重要的人或重要的事。如果用正态分布曲线来描绘这些人或事，人们只能关注曲线的“头部”，而将处于曲线“尾部”、需要更多精力和成本才能关注到的大多数人或事忽略。而在信息社会，由于关注的成本大大降低，人们可能以很低的成本关注正态分布曲线的“尾部”，关注“尾部”产生的总体收益甚至会超过“头部”。

二、信息社会存在的问题和面对的挑战

如同所有重大变革一样，信息社会带来利好的同时，也存在一系列的弊端。信息科技进步的同时衍生了许多问题，如信息道德与信息安全、信息综合征、信息贫富悬殊等，同时也冲击着传统社会的产业结构、文化价值观和社会价值观，未来可能还有更多无法预知的新问题和新挑战。

（一）信息道德与信息安全

在信息社会中，信息的获取与传播越来越容易，个人信息或著述被人私自搜集、利用和传播，成为信息社会中越来越普遍的问题。例如，某机构将搜集到的个人支付宝或微信信息，未经本人同意转售给其他机构；又如未经本人许可将其著述恣意公开发布、流传。上述行为均属于不当使用个人信息、侵犯个人权利、违反信息道德的行为，甚至会触犯相关法律，行为人会承担相应的法律责任。我国自 2021 年 11 月 1 日起施行的《中华人民共和国个人信息保护法》，用来保护个人信息权益，规范个人信息处理活动，促进个人信息合理利用。

由于信息的传递与利用主要通过信息设备和互联网，这就容易引发网络安全问题。利用高新科技手段犯罪的案例日益增多，如黑客通过特殊手法窃取电脑内的信息，篡改资料，骗取金钱，进行伪造、侵占等破坏活动。此外，在网络上散播不当言论在信息社会中也屡见不鲜。

（二）信息综合征

随着科学技术的日新月异，由于信息的传播与获取的成本越来越低，信息数量以惊人的速度增长。人们对信息的管理能力不能适应信息的快速发展，大量信息处于杂乱无章的状态，造成信息泛滥和信息环境污染。人们长期生活在这种信息环境中容易心烦气躁，因为人们接收、处理信息的能力有限，网络带给人们便利的同时也有负面影响，如长时间沉迷网络可能会损害人的身心健康。此外，长时间使用信息设备也会对使用者的身心健康产生不良影响。

（三）信息贫富悬殊

信息社会是以信息与知识为核心的社会形态，因此对信息与信息技术的掌握程度成为个人、企业或国家发展的先决条件。传统上具有政治、经济优势的组织、机构和个人往往较早关注信息的价值，将传统资源的优势带入信息时代，而"成功产生成功"的"马太效应"又使"先来者"拥有早发优势。"穷者越穷，富者恒富"的现象同样发生在信息世界中。可见，政治、经济等层面的不平等容易导致信息层面的不平等。

（四）对产业结构的冲击

以信息为核心的产业结构是信息社会的主要特征，然而，传统产业向信息产业的转型升级并非简单的更新换代。在新的时代，传统产业的经营理念和生产经验受到极大的挑战，企业转型并不容易。芬兰诺基亚公司曾经是全球最大的手机制造商之一，由于过分依赖功能手机市场，并没有将智能手机视为未来发展的主流方向，错失了发展转型机会，其市场份额和营收迅速下降。相比之下，苹果公司在智能手机市场上投入的研发力度更大。近年来，我国华为、小米、OPPO、vivo 等手机厂商迅速崛起，在市场上占据了主导地位。

美国学者威廉·爱德华兹·戴明（William Edwards Deming）曾说过："改变并非必须，生存无从强制。"在信息社会，只有自己主动做出改变，才能适应身边不断变化的世界，否则将难以生存。可以说，在信息社会，传统产业曾经放之四海而皆准的观念与技术方法逐渐式微，取而代之的是多元的表达形式、新知识形式和新的社会经济样貌。

三、如何适应信息社会

信息社会的来临，给现代社会和人们日常生活带来了前所未有的变革。随着现代信息技术的发展和信息浪潮的不断冲击，信息资源日益丰富，其改变了社会环境和人们工作、生产和生活方式。2023 年 8 月 28 日，中国互联网络信息中心（CNNIC）发布了第 52 次《中国互联网络发展状况统计报告》。截至 2023 年 6 月，我国网民规模达 10.79 亿人，较 2022 年 12 月增长 1 109 万人，互联网普及率达 76.4%。随着我国各类互联网应用的发展，多类应用用户数量持续增长。即时通信、网络视频、短视频的用户规模分别达 10.47 亿人、10.44 亿人和 10.26 亿人。网约车、在线旅行预订、网络文学等用户数量实现较快增长。数量庞大的网民构成了蓬勃发展的消费市场，也为数字经济发展打下了坚实的用户基础。

在现代信息技术的迅速发展和信息资源的日益丰富，给人们生活带来极大便利的同时，信息拘束带来的负面效应也随之降临。当我们可获得的信息量几乎每天都在呈几何级数增长时，我们处理信息的能力与计算机相比就显得十分薄弱。计算机的处理速度与能力和信息量一样是呈几何级数增长的，而我们个人的信息处理能力却远远跟不上这个速度。全球印刷信息的生产量每五年翻一番，近三十年，人类生产的信息已超过过去五千年生产的信息的总和。这样的速度还是多年之前的速度，而今的信息生产和传递的速度以及计算机处理能力的进化速度已经将人类的进化速度和能力提高速度远远甩在了身后。同时，过去被认为有效的知识可能不能满足我们的需求了；过去被认为良好的能力素养，现在好像也不再够用了；过去被认为好的教育方式，可能不再适用了。

现在我们似乎陷入了信息贫乏和信息盈余的两难境地。我们真的没有办法应对“信息爆炸”，我们面对成千上万等待处理的数据、电子文件和电子档案真的束手无策吗？ 答案当然是否定的，要知道我们自己就是这些电子机器和电子文件的创造者和发明者。我们在面对海量信息时显得力不从心，并不是因为我们没有能力去应对，而是因为我们没有做好准备。我们需要培养和提高信息素养，学习如何有效地利用管理和控制信息的能力和技巧，使我们有足够的能力来获取、鉴别、评估和利用信息。面对不断发展的世界和不断变化的环境，你是否具备了足够的信息素养和能力？

第二节 信息素养

一、信息素养的概念

信息素养（Information Literacy），又称“信息素质”，这一概念最早是由美国信息产业协会（Information Industry Association）主席保罗·泽考斯基（Paul Zurkowski）于 1974 年在美国国家图书馆和信息科学委员会（National Commission on Libraries and Information Science）的报告——《信息服务环境的关系和优先事项》上正式提出的。他对信息素养的定义为：“经培训后能够在工作中运用信息的人即认为具备了信息素养。他们在掌握了信息工具的使用方法及熟悉主要的信息源的基础上，能够解决实际问题。”

1989 年，美国图书馆协会（American Library Association）和美国教育传播与技术协会（Association for Educational Communications and Technology）在一份关于信息素养的总结报告中将信息素养的概念定义为：“具备信息素养的人，能够识别何时需要信息，知道如何查找、评估和有效利用需要的信息来解决实际问题或者做出决策。”这是迄今为止被广泛传播、接受和使用的定义。它不再强调信息技术，而强调采取各种方式获取需要的信息来解决实际问题。

2003 年 9 月，联合国教科文组织（United Nations Educational, Scientific and Cultural Organization）和美国国家图书馆与信息科学委员会在捷克首都布拉格召开了信息素养专家会议（Information Literacy Meeting of Experts）。此次会议发表了“走向信息素养社会”的《布拉格宣言》，并将信息素养定义为一种能力，即它能够确定、查找、评估、组织和有效地生产、使用和交流信息，并解决面临的问题。此次会议宣称信息素养是人们有效参与信息社会的一个先决条件，是终身学习的一种基本人权。

2005 年 11 月，联合国教科文组织、国际图书馆协会联合会（International Federation of Library Associations and Institutions）和美国信息素养论坛（The National Forum on Information Literacy）在埃及亚历山大城联合召开了国际高级信息素养和终身学习研讨会，并发表了题为“信息社会在行动：信息素养和终身学习”的《亚历山大宣言》。亚历山大宣言宣称信息素养和终身学习是信息社会的灯塔，照亮了通向发展、繁荣和自由之路。信息素养是终身学习的核心，它能使人们在一生中有效地寻求、评价、利用和创造信息，以便达到其个人的、社会的、职业的和教育的目标。

2015 年 6 月，美国大学与研究图书馆协会（Association of College and Research Libraries）在《高等教育信息素养框架》（*Framework for Information Literacy for Higher Education*）中对信息素养定义：“信息素养是包含反映发现信息、理解信息生产和价值、使用信息创造新知识和参与社群学习的综合能力的集合。”

2018 年，英国图书信息专业协会（ The Chartered Institute of Library and Information Professionals）对信息素养定义是对我们所发现和使用的任何信息进行批判性思考并做出平衡判断的能力。它包含每个人在进行信息相关活动时所需的各种技能和能力，例如如何发现、获取、解释、分析、管理、创新、交流、存储和共享信息。它使得公民能够获取信息和表达意见，并充分参与社会活动。英国图书信息专业协会还提出并论述了信息素养与日常生活、信息素养与公民权、信息素养与教育、信息素养与工作场所、信息素养与健康五种情境。

近几十年来，全球信息管理专家、学者、图书馆馆员、信息学术机构先后对信息素养进行了许多定义，鉴于信息素养的复杂性，很难对处于不同信息环境和不同受教育程度的人对信息素养的定义进行一个统一、具体的定义。从上述逐渐完善的定义可以看出，信息素养是一个综合的概念，包含多方面的内容。在汲取国内外信息素养及其教育理论成果的基础上，本书将信息素养定义为：信息素养就是信息社会所需要具备的信息意识、信息知识、信息能力和信息道德等多个方面的总和。也就是说，在信息社会，个人只有同时拥有信息意识、信息知识、信息能力和信息道德，才算真正拥有信息素养。

（一）信息意识

信息意识是指人对信息敏锐的感受力、判断能力和洞察力，即人对信息的敏感程度，是人们对自然界和社会的各种现象、行为、理论观点等从信息角度的理解、感受和评价。它是信息使用者对各种信息的自觉心理反应，它使信息使用者能够从客观现实中引出概念、思想、计划，用以指导自己的信息行为，使信息活动具有目的性、方向性和预见性。通俗地讲，信息使用者面对不懂的问题，能积极主动地寻找答案，并知道到哪里、用什么方法寻找答案。

人们的信息搜集活动是受信息需求驱使的，而影响信息需求的因素主要是需求意识的清晰程度，也就是说，意识越明确，行动目标就越清楚，信息活动的动机就越稳定、持久、强烈，努力的程度也就越高。大学生应具有这样一种信息意识，认识到信息对学习和科研活动所起的作用，形成对信息的积极体验，进而产生与学习相适应的信息需求和信息行为倾向，努力扩展知识面，主动学习信息检索技能。有统计表明，人在大学阶段只能获得一小部分知识，人类应用的知识还有很大一部分正在被创造出来，随着信息社会不断向更高层次发展，信息不仅导致人类生产方式、生活方式和认识方式产生一系列变革，还成为推动现代科技经济社会发展的强大动力。因此，在现代教育中，最重要的是教学生如何学习。“授人以鱼，不如授人以渔”，培养学生搜集、利用、判断、处理和创造信息的能力，使其形成信息意识是当务之急。

案例 1–1:手机诈骗案

2023 年 3 月 23 日，某在校生周某，通过同学介绍下载了一款 APP 进行刷单，平台客服称可通过充值的方式领取任务，点击指定链接获取积分后即可用积分兑换提现。在第一次充值 318 元完成任务后，周某收到 348 元返款。此后周某陆续充值完成任务，但提现时提示操作失误无法提现，后经客服诱导周某继续打款用于账户解冻，直到多次尝试后仍无法提现才发现被骗。周某累计转账 7 次，共计被骗 4.43 万元。

在上述案例中，周某被骗，就是因为缺乏信息意识，尤其缺乏信息安全意识和自我保护意识。由此可见，培养信息意识的重要性。大学生应该努力提升对信息环境的理解能力和应变能力，无论何时何地，始终对信息高度敏感，不断提高自身对信息的感受力、理解力和判断力，自觉、主动地培养信息意识。同时，大学生要注意保护个人信息，不要随意登录陌生网站或点开来源不明的链接，不随便向陌生人泄露重要的个人信息，减少将自己暴露在不法分子面前的可能性，避免成为电信诈骗犯罪的“工具人”。切记不要贪小便宜吃大亏，上当受骗的根源往往是贪图一时的“便宜”。一旦对方突然提出与钱相关的要求，如汇款、提供个人账户、要求购买物品等，一定要提高警惕。诈骗的最终目标是受害者的金钱，不法分子迟早会在这一点上露出马脚。

（二）信息知识

信息知识既是信息科学技术的理论基础，又是学习信息技术的基本要求。因此，首先应对信息具有科学、全面、深入的认识，必须掌握开展信息活动（识别、获取、评价、利用、交流信息的活动）所必须具备的基本原理、概念和方法。作为信息素养的重要组成部分，信息知识是不可或缺的内容。它体现出人们对信息及信息技术的了解程度，而且通过了解和掌握这些知识，大学生的信息意识才能够得到进一步强化；同时信息知识也是形成信息能力的基本前提，无法想象一个没有基本信息知识的人会具有优秀的信息能力。

案例 1–2:科技查新须具备信息知识

某高校教师为申请国家自然科学基金项目立项，到某科技查新单位就申报项目进行科技查新。科技查新单位查新员依据科技查新委托单，严格按照《科技查新技术规范》要求，根据项目名称分析查新点，确定查新范围，明确中英文文献检索范围及检索策略，经过文献检索与对比分析，提供检索结果和检索结论。科技查新工作是科学研究、产品开发和科技管理等活动中的一项重要的基础性工作，要求查新员须具备信息基础知识和信息技术知识。

（三）信息能力

1. 识别信息需求的能力

该能力主要指能够充分认识信息的重要性，在实践中提炼信息需求，预判信息存在的形式并且能够表达信息需求。这里需要对信息敏感，以及了解信息的存在形式和信息的种类等。

2. 获取信息的能力

该能力主要指依据信息需求方便快捷地获取所需要的信息。这里需要了解信息源,熟练使用计算机或相关检索工具,知晓检索技术和检索方法等。

3. 分析评价信息的能力

该能力主要指筛选、鉴别所需要的信息,判断信息的真实性、可靠性。这里需要了解信息评价的基本方法,结合实际大胆假设,小心求证。

4. 加工处理信息的能力

该能力主要指将多种信息进行整理分析,对事物形成新的认识。这里需要有一定的知识储备,通过归纳、综合、抽象、联想等思维活动,从知识层面融合信息。

5. 利用信息解决具体问题的能力

该能力主要指在掌握一定信息的基础上,进行新的实践,进而解决问题。

6. 合理使用信息的能力

该能力主要指了解学术规范,正确引用信息,合理使用电子资源,避免学术造假和剽窃。

案例 1-3:制订一个旅游计划,体现信息能力

某在校大学生张三,暑期准备和家人去旅游,出发地是湖北武汉,目的地是陕西西安著名景点,时间是四天三夜。如何将整个旅行计划制订得既经济又详细可行,就是一个信息需求。张三可以上网通过搜索引擎搜索旅游信息(包括旅游线路、交通工具、景点门票、酒店住宿、价格预算、时间安排等),也可以直接到旅行社询问,不管通过何种手段,方便快捷获取信息是目的。通过分析和比较得到的信息,张三制订了既经济又详细可行的旅游计划。制订旅游计划,可以体现一个人识别信息需求的能力、获取信息的能力、分析评价信息的能力、加工处理信息的能力和利用信息解决具体问题的能力。

(四)信息道德

信息道德是指人们在搜集信息、获取信息和利用信息时必须遵守的法律、法规、伦理道德和行为规范。在知识经济时代,知识产权保护是促进社会科技、文化事业发展的重要法律措施。利用信息获利的人们,更应将信息道德作为利用信息资源过程中必须遵守的行为道德规范。信息道德具体包括:信息行为人必须在充分了解利用信息与信息技术的相关适用的法律、法规、伦理道德的基础上,在存取、使用信息资源时遵守国家有关信息的法律、法规,遵守信息资源提供机构的规定以及约定俗成的规则,不制作、不传播、不利用违反国家政策的信息、不健康信息和虚假信息,要充分树立知识产权意识,不侵犯知识产权、不利用信息技术谋取不正当利益和从事违法活动等。在日趋繁杂的信息环境中,良好的信息道德,是信息素养乃至个人综合素养中非常重要的部分。

案例 1-4:伪造数据的科学家

德国年轻物理学家詹·亨德里克·舍恩(Jan Hendrik Schön)于 1998 年正式加盟美国贝尔实验室,先后与 20 多位研究人员合作,在短短两年多时间里在《科学》《自然》等世界著名顶级学术期刊上发表十几篇论文,其中一些研究被认为是突破性的。这些成就远远超出大多数同龄科学家,亨德里克·舍恩一度被认为迟早会得诺贝尔奖。但其他科学家随后进行的研究却无法重现亨德里克·舍恩的实验结果。后经调查，1998—2001年，亨德里克·舍恩至少在16篇论文中捏造或篡改实验数据。鉴于此，贝尔实验室开除了亨德里克·舍恩，其相关论文也被期刊撤销。亨德里克·舍恩造假事件一直被视为科学界的最大丑闻之一。

信息素养"四要素"的相互关系，可以归纳为信息意识是前提，信息知识是基础，信息能力是核心，信息道德是准则，它们共同构成不可分割的统一整体。

二、信息素养与终身学习

终身学习是贯穿人的一生的学习过程。在这个过程中，个体持续获得社会生存与发展所需要的知识与技能，并逐渐形成自己的世界观、人生观、价值观和思维方式。尽管终身学习不排斥被动的教育培训和潜移默化，但更强调学习的主动性和自主性。终身学习是现代社会的生存方式，无论对社会的进步还是对个体的发展都具有重要意义。人类社会处于一个持续发展的过程中，新的事物不断涌现，个体为了适应社会的发展需要不断更新自己的知识技能，这就要求全社会进行终身学习。即使社会不进步，个体自身也需要不断提升，积累新知识、学习新技能以更好地获得个人的发展，而学校教育只是终身学习的一个阶段，学校之外的终身学习更为重要。

终身学习与信息素养密切相关。以"走向具有信息素养的社会"为主题的《布拉格宣言》认为，作为一种适应社会的基本能力和参与社会的先决条件，信息素养能够确定、检索、评估、组织和有效地生产、使用与交流信息，并解决所遇到的问题，是终身学习的一种基本人权。以"信息社会在行动：信息素养和终身学习"为主题的《亚历山大宣言》指出，信息素养和终身学习是信息社会的灯塔，照亮了通向发展、繁荣和自由之路。信息素养是终身学习的核心，终身学习可以帮助所有人走向共同发展。

三、信息素养教育

近年来，我国载人航天事业进一步取得突破，探索深海技术取得长足进展，互联网和人工智能新技术、新应用层出不穷，新能源新材料与量子科技、生物科技不断发展……这些科技发展取得长足进步和发展都离不开创新型人才的支撑。身处百年未有之大变局和即将到来的科技革命、不可阻挡的复兴进程、不可避免的大国竞争对创新型人才的规模和质量提出更高要求。高校作为国家创新体系的重要组成部分，是创新型人才培养的主要阵地，在国民教育体系中占有举足轻重的地位。而信息素养能力是一项基础能力，它能促进人的终身学习能力、问题解决能力和知识创新能力的形成，信息素养教育是高校培养创新型人才的必要环节。

由于世界发达国家率先进入信息社会和知识经济时代，因此对信息素养教育的意义认识得早、重视程度高，其早已把信息素养纳入自己的教育体系，如美国、澳大利亚、英国、日本等国走在了信息素养教育的前沿，信息素养教育比较成熟。2000年1月18日，美国大学与研究图书馆协会发布《高等教育信息素养能力标准》(*Information Literacy Competency Standards for Higher Education*)。2004年，澳大利亚和新西兰信息素养研究所(Australian and New Zealand Institute for Information Literacy)发布《澳大利亚和新西兰的信息素养标准框架：原则、标准及实践(第二版)》(*Australian and New Zealand Information Literacy Frame-*

work: *Principles*, *Standards and Practice*, *Second Edition*)。2011 年 4 月,英国国立图书馆与大学图书馆学会(Society of College, National and University Libraries)发布《英国国立图书馆与大学图书馆学会信息素养七大支柱:高等教育核心模型》(*The SCONUL Seven Pillars of Information Literacy*: *Core Model for Higher Education*)。2015 年,美国大学与研究图书馆协会发布《高等教育信息素养框架》(*Framework for Information Literacy for Higher Education*)。

而我国国情与教育体制与国外不同, 1984 年教育部印发《关于在高等学校开设文献检索与利用课的意见》, 明确指出:文献检索与利用课不仅有助于当前教学质量的提高,而且是教育面向未来的一个组成部分,它对学生吸取新知识、改善知识结构、提高自学和研究能力、发挥创造才能都具有重要的意义。此后,文献检索与利用课作为培养学生从文献中获取知识信息的一门科学方法课在全国各高校普遍开设,奠定了文献检索与利用课作为高校公共基础课的地位。1985 年 9 月,国家教委印发《关于改进和发展文献课教学的几点意见》。1992 年,国家教委高教司印发《文献检索课教学基本要求》。国家教育主管部门这三份指导性文件,为我国大学生信息检索教育奠定了坚实的政策基础。20 世纪 90 年代中期,为适应时代发展和体现教学内容变化,"信息检索"一词开始逐步取代"文献检索",文献检索课逐步向信息检索课过渡。2000 年前后,信息素养的概念从国外传入国内,国内逐步出现了"信息素养"的提法,但基本上是将信息素养的培养局限于信息技术教育之中。近些年来,诸多文件和政策的出台,为提升高校学生信息素养提供了良好的发展环境。2003 年《北京地区高校信息素养能力指标体系》发布。 2015 年 12 月,教育部在印发的《普通高等学校图书馆规程》中指出:"图书馆应重视开展信息素质教育,采用现代教育技术,加强信息素质课程体系建设,完善和创新新生培训、专题讲座的形式和内容。" 2017 年 9 月,教育部高等学校图书情报工作指导委员会信息素养教育工作组发布《关于进一步加强高等学校信息素养教育的指导意见》,进一步明确了信息素养教育的重要性。2018 年 4 月,教育部下发《教育信息化 2.0 行动计划》提出要提高师生信息素养。

在国家重视技能、社会崇尚技能、人人学习技能、人人拥有技能的技能型社会背景下,高职院校主要培养目标是培养生产、建设、管理、服务等一线需要的高素质技术技能型人才、能工巧匠和大国工匠,这一培养目标要求高职学生具有良好的专业技术知识、职业能力和信息素养。信息素养能力作为高职学生基础学力的重要构成部分,既是影响自主学习能力提高的关键因素,也是职业能力提高的必要条件,还是将来职业能力持续发展的一大支撑点。但信息检索课在高职院校开设的时间还不长,开设的范围也很有限。目前,我国许多高职院校以选修或必修课程等方式开设了信息检索课程(文献检索、信息资源检索、信息素养等),近些年来,高职院校随着从规模建设到内涵发展的推进,越来越重视信息检索课程建设,也取得了一些高质量的教学成果。2011 年 5 月,深圳职业技术学院(2023 年 9 月正式更名为深圳职业技术大学)召开了全国高职院校图书馆信息检索课程教学研讨会,这是高职院校首次召开全国性的信息检索课程教学研讨会。会议主要研讨我国高职院校信息检索课程教学与信息素养教育所面临的形势、问题和对策,加强信息检索课程交流与学习,不断提高高职院校信息检索课程教学水平。同时,为了提高高职学生的信息素质能力,以赛促教,以赛促学,以赛促练,增强高职学生学习效果, 教育部高等学校图书情报工作指导委员会高职高专分委会与高等教育文献保障系统（CALIS）管理中心自 2019 年起每年组织全国高职高专院校信息素养大赛，大赛设有学生赛、教师微课赛和原文传递赛。大赛秉承“公开、公平、公正”的办赛原则，旨在全力提升高职高专院校开展信息素养教学的实践能力，交流信息素养教学经验，促进全国高职高专院校信息素养教育全面健康发展。2020 年 6 月，教育部发布《职业院校数字校园规范》，提出了“专业知识与职业技能、职业技能与信息素养融合”的高素质技术技能型人才培养计划。2021 年 3 月，教育部办公厅印发《高等职业教育专科英语、信息技术课程标准（2021 年版）》，提出了全面提升高等职业教育专科学生的信息素养和信息技术应用能力的要求。

信息素养教育的主要目标是提升高校学生的信息素养能力，同时包括三个具体目标。一是强化信息意识，提高信息敏感程度，提升利用信息解决问题的能力与效率；二是强化科学探究精神的培养，用探究精神去发现和解决问题；三是强化基于信息解决问题过程中的知识重构，培养终身学习能力。信息素养教育的主要目标与具体目标相辅相成，有机统一。具体而言，就是遇到问题的时候，能够利用信息和通过自己的主动探究解决问题，提升解决问题的效率和质量；能够把主动探究的过程和结果融入自身的知识体系和能力体系，实现知识与能力的重构，并且在解决问题的过程中进行终身学习。

总之，信息素养教育是一个系统工程，它可以采取多种形式。大学生要不断地提高自身的信息素养，采取课堂学习与业余学习相结合的“两条腿走路方针”。这两种教育形式是良性互动的辩证关系，二者彼此互补，相辅相成，缺一不可。业余学习可以消化课堂学习所得并进一步拓展思路，课堂学习则可以反过来提升业余学习的水平。对于任何人来说，课堂学习都是一时的，而业余学习则是永远的。

四、教学辅助：高校信息素养教育数据库

高校信息素养教育数据库是由北京智信数图科技有限公司开发的新一代培养高校师生信息素养能力的数据库，适用于高校信息素养课程教学和学生自主学习，是高校开展信息素养教育的一个优质教学辅助平台，其网址为 https：//suyang.zxhnzq.com。高校信息素养教育数据库首页如图 1-1 所示。该数据库重新梳理了信息素养教育的核心和逻辑，内容包括概念理论、检索技术、信息资源、检索系统、知识管理、学术平台、学术写作、科研工具、应用场景等九大模块。高校信息素养教育数据库采用视频案例教学，每个知识点通过 2~5 分钟的微视频展示，在案例设计的过程中强化探究性，将知识点嵌入具体的案例，同时每个课程后面有相关的课后练习题，便于学生利用碎片化时间进行自主学习。

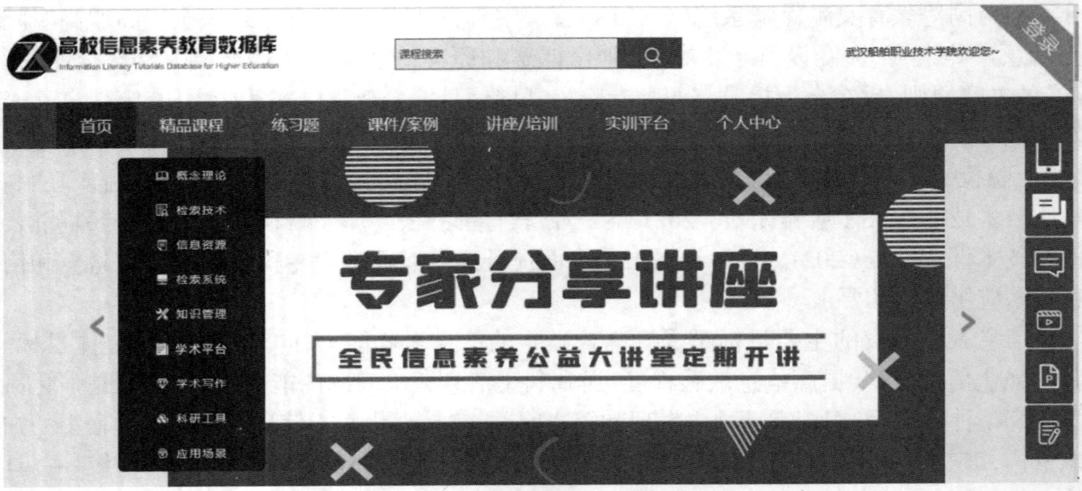

图 1-1 高校信息素养教育数据库首页

五、其他相关概念

1. 云计算（Cloud Computing）

从不同的角度看，云计算具有不同的定义。从按需使用的角度看，云计算是一种服务，能够在短时间内迅速按需提供资源，从而避免对资源的过度或过低使用；从偏重用户与服务提供商事先约定的服务等级协议的角度看，云计算则是带有并行与分布式的特点，由虚拟化的计算资源构成的系统，并可按照服务提供者与用户约定的服务等级协议提供动态化的服务。

2. 大数据（Big Data）

大数据，或称巨量资料，指的是所涉及的资料量大到无法通过使用主流软件工具，在合理时间内达到撷取、管理、处理，并整理成为帮助企业经营决策等积极目的的资讯。国际商业机器公司（International Business Machines Corporation，IBM）提出了大数据的 5 V 特点：Volume（大量）、Velocity（高速）、Variety（多样）、Value（价值）、Veracity（真实性）。

3. 互联网 +（Internet Plus）

“互联网 +”是互联网思维的进一步扩展，推动经济形态不断演变，从而增强社会经济实体的生命力，为改革、创新、发展提供广阔的网络平台。通俗地说，“互联网 +”就是“互联网 + 各个传统行业”，但这并非停留在两者的简单相加上，而是随着科学技术的发展，利用信息和互联网平台，使得互联网与传统行业进行融合，利用互联网的优势，创造新的发展机会。

4. 人工智能（Artificial Intelligence）

人工智能，是让计算机（电脑）模仿人类使用智能的技术的总称。在人类的智能里面，从基础层面看包括获得、探索以及学习知识。此外，从应用的层面看包括自然语言的理解、图像识别、翻译等。1950 年，被称为“计算机之父”的英国数学家、计算机学家艾伦·麦席森·图灵（Alan Mathison Turing）提出了图灵测试：如果一台机器能够与人类开展对话而未被辨别出机器身份，那么这台机器就是智能的。

5. 物联网（Internet of Things）

国际电信联盟（International Telecommunication Union，ITU）于 2005 年发布的《ITU 互联网报告 2005：物联网》中指出，物联网是指通过传感手段和一些相关设备对任何物品或物体进行感知，并按照约定的协议，实现与互联网的有效连接，进行信息交换和通信，以便完成对物体的智能化识别。因此，物联网通过识别技术、传感器技术、智能通信技术等信息技术，实时采集任何需要监控、连接、互动的物体或过程，采集其物理、化学、生物、位置等各种需要的信息，与互联网结合成一个巨大网络，以实现物物、物人、人人等所有物品与网络的连接，进行信息交换、通信和智能处理。

6. 区块链（Blockchain）

区块链是一种分布式账本数据库。它是由一串通过密码学方法关联产生的数据块链接组成的不可篡改和不可伪造的数据库，其本质是通过去中心化的方式共同维护一个可信数据库的技术方案。区块链数据存放在各个节点上，每个节点都有一份完整的备份；每个数据集称为账本，记录着所有转账交易；账本是分区块（按时间）存储的，每个区块包含一部分交易记录。每个区块都会记录前一区块的区块号，形成一个链状结构，因而这种链状结构称为区块链。使用区块链可以提高公信力，其具有统一透明的计算协议、模块化的一致性算法、多样的密码学协议与灵活定制的区块结构等。分布式账本技术、共识技术、对称加密和授权技术以及智能合约技术构成了区块链主流的技术体系。

7. 虚拟现实（Virtual Reality）

虚拟现实是通过动态环境建模、实时三维图形生成、立体显示观看、实时交互等技术生成仿真现实的三维模拟环境，构造视觉、听觉等方面高度主观真实的人体感官感受的技术。用户借助交互设备与虚拟场景中的对象相互作用、相互影响、沉浸其中，可以获得身临其境的感受和体验。虚拟现实具有四个特征。①沉浸性，即存在感。用户在虚拟场景中获得与现实环境中相同的各种感知，进而获得身临其境的体验。②交互性。用户与虚拟场景中的对象相互作用，其操作可以在虚拟场景中得到反馈，增强自然感和真实度。③构想性。用户通过在虚拟场景中的体验，加深对事物的理解，进一步产生新的构想并输入系统，得到新的反馈。④多感知性，即多媒体信息感知性。用户获得包括视觉、听觉、触觉等多种感知。

8. 数字媒体（Digital Media）

数字媒体是以数字形式编码的传播媒体。数字媒体可以在计算机上创建、浏览、分发、修改、存储，包括计算机程序和软件、数字影像、数字视频、网络网页、数据和数据库、数字音频（如 MP3）、电子书等。与数字媒体相对的是实体书、报纸、杂志等平面媒体，以及图片、胶片、录音带等模拟媒介。

9. 大语言模型（Large Language Model）

大语言模型是指使用大量文本数据训练的深度学习模型，可以生成自然语言文本或理解自然语言文本的含义。大语言模型可以处理多种自然语言任务，如文本分类、问答、对话等，是通向人工智能的一条重要途径。大型语言模型的出现对于自然语言处理和人工智能领域来说是一次重要的突破。它为我们提供了更好的理解和生成自然语言的能力，推动了自动化文本处理和智能对话系统的发展。但大型语言模型在某些情况下可能产生错误或不准确的输出，需要进一步改进和调优，如文心大模型、讯飞星火认知大模型、通义千问大模型、智谱清言大模型等。

10. AIGC(Artificial Intelligence Generated Content)

AIGC 是指生成式人工智能，AIGC 技术的核心思想是利用人工智能算法生成具有一定创意和质量的内容。它可以通过学习大量数据和知识,生成与人类创作相似甚至超越人类水平的文本、图像、音频、视频等内容。AIGC 是人工智能领域发展的新里程碑,它能够加速内容生产,提高创作效率,降低创作成本,为人类提供更加便捷、高效、准确的内容生成服务。AIGC 技术涉及多个领域,包括自然语言处理、计算机视觉、机器学习等,其中 GAN(生成对抗网络)、CLIP(对比语言和图像预训练)、Transformer、Diffusion、预训练模型、多模态技术、生成算法等技术是 AIGC 的重要基础。AIGC 已经广泛应用于各个领域，包括文学创作、新闻报道、图片生成、视频制作、艺术创作、音乐创作等。AIGC 的出现极大地改变了人们的生活和工作方式,为人类带来了便利和创新。文心一言生成的内容如图 1-2 所示。

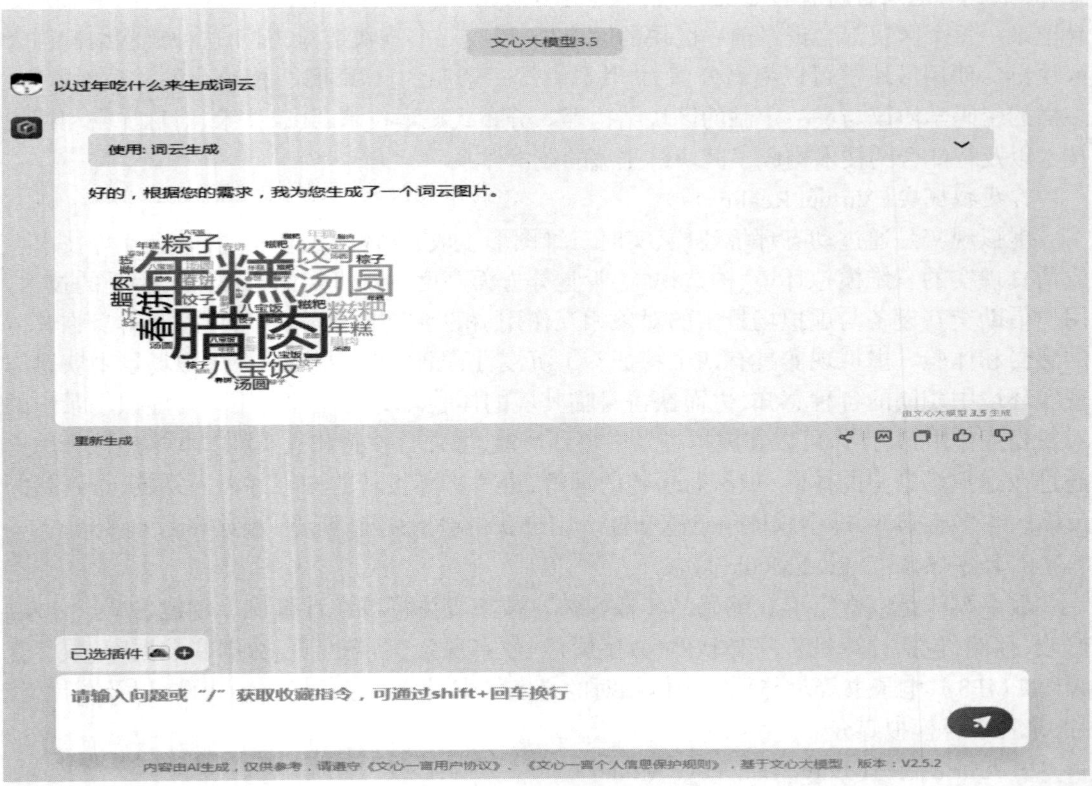

图 1-2　文心一言生成的内容

11. 数字素养(Digital Literacy)

数字素养是指在数字环境下利用一定的信息技术手段和方法,快速有效地发现并获取信息、评价信息、整合信息、交流信息的综合科学技能与文化素养。数字素养这一概念最早由以色列学者阿尔卡莱(Y.E.Alkalai)于 1994 年提出,其将数字素养视作数字时代的生存技能，认为数字素养是关乎全民基本生活能力、具有整合型以及跨学科特点的重要技能。1997年，保罗·吉尔斯特（Paul Gilster）在其著作《数字素养》中将数字素养定义为“理解及使用通过电脑显示的各种数字资源及信息的能力”。数字素养已成为人们在数字环境下生存的一种必备技能。数字素养框架包括五大要素，分别为“图片图像素养”“再生产素养”“分支素养”“信息素养”和“社会情感素养”，其含义分别为“识别理解图形图像信息的能力”“重新整合信息的能力”“非线性的信息搜索能力，在零散的信息中建构知识的能力”“检索、筛选、辨别、使用信息的能力”“共享知识，进行数字化情感交流的能力”。在信息技术迅速发展的数字时代，数字素养已经成为世界各国普遍重视的国家战略竞争力。现代数字技术是高效参与日常生活和工作等多方面活动的基础。除了技术的获取之外，利用数字技术并得益于其日益强大的能力和功能所必需的技能和本领在今天比过去任何时候都更必不可少。一方面，数字时代的生活、学习和工作所必需的具体技能具有眼前的价值；另一方面，数字素养能促使积极的公民创造和重塑对所有人而言更加美好的社会，因此我们不能忽视数字素养的长远目标和变革使命。

课后习题

（1）简述信息社会面临的主要问题和挑战。

（2）简述信息素养体现的能力。

（3）从以下案例中简述信息素养。

神奇的纸条

2006年6月30日，世界杯四分之一决赛上，德国队对阵阿根廷队，双方在120分钟的比赛中难分胜负，最终进入点球大战。在点球大战开始之前，德国队教练组照例给了门将莱曼一张小纸条，莱曼在每一轮点球大战之前都要看这张纸条。神奇的是，莱曼每轮点球都能判断出正确方向，这次也不例外，他成功扑出了两粒点球，帮助德国队晋级四强。这张纸条上到底写了什么，竟然有如此神奇的力量？

赛后德国队教练组和莱曼透露，纸条内容如下：①里克尔梅，射向左侧上角；②克雷斯波，长距离助跑射向右侧，短距离助跑射向左侧；③海因茨，射向左侧下角；④阿亚拉，长时间停顿，长距离助跑射向右侧；⑤梅西，射向左侧；⑥艾马尔，长时间停顿后射向左侧；⑦罗德里格斯，射向左侧。

纸条上写的正是阿根廷队每个点球手的踢球习惯，这些信息由克林斯曼的情报员及科隆体育学院的专业人士挖掘而来。他们搜集对方球队和主要球员的信息，搜集的数据包括对方主力球员的跑动路线，经常分球给谁，罚任意球、角球和手抛球的方式，传中球的特点，等等。其中最重要的部分就是对方球员罚点球的特点，包括经常射门的角度，相关数据来自球员近年来参加的所有俱乐部和国家队赛事。

第二章 信息与信息源

第一节 信息概述

信息作为一种社会资源很早就被人们所认识，而且自古以来人类就在利用这种社会资源，只是利用的能力和水平很低而已。例如，我国古代发明的采用原始感测和显示技术的指南针、原始通信技术的烽火台以及信息记录、存储技术的造纸术和印刷术等。

随着计算机技术的快速普及和现代信息技术的快速发展，人类社会正以无法估量的速度悄然迈入知识（信息）经济时代。在这个时代，经济活动对于信息（知识）活动的依赖程度越来越高，在所有可利用的资源中，信息资源的利用已上升到主导地位。近年来，赛博空间（Cyberspace，又称“网络空间”）和虚拟现实（Virtual Reality）的出现已使“秀才不出门，便知天下事”成为现实，信息的高速流动使地球变成一个小小的村落。

一、信息的定义

信息可以说是当代社会使用最广泛、最频繁的词汇之一，世间万物的运动，人间万象的更迭，从茫茫宇宙到微小世界，都离不开信息的作用。我国古代伟大的军事防御工事长城上烽火台“狼烟四起”带来的是敌情信息；唐朝诗人崔颢的《黄鹤楼》给我们带来的是黄鹤楼吊古怀乡的信息；北宋文学家范仲淹的《岳阳楼记》给我们传递的是爱国爱民情怀的信息。现代人更是如此，人们在购物、娱乐、旅游、升学、就业、择业等过程中，对信息的搜集、分析评价和在此基础上的行动，都是日常生活中最平常、最普通的行为。如消费者需要比较不同商品价格和质量信息；足球教练员需要掌握最新的足球技战术、球员状况、对手的伤病员等信息；游客需要了解旅行目的地的气候特点、风土人情、人文地理等信息。目前，我国一些高职院校在推进“职教出海”的过程中打造了鲁班工坊、丝路学院、郑和学院等职教品牌，“职教出海”需要了解外国当地经济和社会发展的需求信息。每一个国家的决策部门同样要将内外信息作为“润滑剂”，使国家正常运转。自古至今，人们随时都在自觉地接收、存储、传递和利用信息。其实信息与你我如此贴近，犹如日常生活中每天都会面对的空气、水和食物一样简单。以一个大学生为例，他的一天很可能是这样度过的：早上醒来，打开手机，看看微信、微博和 QQ，了解昨夜世界发生了什么，亲朋好友和同学传递了什么，接下来上课、实训、做作业，同时利用碎片化时间阅读，临睡前再看一遍微信、微博和 QQ，了解各种信息。这些活动都与信息息息相关，充斥着我们的生活。

然而，信息却迄今尚未有公认的定义。信息的原始意义与“消息”相差无几，偶尔作为“军情”使用，经常出现在中国古代文学作品中，见表 2-1。在英文中“信息”（Information）和“消息”（Message）在许多场合也是相互通用的。

表 2-1 中国古代文学作品中的“信息”概念

文学作品	“信息”概念
〔唐〕杜牧《寄远》	塞外音书无信息，道傍车马起尘埃
〔南唐〕李中《暮春怀故人》	梦断美人沈信息，目穿长路倚楼台
〔宋〕陈亮《梅花》	欲传春信息，不怕雪埋藏
〔宋〕周密《木兰花慢·断桥残雪》	觅梅花信息，拥吟袖，暮鞭寒
〔宋〕李清照《上枢密韩公、工部尚书胡公》	不乞隋珠与和璧，只乞乡关新信息
〔宋〕洪皓《次观表文韵二首》	江左四年无信息，欲传尺素羡双鱼
〔明〕李昌祺《剪灯余话·至正妓人行》	荡子江湖信息稀，疲兵关塞肌肤裂
〔明〕罗贯中《三国演义》	懿曰：“……陇西诸路，曾有信息否?”

把信息作为科学对象研究最早出现在通信领域，因为通信的本质就是传输信息。通信科技工作者为了解决通信中的种种问题，需要深入研究信息的本质及其度量的方法。这一领域的奠基之作当属美国数学家哈特莱（R.V.L. Hartley）于 1928 年在《贝尔系统电话》杂志上发表的题为《信息传输》的论文。他在这篇文章中把信息理解为选择通信符号的方式，并用选择的自由度来计量这种信息的大小。1948 年，美国数学家、通信专家申农（C.E.Shannon）同样在《贝尔系统电话》杂志上发表的著名论文《通信的数学理论》，把“信息”解释为“两次不定性之差”，即通信的意义在于消除某种不定性。简单来说，信息是指有新内容、新知识的消息。例如，人们浏览的一些网络新闻，也就是接收了一些消息。这些消息的内容有可能是已经知道的，也可能是还不知道的。事先已经知道的不是信息，因为人们不能从中获得新内容或新知识，以消除不确定性。在接收者看来，信息必须是事先不知道其内容的新消息。可见，申农对信息的定义是从信息在通信过程中作用的角度提出的。与此同时，美国科学家维纳（N.Wiener）在《时间序列的内插、外推和平滑化》和《控制论》中指出，信息就是人们在适应外部世界，并把这种适应反作用于外部世界的过程中同外部世界进行相互联系、相互作用、相互交换的一种内容。维纳的理论为人们提供了一条深入揭示信息本质的正确途径。随着申农的信息论、维纳的控制论和贝塔朗菲（L. von Bertalanffy）的系统论（即“三论”）的问世，信息登上了科学的殿堂。20 世纪 50 年代末期至 20 世纪 60 年代初期，“三论”进入我国，信息作为科学术语开始为人们广泛使用。

随着科学技术的不断发展，不同专家、学者和研究者对信息的理解呈现出多元化的状态，至今尚未形成一个对信息概念的统一看法。数学家认为信息是一种概率。经济学家认为信息是能够为管理和决策提供依据的有效数据。心理学家认为信息是存在于意识之外的东西，它存在于自然界、印刷品、硬盘以及空气中。信息管理专家认为信息是为了满足用户决策的需要而经过加工处理的数据。在新闻界，信息被普遍认为是对事物运动状态的陈述，是物与物、物与人、人与人之间的特征传输；而新闻则是信息的一种，是具有新闻价值的信息。信息的定义之所以多样化，是因为人们出于不同的研究和使用目的，从不同的角度或层次出发，对信息概念进行定义。

目前,关于信息比较统一和科学的定义是:信息是指应用文字、数据或信号等形式通过一定的传递和处理来表现各种相互联系的客观事物在运动变化中所具有特征性的内容的总称。不同事物具有不同的存在方式和运动规律,从而构成了各种事物的不同的特征,发出不同的信息。总之,信息是对客观世界中各种事物的变化和特征的反映,是客观事物之间相互作用和联系的表征,是客观事物经过感知或认识后的再现。

案例 2-1:应届生制作求职简历,需要哪些信息?

在求职过程中,应届生制作求职简历的重要性不言而喻。用人单位通过简历进行初筛,选出符合招聘要求的人选,从而进行下一步的面试邀约,简历是至关重要的"敲门砖",有必要花时间和精力好好打磨一份优秀的简历。

通过检索,应届生的简历通常需要包括以下内容:个人信息、实践经历、教育背景、技能特长、获奖情况、自我评价等。

1)个人信息

个人信息放在简历的第一部分。个人信息要简单明了,确保信息真实明确,可以保留姓名、性别、年龄、求职意向、毕业院校、联系方式等关键信息,方便用人单位快速地了解求职者,并且能够联系到求职者。另外,求职者可以放一张高清的职业照片,给面试官留下良好的第一印象。

2)教育背景

教育背景是对一个人学习环境和学习能力的概述,从一定程度上可以反映求职者的专业能力与学习能力,这也是用人单位极其看重的一部分。每段教育背景都要包括院校名称、就读时间、就读专业,同时加上与应聘岗位相关的课程,无关的课程可以不写。如果有多段值得展示的教育背景,最好将学历学位按照由高至低的顺序填写。

3)实践经历

实践经历是非常重要也是用人单位很看重的一部分,主要用于证明求职者的能力和价值,重点展示与意向岗位有关联的、能突出个人优势的经历,其他与岗位毫无关系的经历可不写。实践经历部分要尽量量化成果,用数据和具体的事件做支撑,让每一段经历都更具说服力。

4)技能特长

用于体现求职者自身的素质和能力,要有选择性地写,无须全部罗列,只留下对应聘岗位有帮助的技能。

5)获奖情况

获奖情况代表着学校及外界对你的认可,也是自身综合素质的体现,因此该部分同样是简历中重要的加分项。可按照奖项的重要性罗列获奖情况。

6)自我评价

自我评价是对过往经历和优势的一个高度总结和概括,可结合应聘岗位要求、岗位所需的技能进行重点描述,让用人单位知道你跟岗位的匹配度。

二、信息的特征

根据对信息概念的分析，可以进一步归纳出信息的特征和性质。了解信息的这些特征和性质，可以加深对信息定义的理解和认识。

1）信息存在的普遍性和客观性

信息不是虚无缥缈的东西，作为一种客观存在，反映的是客观事物存在方式和运动过程中所表现出来的特征和规律，可以被感知、获取、加工、处理、存储和传递和利用，这决定了信息的客观性。信息广泛存在于人类社会活动和自然界中，信息无处不在、无时不有。

2）信息产生的广延性和无限性

宇宙时空中的一切事物都有其存在的方式和运动状态，都在不断地产生信息；而宇宙时空中的事物是无限丰富的，在空间上广阔无边，在时间上变化无穷。因而信息的产生是无限的，分布也是无限的。即使在有限的空间和时间段中，事物也是无限、多样的，信息自然也是无限的。

3）信息在时间和空间上的传递性

没有传递，就无所谓信息。从古至今，信息传递的方式不断更迭。古代信息传递的方式有烽火狼烟、飞鸽传书、驿站传递等。近代随着报纸、电话、广播的出现，信息的传递日益便捷。近年来，随着通信技术的迅猛发展，微波、光缆、卫星、计算机网络等成为信息传递的介质，使信息传递更安全快捷。

4）信息对物质载体的独立性

信息表征事物的存在和运动，但信息不是事物本身。这种“表征”可以通过人类创造的各种符号、代码和语言来表达，通过竹、帛、纸、磁盘、光盘等物质来记录和存储，通过光、声、电等能量来载荷和传递。离开这些物质载体，信息便无法存在。这说明，信息对物质载体具有依附性。但信息具体由哪种物质载体来表达、记录和载荷都并不会改变信息的性质和含义，这说明信息对物质载体具有独立性。例如：“明天是否下雪”这则气象信息，我们可以用数字 0 和 1 来表示，也可以用电流正和负来表示，还可以用硬币的正面和反面来表示；可以记录在纸张上，也可以记录在磁盘上，还可以记录在磁带上；可以用光来传递，也可以用声音来传递，还可以用电波来传递；等等。它们都毫不影响该信息的性质和内容。也就是说，载荷信息的物质载体的转换并不改变事物存在的方式和运动状态的表现形式。信息的这一性质使得人们有可能对信息进行各种加工处理和变换。

5）信息对认识主体的相对性

由于人们的观察能力、认识能力、理解能力和目的不同，他们从同一事物中所获得的信息量也各不相同。即使他们的这些能力和目的完全相同，但他们在观察事物时，选择的角度不同，侧面不一样，他们所获得的有关同一事物的信息肯定也不同。宋代文学家苏轼的诗“横看成岭侧成峰，远近高低各不同”讲的也是这个意思。信息的这一性质说明，实际信息量是因人而异的。信息的这一性质在我们的日常生活和工作中是屡见不鲜的。例如，对于 $F = ma$ 这个公式，具有物理学知识的人立即会领会到这是牛顿第二定律，并理解其深刻内涵，而没有物理学知识的人所得到的信息很可能就是一个普通的英文字母的组合。

6）信息对利用者的共享性

信息可以脱离其发生源或独立于其物质载体，并且在利用中不被消耗，因而可以在同一时间或不同时间供众多的用户利用，这就是信息的共享性。信息能够共享是信息不同于物质和能量的重要特征。物质和能量的利用表现为占有和消耗。当物质和能量一定时，利用者在利用上总是存在着明显的“你多我就少”的竞争关系，即在对某一数量的物质和能量加以利用时，一部分人利用多了，其他人就只得少利用甚至不利用。信息的利用不存在这样竞争关系。例如，一个人阅读一本书，他从这本书中获取的知识内容（或称信息量）并不会因为其他人已经阅读而受到影响，也不会对将要阅读这本书的其他人产生影响。当一款计算机的应用软件被开发出来以后，生产者可以将其拷贝转让给其他利用者，而生产者并未因转让而失去原有软件信息，他可以在该软件信息生命周期内不断转让。各利用者利用该软件的信息并不以其他利用者少利用或不利用为前提，他们在利用上不存在竞争关系，可以同时共享一份信息。信息的共享性是信息的一种天然属性（本质特性）。

7）信息的不可变换性和不可组合性

信息一旦产生，就会表达某种特定的含义。它不是包含在信息中的各种要素（如符号、数据、单词等）的简单算术和，因而不可能将这些要素以任意的顺序排列和以不同的组合加以归并而不影响信息的含义。例如“今年专升本难度比去年高”这条信息，如果将“今年”与“去年”两个信息调换位置，则变为“去年专升本难度比今年高”，意思完全与原信息相反。将信息中的构成要素以任意的顺序排列和不同的组合加以归并就能够保持原有的含义仅仅是偶然现象。同样，构成信息的要素也是不能任意分割的。

8）信息产生和利用的时效性

从信息产生的角度看，信息所表征的是特定的事物存在的方式和运动状态，由于所有的事物都在不断变化，过了这一时刻，事物的存在方式和运动状态必然会改变，表征这一“方式”和“状态”的信息也会随之改变，即所谓时过境迁。从信息利用的角度看，信息仅在特定的时刻才能发挥其效用。一条及时的信息可能价值连城，使濒临破产的企业扭亏为盈，成为行业巨头；一条过时的信息则可能一文不值，使企业丧失难得的发展机遇，酿成灾难性后果。信息的时效性并不意味着生产出来的信息越早利用越好，这中间并没有必然的因果关系。早投入利用固然可能容易实现其效用价值，但相反的情况也屡见不鲜。随着时间的推移，某些信息可以不断增值。这里主要强调“特定时刻”，利用者要善于把握时机，只有时机适宜，信息才能充分发挥效用。

本书列举和讨论的仅仅是信息的基本性质，是不同种类的信息都具有的属性，实际上，不同类型的信息有不同的特性，我们就不一一讨论了。

三、信息的分类

根据产生信息的信源性质的不同，信息一般可分为自然信息、生物信息和社会信息。

自然信息是由自然界客观存在的固有事物所发出的信息，如形形色色的天气变化、地壳运动、天体演变、自然奇观等。

生物信息是指由生物体发出的信息，如鸟语花香、体温升降等。

社会信息是指人类活动所产生及伴随的各类信息，其范围相当广泛，如政治信息、经济信息、科技信息、文化信息、教育信息等。

本书所讲的信息并不是一般意义上的信息，而是具有使用价值的社会信息。

四、信息、知识、情报与文献

信息、知识、情报、文献是四个不同的概念和术语，四者之间既有区别又有联系。

信息广泛存在于自然界和人类社会，其覆盖面最广。信息、物质、能量被称为人类社会资源的三大支柱。其中物质向人类提供材料，能量向人类提供动力，信息向人类提供知识和智慧。这三者正如一个人的体质、体力和智力，只有这三者都健全发展的人，才是一个真正健康的人。对于一个系统来说，物质使系统具有形体，能量使系统具有活力，信息则使系统具有灵魂。只有三者有机结合，才能使系统真正发挥作用，朝着进步的方向演化。

知识是人类在改造世界的过程中所获得的认识和经验的总和。人们把在利用自然、改造自然的社会实践中所搜集和利用的信息加以概括与总结，发挥自身的主观能动性，对所掌握的信息加以分析和处理，就产生了具有一定模式的知识。可见，信息被人类所感知并被提炼加工后即成为知识。只有通过对信息的加工，人们才能获得知识。如果没有信息，也就谈不上知识。知识则是信息升华的结果，是一种浓缩的系统化的信息。因此，信息是知识的基础，而知识是信息的核心。

“知识的一半就是知道到哪里去寻求它。”这是雕刻在国外一所大学大门上的一句名言。“知识有两种，一种是我们自己知道的某主题的知识，而另一种则是我们知道到什么地方能够找到知识的知识。”这是 18 世纪英国文豪塞缪尔·约翰逊(Samuel Johnson)的名言。俄罗斯学者布留索夫在《论目录学对于科学的意义》一文中写道：“学问与其说是知识的储蓄，倒不如说是善于在书海中找到知识的本领。”可见知识的重要性。经济合作与发展组织(Organization for Economic Co-operation and Development)在 1996 年的报告——以知识为基础的经济中将知识分为四大类：①知道是什么的知识(know-what)，主要指叙述事实方面的知识；②知道为什么的知识(know-why)，主要指自然原理和规律方面的知识；③知道怎么做的知识(know-how)，主要指技能和能力方面的知识；④知道是谁的知识(know-who)，主要指知道何人具有何种知识和能力的知识。知识具有以下重要特征：①知识是确信的认知，即经过大量实践检验后形成的共识；②知识具有使用价值；③知识可以用来评价和产生新的知识，这就使得知识具有了生产要素的特征。

案例 2-2：高职学生需学习哪些专业知识?

武汉某高职院校船舶舾装工程技术专业是培养掌握船体焊接、构件加工、船舶舾装与设计、生产组织与管理等知识和技术技能，面向船舶制造、海洋工程领域的高素质劳动者和技术技能人才的专业。船舶舾装工程技术专业学生须在校学习基本素质能力课程、专业素质能力课程、素质教育与能力拓展课程、就业指导与创新创业课程等四类课程知识，并在专业知识学习的同时，注重素质和能力的培养。

情报源于战争，源于竞争，源于为了取得优势地位。情报就是人们在一定时间内为一定目的而传递的有使用价值的知识或信息，它有明确的接收对象，属于人工知识或信息的范畴，它源于知识与信息，是动态的信息。情报应满足以下三个基本条件。第一，该知识或信息必须处在被使用中，即在传递的流动过程中。例如，书架上的图书资料中的众多知识或信息。在没有用户借阅的状态下，这些资料中的知识或信息完全处于静止状态，就不能被称为情报。第二，情报的时效性。情报具有很强的时效性。例如，我国国内成品油价格随国际市场原油价格的变化而变化，假如汽车司机在市场执行涨价前获悉这一信息，此时该信息就是一则情报；一旦涨价事实已在市场中被执行，这一原来具有价值的情报就只是一般的市场信息而已，不能再被称为情报。第三，情报是针对特定的对象所提供的有价值的知识或信息。再以上述成品油涨价为例，汽车司机提前获悉后及时加油，则完全是有价值的情报，产生了相应的效益；对无汽车者而言，即便提前获知涨价一事，也产生不了直接效益，仅仅是一则消息而已。美国著名的未来学家约翰·奈斯比特（John Naisbitt）曾经这样说过："我们周围充满了信息，但却缺少真正意义的情报。"

文献是随着人类对史料的记载而产生的。我国"文献"一词最早见于《论语·八佾》："子曰：'夏礼，吾能言之，杞不足征也；殷礼，吾能言之，宋不足征也。文献不足故也。足，则吾能征之矣。'"杞、宋都是古国名，相传周武王封夏禹的后人于杞，封商汤的后人于宋。孔子自称可为弟子们言说夏、商时期的典章制度和道德规范，只可惜杞、宋两国不能提供验证的依据，这主要是因为这两个国家缺乏"文献"。中国古代文献的含义经历了两个发展阶段。①典籍为"文"，贤才为"献"。东汉郑玄注"文献"曰："献，犹贤也。我不以礼成之者，以此二国之君，文章贤才不足故也。"南宋朱熹《四书章句集注》的解释更为简明："文，典籍也；献，贤也。"他们都将"文献"作为一个并列词组，将之分释为两部分："文"指记录礼制的书面材料，包括文章和典籍；"献"指熟悉前朝礼制的贤德之士。②叙事为"文"，论事为"献"。元代马端临在中国第一部以"文献"为名的专著《文献通考》的"总叙"里，阐释了他对"文献"的理解："凡叙事，则本之经史，而参之以历代会要，以及百家传记之书，信而有征者从之，乖异传疑者不录，所谓'文'也；凡论事，则先取常时臣僚之奏疏，次及近代诸儒之评论，以至名流之燕谈、稗官之纪录，凡一话一言可以订典故之得失，证史传之是非者，则采而录之，所谓'献'也。"《文献通考》是一部考察历代典章制度的政书，取"文献"之名，强调的是其依据的材料来源：一是所谓的"文"，即相对正式的经史、历代会要以及百家传记中的记载；二是所谓的"献"，即相对不那么正式的臣僚奏疏、诸儒评论、名流燕谈、稗官纪录等评论材料。这里的"文"自然是典籍无疑，但"献"所指的不再是贤人，而是他们的言谈记录。这样，"文献"就从"典籍与贤才"这样一个并列结构转向专指书面"典籍"的偏义结构了，"贤才"在文献的含义中逐渐被淡化。

随着社会的进步和人们观念的更新，现代文献的概念也在不断发展，其内涵和外延与之前相比都发生了不小的变化。①从文献的价值看，之前对文献的理解刻意强调文献的历史价值，而现代文献观不仅强调它的历史价值，也接受和认可它的一般参考价值。②从文献的表现形式看，之前对文献的理解多强调其书面记录性，而现代文献观则把文字之外的图像、声音、数码等记录符号也纳入了文献的范围，从载体的外观形式上扩大了文献的范围。③从文献的内容看，之前对文献承载的内容多限定在典章制度史或一般社会史范围，而现代文献观认为文献记录的内容包含人类的一切知识。比如，武汉大学图书馆学系和北京大学图书馆学系合编的《目录学概论》（中华书局，1982）指出："文献是用文字、图画、符号、声频、视频等手段记录的知识。"《文献著录总则》（GB/T3792.1—1983）将文献定义为"记录有知识的一切载体”。

文献是重要的信息资源，是人类知识的物质保存形式。文献的构成包含4个要素。

（1）文献的记录内容。内容是文献的核心构成要素，也是它的价值和功用所在。文献记录的内容为知识，即人类通过实践对客观事物及其运动过程和规律的认识，是被人们理解和认识并经头脑重新组织和系统化的信息。

（2）文献的记录符号。任何内容都必须借助一定的形式才能表现出来，文献的记录符号是指出于某种目的将文献的知识内容转换而成的形式体系。从其发展历史来看，包括语言、文字、图像、音频、视频、数码等。

（3）文献的载体形式。文献的载体具备可记录性、可阅读性、可保存性和可复制性等功能属性。中国古代文献的载体形式经历了从甲骨、金石到竹简、缣帛、纸张的演变，近现代后出现了胶卷、平片、唱片、磁带、软盘、光盘、硬盘、芯片等新的载体形式。甲骨文献如图2-1所示。

图2-1 甲骨文献

（4）文献的记录手段。文献的记录手段是指将文献的知识内容以记录符号的形式附着在某种物理载体上的技术手段，如甲骨文献的刻画、金石文献的铸刻、简策及缣帛文献的书写、纸本文献的雕版印刷和活字印刷，以及近现代文献陆续出现的影印、录音、摄影、录像、扫描、拷贝等。西周青铜器利簋及铭文、东汉熹平石经如图2-2、图2-3所示。

图 2-2 西周青铜器利簋及铭文

图 2-3 东汉熹平石经

信息、知识、情报与文献之间的关系如图 2-4 所示，一方面，人们将信息、知识、情报经过选择、分析，综合、记录和存储在一定载体上，加工成文献，这是文献的创作过程；另一方面，人们通过对不同类型的文献认识和掌握纷繁复杂的信息、知识和情报，用于认识世界和改造世界，这是文献的利用过程。

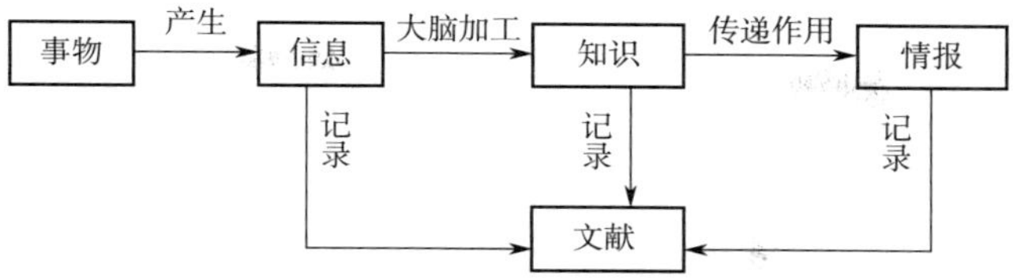

图 2-4 信息、知识、情报与文献之间的关系

第二节 信息源

一、信息源定义及其类型

1. 信息源的定义

"饮水思源",掌握信息也有必要先了解信息之源。联合国教科文组织出版的《文献术语》中提出:"个人为满足其信息需要而获得信息的来源,称为信息源。"俄罗斯出版的《俄英情报学词典》则将信息源定义为:"产生消息或为了传递消息而持有信息的任何系统,均称为信息源。"武汉大学信息管理学院马费成教授在《信息管理学基础》一书中提出:"人们在科研活动、文化活动和其他一切活动中所产生的成果和各种原始记录,以及对这些成果和原始记录加工整理所得的成品(如数据库、文摘索引杂志等)都是借以获得信息的源泉,简称信息源。"

这些典型定义不仅将信息源视为产生原始信息的发生源,而且也视为用户赖以获得信息的渠道和信息载体。因此,广义上,凡是人类能够获取信息的处所,都是信息的来源。虽然信息的最初源头是人类的社会实践,但并非每个人都能直接通过实践获得信息,也不是所有用户都有条件从原始信息中获得所需要的信息。此外,从大自然及人类社会得来的信息具有不同的用途,且可重复使用,因此,需要将信息存储起来供人使用,而存储信息的介质和系统便构成了狭义的具体的信息源。信息源是蕴含信息的一切事物的集合,信息资源则是可利用的信息的集合,两者不等同,信息源包含信息资源。

2. 信息源的类型

信息源的种类繁多,但总体上一般可分为两大类型:文献信息源和非文献信息源(包括实物信息源和口头信息源)。两类信息源各具特点,一般地说,文献信息源信息量大,相对稳定,易于组织、管理和检索;非文献信息源相对而言则具有生动直观、选择性和针对性强、获取速度快的特点。

文献信息源是正规的信息源,是人类社会所特有的人工信息源。凡是以文献作为载体形式的信息源均可称为文献信息源。由于文献在保存和传递信息方面具有重要的作用,可以说文献信息源是人们获取信息最基本、最主要的来源。文献信息源的优势:能够促使信息得到长久的保存和广泛的传播;所载信息固定而明确,便于进行多方面的加工和利用;是确认人类活动,进行社会规范的工具。文献信息源的主要缺陷是在传递和交流上不够灵活和生动。

二、文献信息源

丰富的文献信息源能够为人们提供前人或他人的已有成果，避免无效劳动，为社会创造效益。文献作为信息的宝库，是人类文明成果的汇总，是一种宝贵的智力资源和精神物质，是社会进步的重要标志。各类文献经过加工、整理、布局就构成文献信息源。

1. 文献信息源的类型

根据不同的划分标准，文献信息源可以分成多种类型。下面按照载体形式、加工层次、出版类型三种方式介绍不同的文献信息源类型。

1）按载体形式划分

（1）印刷型文献，是指以纸张为存储介质，以印刷（包括铅印、油印、胶印、木版印刷）为记录手段的一种文献形式。印刷型文献是一种有着悠久历史传统的文献载体，它具有易于携带、方便阅读、经济实用等其他文献载体所无法比拟的特点，其最突出的优点在于符合人类长期以来形成的阅读习惯。因此，它一直以来就是人们用以传播文献信息的主要载体。其缺点是收藏需占用较大空间，且不易于保存、管理，不便于快速传递信息、高效查阅和高密度存储文献信息。

（2）缩微型文献，是指以感光材料为载体（银盐片、重氮片、微泡片），以缩微照相技术为记录手段而产生的一种文献形式。对这类载体的文献查阅，需要借助专门的仪器设备。缩微型文献的主要优点是：其一，信息存储量大；其二，体积小、重量轻，在存储相同资料的情况下，普通缩微平片比纸质文献节省 98% 的空间；其三，成本低、价格便宜；其四，保存期长。在通常工作环境中可保存 50 年，适当环境湿度下可保存 100 年以上，此外还有不易散失弄乱，易于检索复制、放大、转换成其他形式文献的优点。缩微型文献的主要缺点为非直观性，不符合人们的阅读习惯。

（3）声像型文献，以磁性材料、光学材料为记录载体，利用专门的机械电子装置记录与显示声音和图像的文献，又称声像资料、视听资料、音像制品，如我们常见的磁带等。与印刷型文献相比，声像型文献能如实记录声音和图像信息，加以存储，并超越时空限制反复播放。此外声像型文献可以使人们在接收信息时多通道地摄入，更有助于理解知识、加深印象并获得长时记忆。声像型文献还可以使信息按人们需要来表现，如放慢瞬时动作供分析，放大肉眼看不见的微观现象等，提高研究和教学的效果从而使人感觉非常生动。

（4）电子型文献，是指以数字代码方式将图、文、声、像等信息存储到磁、光、电介质上，通过计算机或类似设备阅读使用的文献，也称机读型文献。目前，电子型文献种类多、数量大、内容丰富，如各种电子图书、电子期刊、联机数据库、网络数据库、网络新闻、光盘数据库等。其特点是信息存储量大，出版周期短、易更新，传递信息迅速，存取速度快，可以融文本、图像、声音等多媒体信息于一体，信息共享性好、易复制，但必须利用计算机才能阅读。

2）按加工层次划分

（1）一次文献（Primary Document）。

一次文献也称原始文献，是指由作者本人在科研和生产实践中撰写或发表的学术论文、科研报告、技术说明书等原始创新成果。它具有内容新颖、使用价值高等优点，是科研人员追踪的主要目标。一次文献的判断不是依据其载体、存在形式及出版方式，而是根据它的内容性质，只要是作者根据自己的研究成果而发表的原始创作，都属于一次文献。一次文献具有创造性、原始性和分散性的特点。创造性是指一次文献是作者创造性劳动的结晶，包含着新观点、新发明、新技术、新成果，具有直接参考和使用价值；原始性是指作者首次发表；分散性是指成果的个别性，同一学科、主题的相关一次文献出版分散。

例如：2000 年由清华大学出版社出版的图书《C 语言程序设计》，作者谭浩强，为一次文献。

（2）二次文献（Secondary Document）。

二次文献是人们把大量的、分散的、无序的一次文献搜集起来，按照一定的方法进行加工、整理、提炼、浓缩，即著录其外部特征和内容特征，标引出文献的主题，编制成具有多种检索途径的检索工具，使之系统化和便于查找而形成的文献。二次文献是对一次文献的加工重组，并不是新的信息，类型主要有题录、文摘、索引等。二次文献具有汇集性、检索性、系统性的特点。汇集性是指它是在大量的分散性文献的基础上加工整理而形成的，一般汇集某一单位或专业范围内的文献，能直接反映某一信息部门或专业学科的文献收藏出版状况；检索性是指它所汇集的不是文献本身，而是一定范围内的文献线索，其本身是检索工具，还需要通过文献线索来进一步获取原始文献；系统性是指二次文献实现了对不同专业学科文献的系统组织。

例如：上海图书馆出版的国内报刊检索工具《全国报刊索引》（图 2-5）为二次文献。《全国报刊索引》收录报刊种类多、资料涉及学科广、持续定期出版时间长，是报道、积累和查找中华人民共和国成立以来报刊文献资料线索的主要工具。《全国报刊索引》于 1955 年 3 月创刊，初名为《全国主要期刊资料索引》，1956 年改名为《全国主要报刊索引》，1958 年起由上海图书馆出版。1995 年，上海图书馆自行研究开发的《全国报刊索引数据库》已成为时间跨度从 1833 年起的一个半世纪、报道数据量超过 3 000 万条、揭示报刊数量达 20 000 余种的特大型二次文献数据库，每年更新数据 350 万条。

图 2-5 《全国报刊索引》

（3）三次文献（Tertiary Document）。

三次文献是围绕某个主题，利用二次文献搜集大量相关的一次文献，经过研究、分析、综合而编写出来的文献，如各种综述、述评、学科年度总结、年鉴、数据手册等。三次文献具有综合性、价值性和针对性的特点。综合性是指需要对大量分散的有关课题的文献、数据、事实进行分析、综合、浓缩，其内容较为概括；价值性是指三次文献可以直接提供有价值的信息，供用户参考、利用，三次文献兼有一次文献的作用，有时可以替代原文；针对性是指三次文献大多数是为特定目的而编写的，一般情况下是信息部门受用户委托而形成的研究成果，研究人员通过综述性文章的撰写也可以全面了解当前某一领域的研究状况。

例如：国家统计局编的《中国统计年鉴》为三次文献。

《中国统计年鉴》每年由国家统计局编制，范围覆盖中国现行的 34 个一级行政区，包括 23 个省（河北、山西、辽宁、吉林、黑龙江、江苏、浙江、安徽、福建、江西、山东、河南、湖北、湖南、广东、海南、四川、贵州、云南、陕西、甘肃、青海、台湾）、5 个自治区（内蒙古、广西、西藏、宁夏、新疆）、4 个直辖市（北京、天津、上海、重庆）和 2 个特别行政区（香港、澳门），主要内容包括：人口、国民经济核算、国内就业和工资、价格、人民生活、财政、资源和环境、能源、固定资产投资、对外经济贸易、农业、工业、建筑业、批发和零售业、运输和邮电以及软件业、住宿和餐饮以及旅游业、金融业、房地产、科学技术、教育、卫生和社会服务、文化和体育、公共管理和社会保障以及社会组织、城市和农村以及区域发展等，并以附录形式提供其他数据信息。《中国统计年鉴》如图 2-6 所示。

图 2-6 《中国统计年鉴》

在文献信息源信息的层次结构演变中，从一次文献到二次文献、三次文献，每个环节都不断融入了著者及文献工作者的创造性劳动，使文献信息得到鉴别、提纯，不断满足人们的各种需求。文献信息源信息的层次结构演变如图 2-7 所示。文献信息经过加工、整理、浓缩，从一次文献到三次文献的变化，是文献信息由博返约、由分散到集中、由无序到有序的过程；文献信息内容随层次的变化逐步老化，但其可检性、易检性及可获得性在不断提高；文献信息的这一层次变化，使人们获取信息变得有章可循、有径可问。

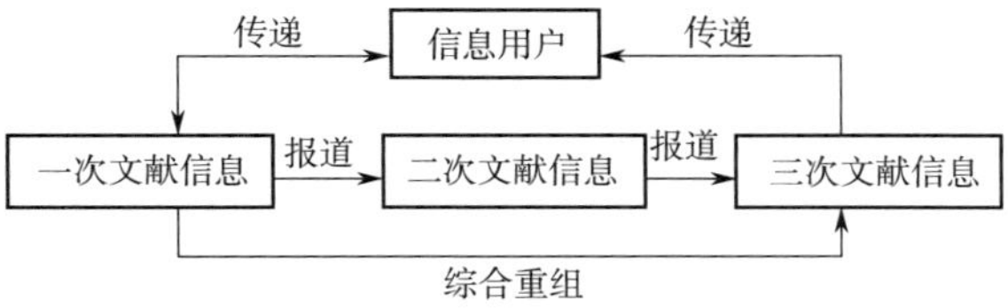

图 2-7　文献信息源信息的层次结构演变

3）按出版类型划分

按文献的内容特点和出版形式，可以将文献划分为图书、连续出版物和特种文献三种类型。特种文献包括会议文献、科技报告、专利文献、学位论文、标准文献、技术档案、政府出版物、产品资料等，其在收藏与管理上与图书、期刊等传统文献有较大区别。

（1）图书（Book）。

图书是人类社会发展到一定阶段的产物，是作为记录和保存知识、表达思想、传播信息的手段而出现的。不同的历史时期，人们对图书概念的认知不尽相同。图书产生之初，与书契、档案不分。随着图书从零星、片段的记载到系统的著述，对图书的解释也在不断变化。如联合国教科文组织对图书的定义是：凡由出版单位出版的不包括封面和封底在内的 49 页以上的印刷品，具有特定的书名和著者名，编有国际标准书号，有定价并取得版权保护的出版物称为图书。图书是人类积累、存储和传播知识的重要手段，它具有保存人类精神产品、交流传递知识信息、进行社会教育和丰富人们文化生活等多种社会功能。

图书经历了几个不同的历史阶段。文字的发明并用于记录知识，使人类进入文明时代，这一阶段的图书以载体材料的多样性为特点。如古埃及用纸莎草纸，古巴比伦用泥板，欧洲中世纪用羊皮、蜡版，印度用贝叶和棕叶等。在中国，早先用甲骨、青铜器、石头等作为记录知识的载体，从春秋、两汉至两晋多用竹简、木牍、缣帛，称简策、帛书。造纸术发明后，逐渐从中国传到世界各地，纸张逐渐成为世界各民族书写文字的最理想的载体。印刷术的发明标志着图书进入一个新的阶段，它不仅使图书在质的方面得到改善，在量的方面也有惊人的发展，使知识的积累和传播规模更大、范围更广。19 世纪中叶以后，印刷技术不断革新，图书从手工生产过渡到机械化生产。20 世纪以后，科学技术飞速发展，为人类传播知识手段的进步展现了更为广阔的前景，出现了照相影印图书、计算机排印图书、立体印刷图书等。随着数字技术的进步，电子书已成为新的图书类型。因此，人们也常用纸书来表示印刷型的图书，用电子书来表示基于数字技术的图书。在通常语境下，图书主要指印刷型的图书。虽然 20 世纪发展起来的音像出版物、缩微出版物、电子出版物、网络出版物等“非书资料”大量涌现，但图书由于具有既可保存又便于携带，可不受空间、时间和设备的限制等优点，仍是人类社会最主要的知识交流媒介之一。根据国家新闻出版署《2021 年新闻出版产业分析报告》，2021 年全国共出版新版图书 22.5 万种，较 2020 年增长 5.4%；重印图书 30.4 万种，较 2020 年增长 10.4%。

图书的类型多种多样。按知识内容可分为社科图书、科技图书等；按文种可分为中文图书、日文图书、英文图书等；按作用范围可分为一般图书、工具书、教科书、科普图书等；按知识内容的深浅程度可分为学术专著、普及读物、儿童读物等；按制作形式可分为写本书、抄本书、印本书等；按著作方式可分为专著、编著、译书、汇编、文集、类书等；按装帧形式可分为精装书、平装书、线装书等；按出版卷帙可分为单卷书、多卷书等；按刊行情况可分为单行本图书、丛书、抽印本图书等；按制版印刷情况可分为刻印本、排印本、照排本、影印本等；按版次和修订情况可分为初版书、再版书、修订版图书等。

图书内容系统、全面、成熟、可靠。图书中论述的问题一般比较系统，提供的知识大多比较全面，相对比较可靠。从图书中既可以获得通用性知识，又可得到某个问题、某一专题或某一学科领域全面而系统的知识，同时也是获得各种数据、事实的重要来源。但图书出版周期较长，内容更新较慢。由于图书从立项到撰写、审校、出版、发行一般需要一个比较长的时间周期，其中需要经历一系列环节，不可能做到随时更新，所以内容更新一般比较慢。

ISBN（International Standard Book Number，国际标准书号）是专门为识别图书等文献而设计的国际编号，相当于图书的合法身份证。ISBN 的使用，有助于出版业对图书出版、发行、经销、统计等的管理，便于出版物的国际交流，同时也有利于图书馆等图书收藏单位对图书的采购、征集、编目及流通。图书的 ISBN 一般可以在图书的版权页和封底找到。封底上的条形码，对应的数字就是 ISBN。

第一段前缀码。

2007 年以前 ISBN 为 10 位数字，2007 年 1 月 1 日起国际标准书号升级为 13 位。现有的出版机构在 10 位 ISBN 前加上一个三位数字的前缀“978”，新成立的出版机构则加上前缀“979”，以此与国际条形码编码 EAN-UCC 系统接轨。

第二段：国家、语言或区位代码。

这个代码用于区分国家或地区。例如，我国的代码是“7”，英语区的代码是“0”或“1”，法语国家的代码是“2”，德语国家的代码是“3”，日本的代码是“4”，俄语国家的代码是“5”。

第三段：出版机构代码。

由隶属国家或地区的 ISBN 中心分配，允许取值范围为 2~5 位数字。例如，我国出版的图书，如果这本书的出版机构代码是“3”，则表示这是科学出版社出版的图书。

第四段：书序码。

由出版社自己给出，由 1~6 位数字构成，出版社的规模越大，出书越多，书序码就越长。

第五段：校验码。

校验码由 1 位数字组成，是根据前几位数字和一定的算法计算得到的，用来检验前面数字是否准确，也是辨别盗版书籍，保护知识产权的一种检验方法。如肖亚明主编的《信息检索教程》的国际标准书号为：ISBN　978-7-115-18521-1。

图书的版权页通常有 CIP 在版编目数据（见图 2-8），包括书名、责任者、版本项、出版项、分类号、CIP 数据核字号等信息，用于记录包括图书识别特征的检索点和内容主题的检索点。CIP 数据核字号是 CIP 主管部门赋予图书 CIP 数据的标准号码，是 CIP 数据的一个重要组成部分。CIP 数据核字号由 10 位阿拉伯数字组成（2000 年以前是 9 位数字），包括两部分：前 4 位数字为该数据被核准的年份，后 6 位数字为该数据被核准的流水记录号。从核字号的构成来看，CIP 数据核字号是以年为记录单位，与出版社申报 CIP 数据的图书一一对应的。

版权专有　侵权必究

图书在版编目（CIP）数据

船舶柴油机使用与维护 / 刘晓丽，戴武，吴璇璇主编.—北京：北京理工大学出版社，2021.1

ISBN 978-7-5682-9537-6

Ⅰ.①船…　Ⅱ.①刘…　②戴…　③吴…　Ⅲ.①船用柴油机－使用方法－高等学校－教材②船用柴油机－维修－高等学校－教材　Ⅳ.①U664.121

中国版本图书馆CIP数据核字（2021）第022886号

图 2-8 《船舶柴油机使用与维护》版权页

案例 2–3：辨别图书是否合法

我们看到的有些图书可能是非法出版物。合法出版的图书，应该有自己的 ISBN 和 CIP 数据核字号。一些非法出版物，尽管也有 ISBN 和 CIP 数据核字号，但可能是非法冒用或者是胡乱编造的。如何知道图书标注的 ISBN 和 CIP 数据核字号是否有问题呢？可以登录国家版本数据中心（https://pdc.capub.cn）查询。

中国国家版本馆（国家版本数据中心）是我国唯一的国家级出版物数据生产服务机构，具有版本管理的完整数据链，向公众提供免费的出版数据查询服务。如图 2-9 所示，输入一本书的 ISBN、CIP 数据核字号或者书名等，可以看到这本书的相关信息。如果图书上载明的 ISBN、CIP 数据核字号在这个系统中找不到，或者找到的与图书上载明的信息不一致，这本书属于非法出版物的可能性就很大。

图 2-9　国家版本数据中心首页

（2）期刊（Periodical；Journal；Magazine）。

对“期刊”这一定义，联合国教科文组织于 1964 年 11 月 19 日在巴黎举行的大会上通过了一个折中的关于期刊的定义：“凡用同一标题连续不断（无限期）定期或不定期出版，每年至少出一期（次），每期均有期次编号或注明日期的称为期刊。”我国对期刊概念的最新阐述，见于中华人民共和国新闻出版总署于 2005 年 9 月 30 日颁布的《期刊出版管理规定》第二条：“本规定所称期刊又称杂志，是指有固定名称，用卷、期或者年、季、月顺序编号，按照一定周期出版的成册连续出版物。”期刊出版单位出版期刊，必须经国家新闻出版署批准，持有国内统一连续出版物号，领取“期刊出版许可证”。

世界范围内正规出版的期刊都有唯一的 ISSN（International Standard Serial Number，国际标准连续出版物号）。ISSN 是根据国际标准 ISO3297 制定的连续出版物国际标准编码，其目的是使世界上每一种不同题名、不同版本的连续出版物都有一个国际性的唯一代码标识。ISSN 以“ISSN”为前缀，加上 8 位数字组成。8 位数字分为前、后两段，每段各 4 位，中间用连接号相连，前 7 位数字为顺序号，最后一位是校验位。如《武汉船舶职业技术学院学报》的国际标准连续出版物号为 ISSN 1671-8100 。另外，我国批准的正式期刊除了具有 ISSN 号，还应有国内统一刊号，即 CN。中文期刊 CN 共包括四个部分：以《武汉船舶职业技术学院学报》CN42-1670/Z 为例：CN 表示国内标识，42 表示省份码，如湖北为 42，1670 表示序列号 ，Z 表示分类号。

中文的“期刊”一词在英文中有多种译法，不同译法的意思有所区别。比如“Periodical”是最广义的概念；“Journal”则强调所刊载文章的学术性；“Magazine”指通俗的，大众娱乐及消遣的杂志。期刊按出版内容划分，主要可以分以下四种。

①一般杂志，又称杂志，这类期刊为吸引读者，强调内容的知识性、通俗性、趣味性，讲求形式的图文并茂，印刷和装帧较好，定价较低，注重依靠较大的发行量与由此带来的经济收入维持自身的生存、发展。销量最大的杂志甚至可月销售过千万册。我国的《读者》《三联生活周刊》《中国国家地理》等属于此类期刊。

②学术期刊，主要刊载学术论文、研究报告、会议综述、评论等文章。这类期刊均有特定的内容，以特定的读者为对象，印刷和装帧较严肃，较少刊登广告。因专业性很强，目标受众集中且偏向于知识界与社会中上层群体，发行量较小、定价较高。1665 年法国出版的《科学家杂志》和英国出版的《哲学会刊》是世界上最早出版的学术期刊。我国的《历史研究》《船舶工程》《内燃机学报》等属于此类期刊。

学术期刊刊载的学术论文具有学术性、科学性、理论性、创新性和时效性。学术期刊论文一般由标题、作者及单位、摘要、关键词、正文和参考文献构成，如图 2-10 所示。

DOI（Digital Object Unique Identifier，数字对象唯一标识符），对所标识的数字对象具有唯一性，对每篇文献赋予一个 DOI 代码，可以保证在网络环境下对数字化对象的准确提取，有效地避免重复。期刊论文 DOI 如图 2-11 所示。中国科学技术信息研究所和万方数据股份有限公司通过与国内外相关机构的合作，推进 DOI 在国内出版界、信息服务界的应用，提供 DOI 的注册服务，并建设 DOI 中文应用平台与门户网站。中文 DOI 网站如图 2-12 所示。

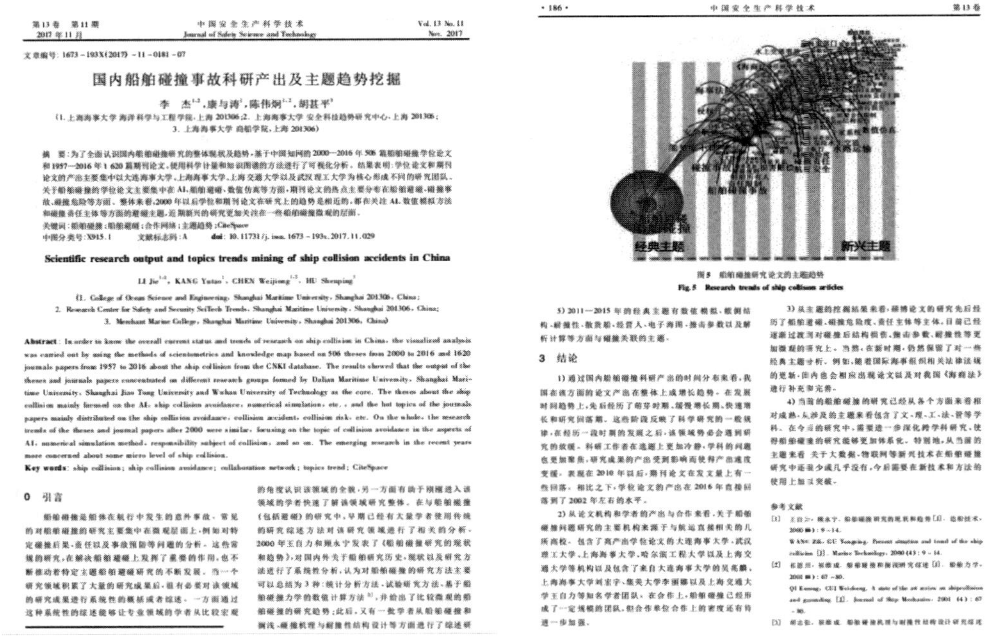
第13卷　第11期　2017年11月　中国安全生产科学技术　Journal of Safety Science and Technology　Vol. 13 No. 11　Nov. 2017

文章编号：1673－193X(2017)－11－0181－07

国内船舶碰撞事故科研产出及主题趋势挖掘

李　杰[1,2]，康与涛[1]，陈伟炯[1,2]，胡甚平[3]

(1. 上海海事大学 海洋科学与工程学院，上海 201306；2. 上海海事大学 安全科技趋势研究中心，上海 201306；3. 上海海事大学 商船学院，上海 201306)

Scientific research output and topics trends mining of ship collision accidents in China

LI Jie[1,2], KANG Yutao[1], CHEN Weijiong[1,2], HU Shenping[3]

(1. College of Ocean Science and Engineering, Shanghai Maritime University, Shanghai 201306, China; 2. Research Center for Safety and Security SciTech Trends, Shanghai Maritime University, Shanghai 201306, China; 3. Merchant Marine College, Shanghai Maritime University, Shanghai 201306, China)

0　引言

·186·　中国安全生产科学技术　第13卷

图5　船舶碰撞研究论文的主题趋势

Fig. 5　Research trends of ship collision articles

3　结论

参考文献

图 2-10　学术期刊论文

数字化重塑职业教育新生态背景下高职信息素养大赛实践研究

毛静　唐晓应

长沙商贸旅游职业技术学院

摘要： 开展信息素养大赛是有效提升个体适应数字化发展能力的重要手段。针对高职院校学生，完善信息素养大赛模式，提升信息素养大赛效能，是数字化重塑职业教育新生态背景下，提升学生自主、探究式学习成效的有效途径。剖析高职院校学生信息素养大赛的基本属性，基于2019—2021年湖南省高职院校学生信息素养大赛实践，分析了大赛的参赛规模、大赛赛制、在题库组建上所取得的成就，并从校级选拔模式的差异性、省级决赛试卷的随机性、比赛资源的不对等性方面进行思考。从信息素养大赛过程选拔模式、题库组建方式、在线监督机制、成果转化及反哺机制四个方面提出高职院校学生信息素养大赛的优化路径，确保信息素养大赛朝着公平、有效、可持续的方向发展。

关键词： 高职院校学生；信息素养大赛；实践研究；

基金资助： 2022年湖南省教育厅科学研究项目“‘互联网+职业教育’助力乡村振兴农民扶智研究”（编号：22B1092）阶段性研究成果；

DOI： 10.13829/j.cnki.issn.1671-9654.2023.04.009

专辑： 工程科技Ⅱ辑;社会科学Ⅱ辑;信息科技

专题： 教育理论与教育管理;职业教育;计算机软件及计算机应用

分类号： G434;G712

图 2-11　期刊论文 DOI

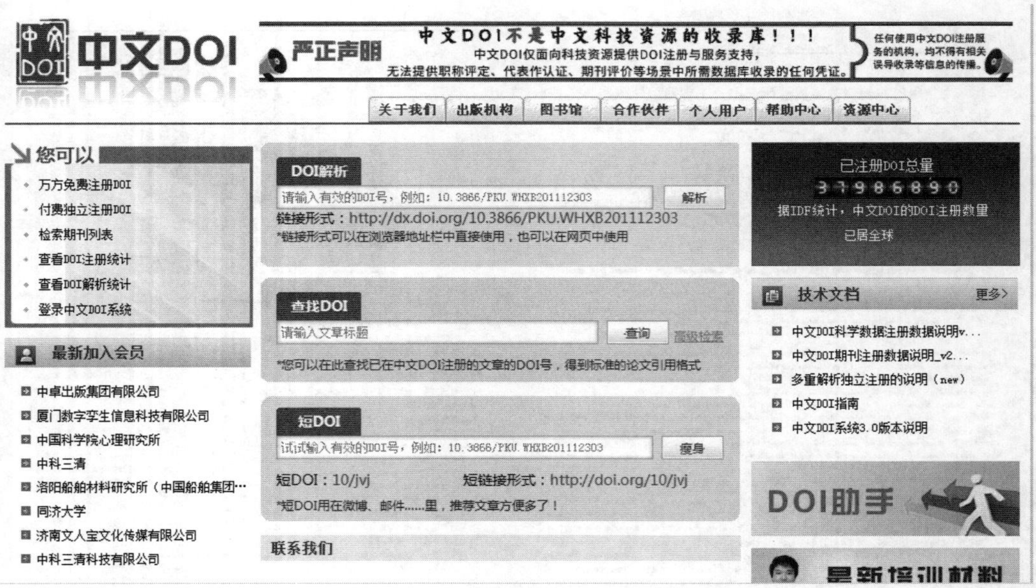

图 2-12 中文 DOI 网站

③行业期刊，主要宗旨是讨论、分析、报道和交流工商业或非营利性行业的同业所关心的产品生产、市场行情，以及本行业的经营管理进展与动态等。虽然发行量有限，但因其收入主要来源于刊登大量商业广告和行业内有关单位赞助，这类期刊的印刷和装帧较好，定价适中或较低（部分甚至对同业实行免费赠阅），目标受众以行业内的管理者、从业者为主。我国的《中国橡胶》《中国烹饪》《中国出版》《收藏》等属此类期刊。

④信息与文摘期刊，以刊登简短及时的商情、数据、文献题录和索引为主，着重于刊发非首次发布的信息。因编者对大量资料进行再加工，读者对它的重复使用率很高。这类期刊的订户主要是团体单位和图书馆，因此发行量很少，定价很高。我国的《新华文摘》、美国的《化学文摘》等属于此类期刊。

⑤核心期刊概念最初起源于英国化学家、文献学家布拉德福德（S. C. Bradford）所揭示的文献集中与分散规律。1971 年，美国情报学家、SCI（Science Citation Index）创始人尤金·加菲尔德（Eugene Garfield）对参考文献在期刊上的分布进行了统计分析，发现 24% 的引文出现在 1.25% 的期刊上。这表明期刊存在“核心”效应，由此“核心期刊”的概念便应运而生。核心期刊是指那些发表该学科（或该领域）论文较多、使用率（含被引率、摘转率和流通率）较高、学术影响较大的期刊。各个学科都有其核心期刊。目前，我国通用七大核心期刊（或来源期刊）评选标准：北京大学图书馆《中文核心期刊要目总览》（又称中文核心期刊）、南京大学“中文社会科学引文索引（Chinese Social Sciences Citation Index，简称 CSSCI）来源期刊”、中国科学院文献情报中心“中国科学引文数据库（Chinese Science Citation Database，简称 CSCD）来源期刊”、中国科学技术信息研究所“中国科技论文统计源期刊”（又称中国科技核心期刊）、中国社会科学院文献信息中心“中国人文社会科学核心期刊”、中国人文社会科学学报学会“中国人文社科学报核心期刊”以及万方数据股份有限公司的“中国核心期刊遴选数据库”。下面主要介绍我国三种核心期刊标准。

Ⅰ.《中文核心期刊要目总览》。

《中文核心期刊要目总览》是由北京大学图书馆及北京十几所高校图书馆的众多期刊工作者及相关单位专家参与的中文核心期刊评价研究工作成果，已经出版了 1992、1996、2000、2004、2008、2011、2014、2017、2020、2023 年版共 10 版，主要是为图书情报部门对中文学术期刊的评估与订购、为读者导读提供参考依据。《中文核心期刊要目总览》在 2008 年之前每 4 年更新研究和编制出版一次，2008 年之后，改为每 3 年更新研究和编制出版一次，每版都会根据当时的实际情况在研制方法上不断调整和完善，以求研究成果能更科学合理地反映客观实际。经过定量筛选和专家定性评审，从我国正式出版的中文期刊中评选出核心期刊。《中文核心期刊要目总览》(2020 年版)水路运输类 10 种核心期刊见表 2-2。

表 2-2 《中文核心期刊要目总览》(2020 年版)水路运输类 10 种核心期刊

序号	核心期刊
1	《中国造船》
2	《船舶力学》
3	《中国舰船研究》
4	《中国航海》
5	《大连海事大学学报》
6	《船舶工程》
7	《上海海事大学学报》
8	《舰船科学技术》
9	《船海工程》
10	《水运工程》

Ⅱ.“中国科学引文数据库”来源期刊。

“中国科学引文数据库”(CSCD)创建于 1989 年，由国家自然科学基金委员会和中国科学院共同资助，中国科学院文献情报中心承建开发。该系统全面参照美国 SCI (Science Citation Index，科学引文索引)的编制体系，它按照“二八规律”(即 80% 的主要文献分布在 20% 的核心期刊中)遴选了我国 4 000 余种自然科学期刊中具有较高水平和编辑质量的核心期刊。

Ⅲ.“中文社会科学引文索引”(CSSCI)来源期刊。

“中文社会科学引文索引”(CSSCI)是由南京大学投资建设、南京大学中国社会科学研究评价中心开发研制的人文社会科学引文数据库，用来检索中文人文社会科学领域的论文收录和被引用情况。CSSCI 是一项凝聚了国内学术界、期刊界、管理部门集体智慧的知识创新成果。

影响因子(Impact Factor，IF)是 1972 年由美国情报学家尤金·加菲尔德(E.Garfield)提出的。影响因子是用期刊论文的平均被引率来反映期刊近期在科学发展和文献交流中所起作用的指标，在一定程度上可反映该期刊的学术影响力，是衡量一个学术刊物地位的主要因素。需要说明的是，影响因子并非一个最客观的评价期刊影响力的标准。一般来说影响因子越高，期刊的影响力就越大。对于一些综合类或者大的研究领域来说，因为研究的领域广而引用率也比较高。如生物和化学类的期刊比较容易有较高的影响力。影响因子虽然可在一定程度上表征其学术质量，但影响因子与学术质量并非成正比，比如不能说影响因子为 5.0 的期刊一定优于影响因子为 2.0 的期刊，影响因子不具有这种对学术质量进行精确定量评价的功能。影响因子是一个相对统计量，影响因子是以年为单位进行计算的。

以 2023 年的某一期刊影响因子为例：

$$\text{IF}(2023\text{年}) = A / B$$

式中：A——该期刊 2021 年至 2022 年所有文章在 2023 年中被引用的次数；

B——该期刊 2021 年至 2022 年所有文章数。

案例 2-4：如何查找学术期刊的影响因子

例如，要查找《船舶工程》这本学术期刊的影响因子，首先进入中国知网（CNKI）首页（https：//www.cnki.net），选择出版物检索，如图 2-13 所示，在“来源名称”输入“船舶工程”，即可查找到《船舶工程》期刊的复合影响因子为 0.722 和综合影响因子为 0.445，如图 2-14 所示。复合影响因子是指以期刊、学位论文、会议论文为复合统计源文献计算，被评价期刊前两年发表的可被引文献在统计年的被引用总次数与该期刊在前两年内发表的可被引文献总量之比。综合影响因子主要是指以科技类期刊及人文社会科学类期刊综合统计源文献计算，被评价期刊前两年发表的可被引文献在统计年的被引用总次数与该期刊在前两年内发表的可被引文献总量之比。

图 2-13 中国知网（CNKI）首页出版物检索

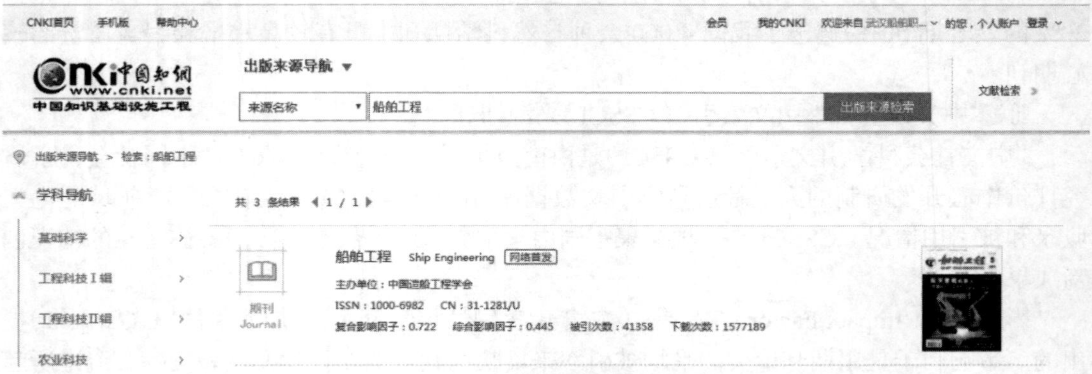

图 2-14 学术期刊《船舶工程》的影响因子

（3）报纸（Newspaper）。

报纸是以刊载时事和评论为主要内容、面向公众定期发行的印刷出版物。报纸一般出版周期短，传递信息快，信息量大，传播面广，具有大众普及性，是重要的社会舆论工具和信息源。但报纸报道的信息老化快，深度不够，一般不发表学术性较强的研究性文章。

政府机关报是获取国家方针政策及政治、经济、法律信息的权威信息源，如《人民日报》《光明日报》《经济日报》等。行业报纸是获取行业发展信息的重要信息源，如《中国船舶报》《中国水运报》等。科技类报纸发行量较小，一般不登载反映学科领域重大科研成果的学术论文、研究报告，只登载一些科研动态、成果评论及某些小经验、小发明、小创造的文章，如《电脑报》《电子报》等。随着社会的进步发展，目前一些报纸均推出电子版，如《人民日报》《光明日报》《经济日报》，如图 2-15~ 图 2-17 所示。

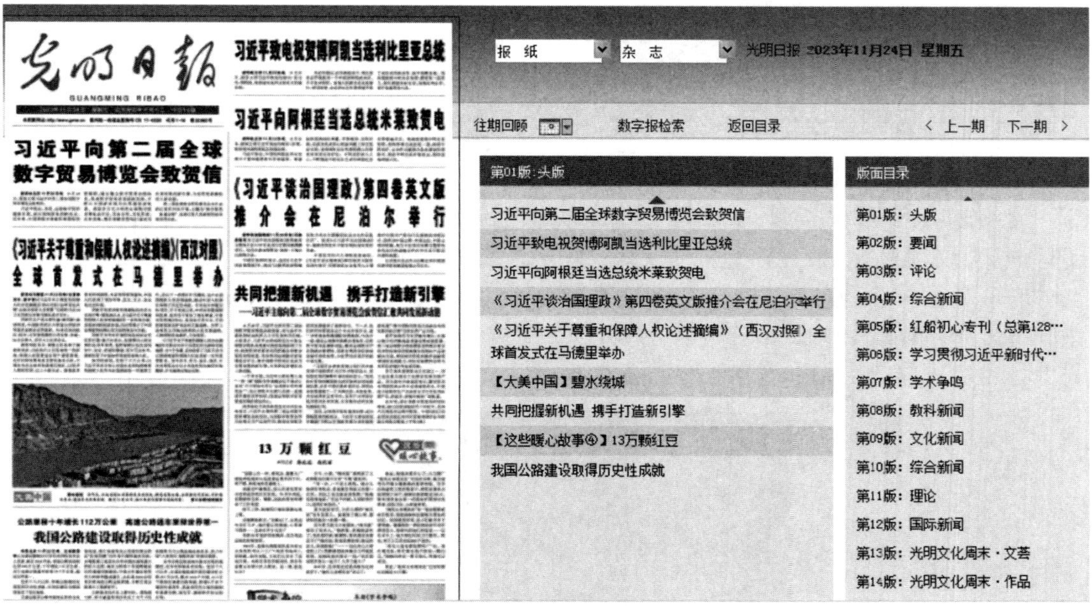

图 2-15 《光明日报》电子版

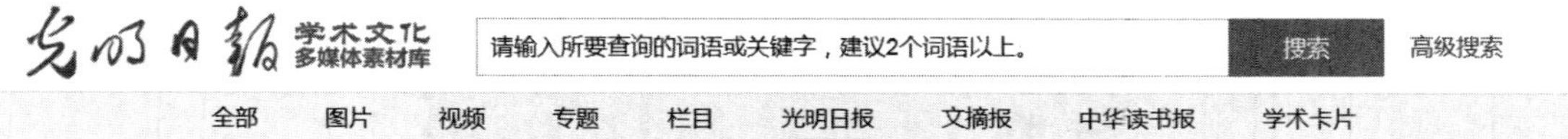

图 2-16 《光明日报》电子版检索库

（4）会议文献（Conference Paper）。

会议文献主要是指在学术会议上发表或提交的论文、讨论记录等文献资料。随着科学技术的迅速发展，为了加强学术信息交流，各个国家的学会、协会、研究机构及国际学术组织每年都定期或不定期地召开学术会议。在学术会议上，同一领域的专家学者集中在一起，对专业问题进行研讨，对科研创造进行评定判断，有利于发现问题、解决问题，产生新的进展和突破，提高科研工作效率。因此，会议文献内容新颖，质量较高，学术性很强，往往代表着某一学科或专业领域的最新成就和研究方向，是比较重要的文献信息源。

图 2-17 《经济日报》电子版

会议文献有两种类型：一种是会前文献，即会前发表的论文或报告，有的还有开幕词、闭幕词、会议预报等；另一种是会后文献，即会后发表的论文集等。会议文献的出版包括图书、期刊、科技报告、视听资料等多种形式，有的会议论文既在会议论文集上发表，也在学术期刊上发表。中国知网会议论文库、万方中国学术会议文献数据库等是国内会议文献的检索工具。第六届中国国际管道会议论文集如图 2-18 所示。

图 2-18 第六届中国国际管道会议论文集

（5）科技报告（Sci-Tech Report）。

科技报告是记录某一科研项目调查、实验、研究的成果或进展情况的文献，一般由科研设计单位向政府部门或主管单位提供，主要有立项报告、中期进展报告、结题报告或鉴定报告等。科技报告大部分能就某一专题或专项研究的实际内容做客观的分析，提出可行性建议来指导生产，或提出某种假设来说明问题，通常以正式报告、进展报告、技术札记、备忘录、通报等形式出版。科技报告的主要特点是：①时滞短，失效快；②出版迅速，出版周期不定，篇幅长短不等，内容比较专深、新颖、具体，一般都是一册一份报告，有机构名称和统一编号；③保密性强，可分为保密、解密、公开三种类型；④内容比较广泛，由于它是研究成果的记录，因而能反映出一个国家或地区的科研水平。

世界著名的科技报告有美国武装部队技术情报局（Armed Service Technical Information Agency，AD）报告、美国政府出版局（Publication Board，PB）报告、美国能源部（Department of Energy，DOE）报告、美国国家航空航天局（National Aeronautics and Space Administration，NASA）报告。

（6）标准文献（Standard Document）。

标准文献是指按规定程序制定，经公认权威机构（主管机关）批准的一整套在特定范围（领域）内必须执行或推荐执行的规格、规则、技术要求等规范性文献，简称标准。广义的标准文献是指与标准化工作有关的一切文献，包括标准形成过程中的各种档案，宣传推广标准的手册及其他出版物，揭示报道标准文献信息的目录、索引等。标准化是现代化大生产的产物，它既是一种经济活动，也是一项技术活动，反映一个国家的生产和技术水平，是组织现代化生产活动的重要手段。

标准有多种不同的类型。①标准按性质可划分为技术标准和管理标准。技术标准按内容又可分为基础标准、产品标准、方法标准、安全标准等。管理标准按内容分为技术管理标准、生产组织标准、经济管理标准、行政管理标准、管理业务标准、工作标准等。②标准按适用范围可划分为国际标准、区域性标准、国家标准、专业（部）标准和企业标准等。③标准按成熟程度可划分为法定标准、推荐标准、试行标准和标准草案等。

20 世纪 80 年代后，已有 100 多个国家和地区成立了全国性标准化组织，国家标准中影响较大的有中国（GB）、美国（ANSI）、英国（BS）、日本（JIS）、法国（NF）等。国际标准化机构中最重要、影响最大的是 1947 年成立的国际标准化组织（ISO）和 1906 年成立的国际电工委员会（IEC），它们制定或批准的标准具有广泛的国际影响力。

（7）专利文献（Patent Document）。

专利文献主要是指专利权人向本国或国外的专利主管机关提供的，申请保护某项发明、创造时所提交的一份详细的技术说明书，经专利局审查公开出版或授权后所形成的文献。广义的专利文献包含专利说明书、专利公报和专利分类表、专利文摘以及与专利有关的法律文件及诉讼资料等。专利文献记载了人类技术进步的发展历史，反映了最新科技发展成就，是报道先进技术与创新成果最快的信息源。其反映的技术信息内容广博，几乎涉及人类生产活动的全部技术领域，同时它还随着人们认识水平和生产水平的提高而不断推陈出新，如生物技术、能源技术、电子信息技术、新材料技术等领域的创新成果一般都最先在专利文献上揭示。

专利文献是集技术信息、法律信息、经济信息于一体的信息载体,蕴含着巨大的战略信息资源。今天,以互联网为依托,专利信息检索已经全面实现了数字化、集成化、网络化。加强专利信息的传播与利用,通过对专利信息的检索、分析、研究,将知识产权转化为生产力,对国家的经济发展与创新型国家的建设具有重要意义。

(8)学位论文(Thesis;Dissertation)。

学位论文是指高等院校、科研院所培养的学生为取得相应学位,而撰写的具有一定学术水平,证明作者具备相应的学识能力并通过公开答辩的学术论文,包括学士学位论文、硕士学位论文和博士学位论文。博、硕士学位论文内容专一,一般从历史背景、基础理论、评述开始详细介绍研究经过、实验记录和具体数据成果,具有一定独创性,对科研、生产有一定的参考价值。

近些年,随着高等教育的发展,学位论文的数量增长很快,但由于学位等级的不同,学位授予单位、导师要求的差异,其质量也参差不齐。一般来说,重点院校、学术研究能力较强的科研单位培养的研究生,尤其是博士研究生撰写的学位论文,要经过由该领域知名专家学者组成的答辩委员会的质疑,其质量更高。同时,一篇博士学位论文的参考文献一般有几百篇,等于一个专题索引,是较为可靠的信息源。

学位论文不如公开出版物那样广泛流传,有些学位论文还具有一定的保密性,一般在学位授予单位收藏。我国学位论文经国务院指定由国家图书馆、中国科技信息研究所、社科院信息研究中心分别负责收藏。查找国内学位论文可选择中国知网、中国博士学位论文全文数据库、中国优秀硕士学位论文全文数据库和万方的中国学位论文全文数据库等。武汉大学博士学位论文如图 2-19 所示。

分类号 G350　　　　密 级 ______
UDC ______　　　　编 号 10486

武漢大學

博 士 学 位 论 文

老挝信息服务的社会化监督研究

研究生姓名:森 维 晗
指导教师姓名、职称:胡 昌 平 教 授
专业名称:信 息 资 源 管 理
研究方向:信 息 服 务

图 2-19 武汉大学博士学位论文

（9）政府出版物（Government Document）。

政府出版物是各国政府部门及所属单位发表与出版的文件。它的内容广泛，概括起来可分为行政性文件和科技性文献两大类。行政性文件包括国会记录、司法资料、方针、政策、规章制度、决议指示以及调查统计资料等；科技性文献包括各部门的研究报告、技术成果公告、技术政策文件等。

目前，不少国家都设专门机构（如美国政府出版局等）负责政府出版物的发行工作。据报道，美、英、日等国的政府出版物每年多达几十万种，而且该数量还在不断增加。政府出版物的主要特点是内容可靠，与其他信息源有一定重复，对了解一个国家的科学技术和经济政策及其演变情况，有一定参考价值。我国权威政府出版物有《中华人民共和国全国人民代表大会常务委员会公报》《中华人民共和国国务院公报》《中华人民共和国最高人民检察院公报》《中华人民共和国最高人民法院公报》。《中华人民共和国国务院公报》如图 2-20 所示。

图 2-20 《中华人民共和国国务院公报》

（10）产品资料（Product Literature）。

产品资料是企业对其生产或销售产品的性能、构造、原理、用途、使用方法、操作规程、产品规格等所做的具体说明和详细介绍的文献资料。它图文并茂、形象直观，数据可靠准确，直接反映最新技术创新与性能指标。产品资料包括产品样本、产品目录、产品说明书、厂商介绍等资料。查阅和分析厂商有关产品资料有助于了解国内外产品工艺水平、技术水平及有关技术的演变过程和发展动向，可以获得设计、制造、使用中所需要的数据和方法，也可以判断某种产品的价值，为引进设备、选购产品、企业研发提供直接的参考信息。一般产品的真正技术关键和核心数据在产品资料中是不介绍的，与登载其相关技术研究的期刊论文、专利、标准文献等一同分析使用，往往更有价值。不同信息源适用情景见表 2-3。

表 2-3 不同信息源适用情景

信息源	适用情景
图书	系统地学习知识； 了解关于某知识领域的概要情况； 查找某一问题的具体答案
期刊、会议文献	当进行学术研究时，了解与自己课题相关的研究状况； 了解某学科发展水平和发展动态
学位论文	科学研究开题前的文献调研； 硕、博士研究生撰写开题报告
专利文献	在申请专利前，检索相关的专利文献，确定该项发明创造是否能被授予专利权； 开发新产品，投入新项目，先查专利文献，寻找技术方案； 从专利文献中了解某领域的技术水平及发展的最新动态； 开发新产品前，检索专利、了解现状、避免侵权； 利用权力情报和经济情报，参谋进出口业务； 专利诉讼时，帮助寻找证据，处理专利纠纷
标准文献	产品设计、生产、检验； 工程设计、施工； 进出口贸易
科技报告	进行学术研究时，了解与自己的课题相关的研究状况，查找必要的参考文献； 研究尖端学科或某学科的最新研究课题
政府出版物	了解一个国家或地区的政治形势、政策方针、思想路线、科技发展战略和经济政策
产品资料	了解竞争对手某项技术或产品的生产技术、工艺； 试制、订货； 选型、仿制、设计新产品

2. 文献信息源的识别

在获取的文献信息中，大量的信息属于二次文献，它们将不同类型文献的信息按照主题内容、学科领域集中起来，系统排列，提供文献的线索和出处。读者必须依据文献线索，通过各种途径索取原始文献。这就涉及文献类型识别问题。因为在查找原始文献之前，首先必须弄清楚所需资料来自何种文献类型，是图书、期刊、还是专利……为此，应对二次文献的信息进行认真分析、判断，找出相应的识别标志，准确得出文献源。以下是常见的几种文献类型的主要的识别标志。

图书：书名、作者、出版项（出版地、出版社、出版年）、ISBN（10 位或 13 位）、总页码。

期刊论文：题名、作者、刊名缩写、卷号或期号、ISSN（8 位）、CN。

会议论文：题名、作者、会议录名称、会议地点、会议时间、会议届次。

学位论文：题名、作者、学位名称、大学名称。

专利：专利名称、专利国别及专利号。

标准：标准名称、标准号。

在学术论文写作中引用的参考文献，根据《信息与文献 资源描述》（GB/T 3792—2021）的规定，以单字母方式标志各种参考文献类型，如：J——期刊文章，M——专著，N——报纸文章，C——论文集，D——学位论文，R——报告，S——标准，P——专利，A——专著、论文集中的析出文献，Z——其他未说明的文献类型。电子文献类型以双字母作为标识：DB——数据库、CP——计算机程序、EB——电子公告。非纸张型载体电子文献，在参考文献标识中同时标明其载体类型：DB/OL——联机网上的数据库、DB/MT——磁带数据库、M/CD——光盘图书、CP/DK——磁盘软件、J/OL——网上期刊、EB/OL——网上电子公告。这些字母也可作为识别文献来源的标志。相关例子如下。

（1）黄如花. 信息检索（第二版）[M]. 武汉：武汉大学出版社，2010：35-43. 其中，[M] 表示该文献为图书专著。

（2）马费成. 情报学的进展与深化 [J]. 情报学报，1996（05）：337-343. 其中，[J] 表示该文献为期刊文章。

（3）吴建中. 冲刺全面脱贫，离不开“文化致富”：上海市政府参事吴建中在浙江省图书馆的演讲 [N]. 解放日报，2017-03-07（11）. 其中，[N] 表示该文献为报纸文章。

（4）化柏林. 针对学术文献的句子级知识抽取研究 [D]. 南京：南京大学，2013. 其中，[D] 表示该文献为学位论文。

3. 文献信息源的整体特征和规律

现代科学技术的进步日新月异，无论是从它的发展速度、发展规模来看，还是从它对人类社会和经济生活的影响来看都是前所未有的。作为记录和传播科学信息或知识的文献，更是直接受到科学技术发展的巨大影响。当代科学发展的上述特点必然反映到文献中来，使现代文献从整体上呈现以下特征。

1）数量庞大，急剧增长

伴随着科学技术的迅速发展，各学科领域的文献数量多，增长快。英国技术预测专家詹姆斯·马丁（James Martin）的研究表明：人类的知识在 19 世纪是每 50 年增加 1 倍，20 世纪初是每 10 年增加 1 倍，20 世纪 70 年代是每 5 年增加 1 倍，而 20 世纪 80 年代则为每 3 年增加 1 倍。文献数量急剧增长带来的负面影响是“信息污染”，使图书馆和其他文献情报机构在文献的选择、搜集、整理、保存、传递诸方面，面临许多新的课题，同时给读者和用户在文献的查找和使用上带来很大的困难。

2）内容交叉重复

现代社会文献量呈爆炸式增长，与文献的冗余规律有密切关系。现代科学技术的综合交叉、彼此渗透的特点，必然导致知识的产生和文献的出版也相互交叉，彼此重复，具体表现在以下几个方面。

（1）各种学术机构、研究单位在科研选题上相互重复，反映其研究成果的文献内容也必然出现重复。

（2）同一内容的文献以不同形式、不同文字、不同载体形态发表或出版。

（3）世界各国为了及时了解和利用其他国家的科技成就，相互翻译出版了大量的书刊资料。

（4）再版和改版的文献数量持续增多。科学技术的迅速发展、知识更新速度的加快，使原来的文献内容变得陈旧。为了及时反映当前科技发展的水平，作者需要不断地修正、充实自己原来的著作，于是再版和改版文献大量出现。

（5）许多杂志社同时出版内容完全相同的印刷型和缩微型两种版本。

（6）各国出版商为提高声誉或追求利润，大量出版发行热门书和新兴学科书刊。

3）专业文献出版分散

现代科学技术不断呈现分化综合的发展趋势，使各学科的严格界限逐渐模糊，各学科之间的相互联系逐渐加强。这使得文献的分布呈现出既集中又分散的不均匀现象，相当数量的专业论文相对集中刊载在少量的专业期刊中，其余数量的专业论文却高度分散刊载在大量非专业期刊中。文献分布的不均匀现象还表现在：一种专业期刊不仅刊载本学科的论文，也发表许多相关学科或相邻学科的论文，而同一专业的论文不仅发表在本专业的刊物上，也出现在许多不同专业的刊物上。

英国化学家、文献学家布拉德福德经过长期对各学科文献的大量统计调查，发现了文献的分布规律。他发现，全部有关电技术的文献约 1/3 登载在本专业少数几种期刊上，约 1/3 登载在数量约 5 倍的并非直接与电有关的交通运输等相关学科的期刊上，还有 1/3 的有关电技术的文献登载在 25 倍数量的相邻学科期刊上。布拉德福德在对书目、文摘等进行大量统计分析的基础上，采用等级排列技术，揭示了文献离散定律。他指出："如果把科学期刊按其关于某一学科的文章刊载的数量多少，以渐减顺序排列起来，在所得的清单中，可以分出直接为此学科服务的期刊所形成的核心区，和另外几个组或区，其中每组或每区期刊所载的文章数量，同核心区中的期刊刊载的文章数量相等。这时，核心区中的期刊数量与相邻各区中期刊的数量成 $1:n:n^2$ 的关系。"布拉德福德定律（布氏定律）表明，某一学科文献在期刊上载文量的多少，是随着该期刊与该学科关系的疏密程度发生增减变化的。关系越密切，载文量越多，期刊的种数就越少；关系越疏远，载文量越少，期刊的种数就越多。按专业文献载文量多少，可以将期刊划分为 3 个区域，每一区域中期刊登载某一学科文献数量，是该学科所发表文献总数量的 1/3，而 3 个区域的期刊数量之比成几何级数分布，其中，第一区域为核心区，是载文量最高的少数几种核心期刊。第二区域为相关区域，是载文量中等的数量较多的期刊。第三区域为相邻区域，是载文量最低而数量最多的期刊。布拉德福德在 1948 年提出的文献聚散经验公式是：

$$P_1:P_2:P_3=1:n:n^2$$

其中，P 代表不同区域期刊种数，n 代表布拉德福德常数，按已分析的数据，n 的数值约为 5。

布氏定律表明，每一学科或专业的文献，在科技期刊中的分布，总是相对集中在少数专业期刊中，同时又高度分散在数量庞大的相关专业与相邻专业的期刊中。专业核心区期刊，种数不多，本学科文献载文率高，信息量大，与本学科关系最密切；相关区期刊，种数较多，本学科文献载文率中等，信息量次之，与本学科关系较密切；非专业相邻期刊，种数很多，本学科文献载文率低，信息量小，与本学科关系较疏远。一般来说，核心期刊的载文率必须在 50% 以上，而且读者的借阅率高，引用指数较高，因此从量与质两方面测定才比较合理。

4）文献老化加快

现代科学技术发展的日新月异，使科研成果从发明到推广应用的周期缩短，知识的有效期缩短，不成熟的观点被成熟的观点所代替，错误、片面的数据被客观的事实校正，不完善的方法被较先进的方法更替，这自然而然形成了科技文献的新旧更替。我们把这种现象称为文献信息的“老化”。所谓文献老化，指的是随着文献出版年龄的增长，被利用的次数逐渐减少的过程。造成文献老化的原因主要有以下几点。

（1）技术发展快，使文献中的知识信息更新加快，如计算机类文献。

（2）文献中的信息虽正确，但被载有新的、更全面内容的文献所代替。因为就某一新文献来说，其创新的部分最多只有 10%，但人们还是习惯于阅读新文献。

（3）文献老化受环境的影响。科技文化发达的地方已淘汰的文献在科技文化相对落后地区可能还很受欢迎。

（4）文献老化受学科性质的影响。1958 年，美国科学家引用放射性元素衰变过程中的“半衰期”描绘文献的老化速度。1960 年美国伯顿（R.E.Burton）、凯布勒（R.kebler）合作，通过对科技文献使用的引文进行载文统计，他们对半衰期的定义为某学科或某专业现在仍在利用的所有文献的一半是在多长时间内发表的。它是一个时间长度，指正在被利用的文献中的二分之一失去效用所经历的时间。不同学科文献的半衰期不同，基础理论学科文献老化速度慢，而工业技术领域的文献老化速度快。如数学文献的半衰期为 10. 5 年，化学为 8.1 年，物理学为 4.6 年，而生物医学则为 3 年。学科文献的半衰期还与该学科文献的增长速度有关，增长速度越快，半衰期越短。不同类型文献的半衰期也不同，据苏联《发明问题》杂志统计，各类文献的平均使用时效为图书 10~20 年，期刊及连续出版物 3~5 年，科技报告、学位论文 5~7 年，技术标准 5 年，产品样本 3~5 年。西方国家认为，80%~90% 的科技文献的使用寿命为 5~7 年。了解半衰期对我们进行文献信息选择、利用都有十分重要的意义。

5）文献语种繁多

现代文献有一个语种繁多的问题，有人统计全世界约有 3 000 种语言，使用者达 100 万人以上的约有 200 多种。全世界 200 多个国家和地区中，使用英语的达 70 多个。过去大部分文献用英、法、德几种文字发表，后来增加了俄、日、意等文种。1909 年，科技人员只需掌握英、德、法三种语言就可以阅读全世界化学、化工方面 92% 的文献，而现在用这三种文字出版的化学文献只占全世界化学文献的 66%。

现在世界上绝大部分科技文献是用 35 种语言出版的，例如苏联的《文摘杂志》就引用 66 种语言的文献，但比较通用的有 12 种，其中英文占 46%、俄文占 14%、德文占 10%、法文占 9%、日文占 4%、其他语种占 17%。据联合国教科文组织的资料统计，在现有的全部科学文献中，有 1/2 的文献是用 50% 以上的科学家没有掌握的语言出版的，技术文献有 2/3 是用英语出版的，而世界上有 2/3 的工程师不能阅读英语文献。

6）文献载体形态增加

现代文献的生产突破了传统的纸张印刷方式，声、光、电、磁等现代技术和化学塑胶新材料的广泛应用，使现代文献载体形式发生了重大变化，缩微资料、声像资料、机读资料、光盘资料等新型文献载体相继问世。这些非纸质文献载体，或加大了知识信息的储存密度，或加快了信息的检索、传递的速度，或使人闻其声，见其形，获得直观的感受。总之，从功能上大大优于传统的纸张印刷型文献。因此，这些新型的文献载体在文献中所占的比例越来越大。

课后习题

（1）农谚是指直接关系农业的耕种、收获和其他农事的谚语，它们是长期以来劳动人民农业生产知识、经验的总结。下面看几条有关气象的农谚：

朝霞不出门，晚霞走千里／日晕三更雨，月晕午时风／蜘蛛结网，雨必晴；蚂蚁搬家，雨必下／天上钩钩云，地下雨淋淋／天上鲤鱼斑，明天晒谷不用翻／云往东，刮阵风；云往西，披蓑衣／久晴西风雨，久雨西风晴。

指出每条谚语中哪些是信息，哪些是知识？

（2）简述信息、知识、情报、文献之间的关系。

（3）查找一家政府出版物网站。

第三章　信息检索基础

第一节　信息检索概述

一、信息检索的含义

1950 年，美国数学家莫尔斯（Calvin N.Mooers）首次提出“信息检索”（Information Retrieval）一词。其后，随着信息检索理论和实践的快速发展，人们对信息检索的认识也在不断深入。对于信息检索，主要有时间性通信、信息处理和文献查找三种角度的认识。

（一）时间性通信角度的认识

美国数学家莫尔斯在 1950 年发表了《把信息检索看作是时间性的通讯》一文首次提出了信息检索这个概念，认为“信息检索是一种时间性的通信形式”。换言之，通过信息检索得到了一些文献，从而使得著者与读者（信息检索的用户）之间建立了一种通信。

按照这种通信角度的认识，莫尔斯强调了在通信双方中，信息发送者必须尽可能发送一切信息，是时间性通信的被动一方；而信息读者则是主动活跃的一方，正是读者决定了什么时候接收以及如何接收信息。因此，信息检索的问题就在于，如何把一个可能的用户指引向所储存的信息。

这种认识突出了用户需求的重要性，对于如何做好信息检索服务工作，至今依然具有很强的理论和实践意义。

（二）信息处理角度的认识

从信息处理的角度来看，信息检索的基本问题，是如何处理信息和信息的结构。这种认识偏重于信息管理，认识信息不仅限于文献的范围，图像、声音、数据等也都反映信息，并把信息检索视为计算机科学技术的一个分支。

把信息检索看作一种信息处理的认识，强调如何构造以及利用什么形式来构造信息结构的问题。在当今互联网迅速发展，网络信息浩如烟海的情况下，这种认识对于信息检索工具的设计和组建，具有指导意义。

（三）文献查找角度的认识

从这种角度来看，信息检索就是查找含有用户所需信息的文献的过程。在信息检索领域，这是一种传统的主流观点，支持者众多。例如，英国学者维克利（B.C.Vickery）认为，“信息检索是从汇集的文献中选出特定用户在特定时间所需信息的操作过程”；美国信息专家兰卡斯特（F.W.Lancaster）认为，“信息检索是查找某一文献库的过程，以便找出那些某一主题的文献”。关于这种认识，兰卡斯特的经典表述是“信息检索系统并不检索信息”。因为信息是无形的，必须依附于文献而存在。虽然信息检索的最终结果是满足用户的信息需求，但检索的直接对象还是文献，当用户阅读文献并理解其内容时，用户的信息需求才被满足。

之所以产生上述三种不同的认识，主要有两方面的原因：一方面，认识任何事物都可以有多种角度，由此产生各种不同看法也很正常；另一方面，信息检索本身的技术发展，也使人们对信息检索的认识不断发生变化。

实际上，信息检索包括两个层次的含义：信息的存储和信息的查找，即广义的信息检索和狭义的信息检索。广义信息检索包括信息的存储和查找两个过程，本章所讲的主要是狭义的信息检索，即信息的查找过程。信息的存储就是将大量无序的文献信息进行搜集、整理、归类，采用规范的方法加以有规律地编排，编制出各种检索系统。信息检索必须先有信息存储，而信息存储就是为了更快捷地查找信息。信息检索则是信息存储的逆向过程，也就是人们根据特定需求，运用已有的检索系统，有序地查询并找出符合要求的信息。

我们可以这样定义"信息检索"：从信息集合中迅速、准确地查找所需信息的程序和方法。这里所说的信息集合指的是有组织的信息整体。它可以是数据库的全部记录，也可以是某种检索工具，还可以是某个图书馆的全部馆藏。信息检索也就是从数据库、检索工具以及馆藏中查找所需信息的活动。

二、信息检索的类型

按照不同的标准可以将信息检索划分为不同的类型。

（一）根据检索的内容和查找的对象，信息检索可分为文献信息检索、数据信息检索和事实信息检索

1. 文献信息检索

文献信息检索即从一个文献集合中查找出专门包含所需信息内容的文献，是以文献为检索对象的信息检索。其可分为线索检索与全文检索。

（1）线索检索是指获得有关标题、作者、出版信息或文摘等信息线索的检索。如利用书目或目录数据库、文摘或索引类数据库进行的检索。

（2）全文检索是从存储整本或整篇图书、期刊论文、报纸、学位论文、专利、标准等一次文献的信息资源中获取全文信息的检索。如利用各种电子图书数据库、期刊论文全文数据库、学位论文数据库、专利数据库、标准数据库等进行全文检索。

2. 数据信息检索

数据信息检索是以特定数据为检索对象和检索目的的信息检索，包括数据图表，某物质材料成分、性能、市场行情，物质的物理与化学特性，设备的型号与规格等，是一种确定性检索。例如：查找"我国首批'双高计划'建设单位有多少个？""2023年我国经济增长率是多少？""2023年我国GDP是多少？"等。

3. 事实信息检索

事实信息检索是从存储有大量知识信息、事实信息和数据信息的信息资源中获取某一事项具体答案的信息检索。如利用各种百科全书、年鉴和名录等，对特定事件或事实进行检索，包括事物的性质、定义、原理以及发生的时间、地点、经过等。检索的结果是有关某一事物的具体答案。事实信息检索既包含数值数据的检索、运算、推导，也包括事实、概念等的检索、比较、逻辑判断。例如，查找“我国船舶行业近年来发展状况如何?”“截至 2023 年 12 月我国职业本科院校有哪些?”“燃油汽车与新能源汽车的优缺点有哪些?”等均属于事实检索。事实检索也是一种确定性检索。

（二）按信息资源检索技术来划分，可将信息检索分为全文文本检索、超文本检索、多媒体检索和网络信息资源检索

1. 全文文本检索

全文文本检索也称全文数据库检索，它通过计算机将文件的全貌，包括文字、图形、图像等信息转换成计算机可读的形式，直接采用自然语言来设置检索入口，检索时以文中任意信息单元为检索点，计算机自动进行高速比照，完成检索过程。

2. 超文本检索

传统的文本都是线性的，用户必须按顺序阅读。而超文本是一种非线性的网状结构，用户可以沿着交叉链接选择自己感兴趣的部分阅读。超文本早期多为文字信息，现在扩展到图形、图像、视频、音频等各种动态、静态信息。

三、信息检索的基本原理

信息检索是信息传播过程的一个重要环节，是指从信息集合中识别和获取所需信息的过程，以及所采取的一系列方法和策略。广义地说，它包括信息存储和信息检索两个过程。实施信息检索的主要方法是利用各种检索系统。检索系统是打开信息资源宝库的钥匙，是连接信息用户与信息资源的桥梁。简而言之，信息检索的基本原理是对信息资源集合与信息需求集合的匹配与选择。信息检索的基本原理如图 3-1 所示。

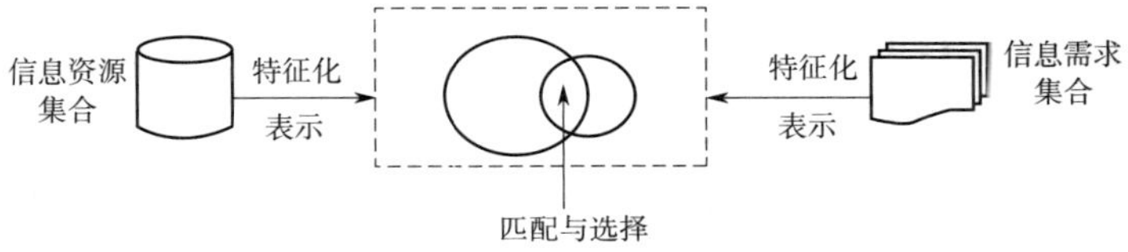

图 3-1 信息检索的基本原理

1）信息资源集合

信息资源集合是指有关某一领域的、经选择性采集和组织加工的信息集合体。为了保障信息检索的快速与高效，需要对信息资源集合进行某种形式化的加工，形成它们的特征化表示，即对它们进行分析与标引，让原来隐含的、不易识别的特征显性化，并获得相应的标识（如分类号、主题词等）。将这些被分析、提取出来的特征及其标识进行存储，便构成了索引库，成为组织和查找信息资源的依据和标准。

2）信息需求集合

用户的信息需求是在社会实践活动中产生的。人们在完成某一任务或工作时，时常会觉得缺少某些知识，这就产生了信息需求。众多用户不同形态的信息需求的汇集，形成了信息需求集合。用户信息需求的产生及其满足，是实施信息检索行为的前提与基础，更是实施信息检索行为的目的所在。如同对信息资源集合进行的特征化表示一样，对用户提出的信息需求也需要进行类似的加工处理，即分析需求的内容，提取主题概念或其他属性，并利用与信息资源集合相同的标识系统（即检索语言）来表示需求中所包含的概念和属性，从而得到用户需求的特征化表示结果——提问式。

3）匹配与选择

面对信息资源集合与信息需求集合，如何在两者之间建立起联系，以便从信息资源集合中快速获取用户所需要的信息与知识呢？这就要求信息检索提供一种"匹配"（matching）机制。这种机制的主要功能在于能够把信息需求集合与信息资源集合依据某种相似性标准进行比较与判断，进而选择出符合用户需要的信息。在信息资源集合与信息需求集合都进行了特征化表示的基础上，它们二者之间的匹配就简化为提问式（代表用户的信息需求集合）与已建立的有序的索引库（代表信息资源集合）之间的匹配，即两组有限的语词符号化特征之间的匹配比较。这种简化对于提高匹配和选择的效率来说是非常必要的，但同时它也带来了一些问题，例如漏检、误检等。如何减少这类问题，成为信息检索领域一个备受关注的研究课题。

信息检索具有十分重要的意义，可以将其简单归纳为以下七点。

①信息检索可以解疑释难，解决学习中出现的问题。

②信息检索能够拓宽知识面，改善自身知识结构。

③信息检索可以启发思维和培养探究精神。

④信息检索能够提升自学能力和独立工作的能力。

⑤信息检索可以减少重复性劳动，提高研究效率。

⑥信息检索可以节省查找资料的时间，提高信息获取的效率。

⑦信息检索是获取新知识的捷径，有利于培养创新型人才。

案例 3–1：从中国大学 MOOC 了解信息检索的基本原理

通过在中国大学 MOOC（慕课）中检索国家精品开放课程和 MOOC 课程，了解信息检索的基本原理。我们能在中国大学 MOOC 平台（见图 3-2）上找到国家精品开放课程和合作高校 MOOC 课程，是因为中国大学 MOOC 平台作为一个在线课程平台，已经把大量的国家精品开放课程和 MOOC 课程存储在自己的系统中，而且这个存储并不是简单地把一堆视频保存下来，而是结构化的存储。

存储的第一步是选择、搜集信息资源。在信息资源选择上，中国大学 MOOC 平台收录的是国家精品开放课程和 MOOC 课程，所以不属于这个范围的其他在线课程就不可能出现在这个平台上。在信息资源搜集上，高校课程团队根据中国大学 MOOC 平台的要求上传包括视频、课件、习题等内容在内的课程资源。

存储的第二步是对信息资源进行标引。标引是对信息资源进行结构化描述的过程，信息资源的特征是标引的内容，信息检索语言是标引的标准，标引的结果是存储在数据库中的结构化数据。在中国大学 MOOC 平台上，每一门课都有课程名称、学校名称以及课程负责人，这些内容是重要的标引信息，为用户的检索打下了基础。

图 3-2 中国大学 MOOC 平台

检索的第一步是明确信息需求。例如,如果查找“大学英语”这门课程的辅助学习资料,就可以把信息需求具体化为“大学英语”国家精品开放课程。

检索的第二步是要把信息需求转换为具体检索系统中的提问表达。在中国大学 MOOC 平台中只有一个检索框,在这个检索框中可以输入课程名称、学校名称和课程负责人三项中的任意一项。输入“大学英语”,这实际上是我们的提问表达。检索的提问表达同样需要考虑信息资源的特征和信息检索语言。我们可以基于课程名称、学校名称和课程负责人进行检索提问,是因为在存储过程中对这三个数据项进行了标引。

当数据库中的标引信息与用户的提问表达匹配成功时,系统会将检索结果返回。中国大学 MOOC 平台以“大学英语”为检索词进行检索,有 48 条检索结果。通过这个案例可以大致了解信息检索的工作原理。

四、信息检索应遵循的原则

查找信息时,常常会出现以下问题。

其一,但凡需要查找信息,立即想到的就是百度等通用搜索引擎。其实除了通用搜索引擎之外,根据检索目的的不同,有时候还有更好的网络信息查找工具。譬如要查找学术论文,学位论文数据库比百度更高效。即便是百度、搜狗,其内部也有不同的功能板块,例如百度学术就比百度网页搜索更有针对性。

其二,使用搜索引擎进行搜索时,通常会得到成千上万条搜索结果,如果能耐心地浏览完前 50 个结果已经非常了不起了。有时候立刻就能找到自己所需的信息,而很多时候是在白白浪费时间和精力,查找半天毫无收获。在这种情况下,貌似无所不能的网络忽然就变得毫无用处。

其三,很多人根本没有甄别和评价信息的意识,尤其缺乏网络知识和信息意识,更不知晓网络信息良莠不齐、鱼龙混杂的严重程度,常常不假思索就直接利用甚至传播这些不可靠、不准确或已经过时的信息,直至误事了、受损失了才如梦初醒。

其四,不少人以为互联网是公共的网络,以为在虚拟世界没人知道你是谁,网上的信息是可以随便拿来用的,可以随便上传、下载,可以到处引用转载,不管是否标明来源,不管有没有侵犯知识产权,不管有没有堵塞网络,也不管有没有损坏服务器,反正没人知道"我"是谁,"我"做了什么也不一定有人知道,"我"不用承担任何责任和后果。其实不然,互联网亦有相关的法律条款及管理规定对网络使用、传播等行为予以约束,触犯相关法规亦要承担相应的法律责任和后果。

上述种种问题,其实都可以通过遵循以下三个原则,学习一些方法来予以解决。

(一)选择原则

信息检索应遵循选择原则,在查找不同类别的信息时,需要选择不同的信息资源或信息源。例如,如果查一个国家的概况,以前最直接快捷的方法就是查找百度百科,其实外交部网站内容更可靠;如果查找某一篇学位论文,选择学位论文数据库,就比常用的搜索引擎更高效。更为重要的是,无论查找任何信息或资料,查找的"起点"都是一致的——思考和分析。动手查找信息之前,应该首先想清楚以下问题,这样查找起来才能够事半功倍。

(1)你要查找的是事实性问题还是专题性问题?如飞机航班信息,天气预报,某一地名、某一人物、某一事件、某一法规制度、某一名言、某一统计数据等就属于事实性问题。如何欣赏古典音乐,如何快速记忆,如何剪辑视频,某一学术专题的最新研究情况、某一学科的学术前沿情况等就属于专题性问题。

(2)你对要查找的事物或问题熟悉吗?如果遇到自己还不太熟悉的问题,还需要借助辞典、百科全书、网络辞典等了解清楚,才能知道自己到底需要查找的是什么类型的问题,否则无从查找。

(3)你需要查找的是专门的问题,还是一般的问题?是某学科、某专业领域的问题,还是一般的非专业问题?如上面提到的查找某一地名、某一人物、某一事件等就是一般的问题,关于某一学术专题的最新研究情况就是专门问题。

其实,除了搜索引擎,还有许多更易使用的网络信息检索工具,如电子图书、电子期刊、网络数据库等。除了网络信息检索工具,还有许多常用的非网络信息检索工具,如百科全书、百科辞典、人名辞典、年谱、年鉴、地图、书目、索引、文摘、手册、名录等纸质查找工具。

综上所述,无论需要查找什么信息,都必须遵循选择原则,选择最适用的查找工具和途径,才是最有效率、最为明智的做法。

(二)评价原则

曾几何时,我们苦于无处获取信息;时至今日,我们困于信息无处不在。我们每时每刻都生活在信息的海洋里,被铺天盖地的信息包围。除了每天几十版甚至上百版的报纸、超过

100 个频道的数字电视、连续 24 小时滚动播放的新闻,还有手机报纸、手机电视、网络报纸,更有手提电脑、平板电脑以及各种各样的移动终端、数码通信产品和信息传播产品,它们给我们的生活、工作、学习带来了海量的信息。但是,在这些海量信息中,有多少是我们确实需要的呢?又有多少是可靠、准确的呢?

一般来说,传统的纸质出版物和广播电视媒体信息,经过了出版机构和广播电视机构比较严格的校对和审核,无论是内容还是形式,甚至是标点符号,都是相对可靠、准确的。

在网络信息资源方面,商业化的数据库、权威单位发布的数据和资源,也具有较高的可信度。相比较而言,由个人发布的网络信息就鱼龙混杂了。事实上,互联网上的绝大部分信息没有经过任何校对和审核,导致网络信息良莠不齐、真假难辨,网络谣言、虚假错误信息、过时失效信息大量充斥其中。对于查找到的信息尤其是网络信息,我们应该进行分析判断、甄别、评价,必要时必须经过调查核实之后才能加以利用和传播。

综上所述,无论查找到什么信息,切不可轻信,必须遵循评价原则,对信息进行分析判断、甄别、评价之后再加以利用,才是最安全、最稳妥的做法。

(三)维权原则

依据联合国教科文组织和国际图联的《公共图书馆宣言》的精神,自由平等利用信息资源是人类基本价值的具体体现,人人享有自由平等利用信息资源的权利,不应受到年龄、种族、性别、宗教信仰、国籍、语言或社会地位等因素的限制或歧视。互联网的诞生,为人类自由平等地查找、利用和传播信息提供了前所未有的有利条件。进入 Web 2.0 时代,出现了“把用户作为共同开发者来信任”的提法,更把人人参与 Web 的运动引向了高潮。被称为“Web2.0 之父”的提姆·奥莱理(Tim O’Reilly)认为“这是对信任的一种极端的实验”。

但是,任何时候、任何地方都不存在绝对的自由,查找和利用信息的自由也不例外。自由平等地查找、利用和传播信息,必须以合法和合理为基本前提,否则这种自由平等就会遭到践踏,一己的自由平等会影响甚至妨碍他人的自由平等,严重的还会违反法律法规、危害信息安全。

因此,查找、利用和传播信息必须遵循以下维权原则。

其一,遵守国家的各项法律法规。不损害国家的利益,不危害信息安全,不做出违反法规的行为,不非法存取信息,不非法利用信息技术进行制作、查找、利用和传播危害国家安全信息的犯罪活动等。

其二,遵守信息伦理和道德准则。规范自我信息行为,合理使用信息资源和信息技术,增强自我约束意识和信息安全意识,不恶意下载或上传信息,不滥用信息资源和信息技术,不恶意造成网络环境混乱,不擅自闯入网络,不对网络做出破坏行为等。

其三,尊重和保护知识产权。不侵犯知识产权,不以任何方式抄袭、剽窃他人的学术成果和智力成果,引用或参考他人的研究成果和网站信息时,须按要求标明引文和参考文献,不违规复制信息资源等。

其四,尊重和保护他人隐私权。不侵犯个人隐私权,不擅自接近或窃取他人的文件或电子邮件,不窃取他人的身份信息,不窃取他人查找和利用信息资源的记录信息,不采取任何方式获取他人信息并无所顾忌地使用这些信息,更不能别有用心地进行商业牟利等。

第二节 信息检索技术

一、布尔逻辑检索

布尔逻辑检索就是采用布尔代数中的逻辑与、逻辑或、逻辑非等运算符,将检索提问转换成逻辑表达式。计算机根据逻辑表达式,查找符合限定条件的文献信息。布尔逻辑检索是现代信息检索中最常用的一种方法,许多文献数据库和网络搜索引擎(如百度等)都使用这种检索技术。

布尔逻辑检索是由英国数学家乔治·布尔(George Boole)提出来的,这种检索方法就是以他的名字来命名的。乔治·布尔是19世纪最著名的数学家之一,著有《逻辑的数学分析》。1854年,他在著作《思维规律的研究》中介绍了以他的名字命名的布尔代数。

1)布尔逻辑运算符

布尔逻辑运算符用于表示两个检索词之间的逻辑关系,用以形成一个概念。常用的布尔逻辑运算符有三种,分别是逻辑与(AND)、逻辑或(OR)、逻辑非(NOT)。

(1)逻辑与。逻辑与用"AND"表示。检索词A、B若用逻辑与相连,即A AND B,则表示同时含有这两个检索词才能被命中。用文氏图(Venn Diagram)表示,如图3-3所示。

【例3-1】要检索"人工智能图像处理"的文献,检索式可表示为:人工智能AND图像处理。表示"人工智能"和"图像处理"两词同时出现在检索结果的每篇文献中。

(2)逻辑或。逻辑或用"OR"表示。检索词A、B若用逻辑或相连,即A OR B,则表示只要含有其中一个检索词或同时含有这两个检索词的文献都将被命中。用文氏图表示,如图3-4所示。

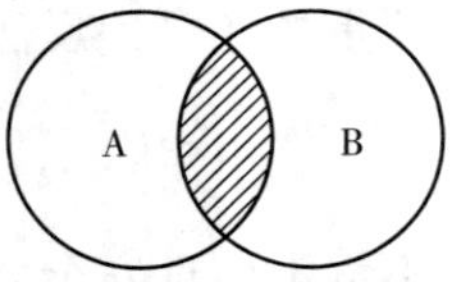

图3-3 逻辑与运算

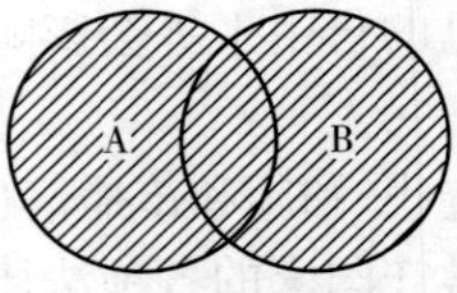

图3-4 逻辑或运算

【例3-2】要检索"课程思政或学科思政"方面的文献,检索式可表示为:课程思政OR学科思政。表示检索结果中要么只有"课程思政"一词,要么只有"学科思政"一词,或者"课程思政""学科思政"两词同时出现在检索结果的每篇文献中。

(3)逻辑非。逻辑非用"NOT"表示。检索词A、B若用逻辑非相连,即A NOT B,则表示被检索文献在含有检索词A而不含有检索词B时才能被命中。用文氏图表示,如图3-5所示。

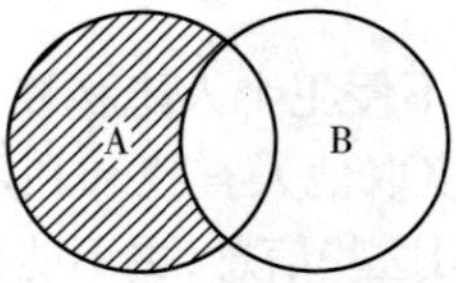

图3-5 逻辑非运算

【例 3-3】要检索有关“计算机网络”方面的文献，但涉及“安全防御”方面的文章不要，检索式可表示为：计算机网络 NOT 安全防御。

NOT 可以缩小检索范围，但必须谨慎使用，只有当绝对确信要从检索结果中排除一个术语或短语时才用它；否则，会将有用的资料排除在外。

上面三种检索式是最为简单的布尔逻辑运算。在检索实践中，可以根据实际需要，组合使用多个布尔逻辑运算符，以准确表达检索主题。布尔逻辑检索与人们的思维习惯一致，表达清晰，方便用户进行扩检和缩检，而且易于用计算机实现，因此，在计算机信息检索系统中得到广泛使用。但是它无法反映检索词对检索的重要性和概念之间内在的语义联系，因而检索结果不能按照用户定义的重要性排序输出。

2）布尔逻辑运算符使用注意事项

（1）逻辑式中有多个逻辑运算符时，不同的系统对 AND、OR、NOT 的运算次序有不同的规定。一般来说，逻辑运算符的运算次序为：NOT、AND 和 OR。

（2）在使用逻辑运算符时，可用括号“（ ）”改变执行顺序。在有括号的情况下，括号内的逻辑运算先执行。

（3）慎重使用逻辑非，以免排除有用文献信息，造成漏检。

二、限制检索

限制检索是指通过特定的限制符把检索词限定在具体的检索字段中的检索技术。检索时，计算机在限定的字段内按照限定符的要求对检索词进行匹配运算，以提高检索效率、查准率。

这些字段通常称为检索点、检索入口、检索项或者检索途径等。不同的检索系统、不同的文献类型提供的检索字段的名称和数量不尽相同，不同的系统中表示同一概念的检索字段名称也不相同。在早期的联机检索系统中，由于没有可视化的检索界面，字段限制主要通过文本的形式输入检索系统，现在多数的检索系统通过组合框的形式提供给用户，用户可以根据需要选择具体的检索字段。

检索词与检索字段的关系用限制符表示，最常见的限制符有“精确”和“模糊”，前者要求完全一致，后者则包含即可。除此之外，还有包含、大于、小于、等于、大于或等于、小于或等于、不包含、不等于、介于、前方一致、后方一致等限制符。不同的字段涉及的限制符也不相同，不同的检索系统对限制符的表示方法也不尽相同，多数检索系统甚至没有明显体现限制符（大多默认为包含）。与字段的选择一样，限制符在多数检索系统中也是通过组合框呈现的。

案例 3-2：利用限制检索技术查找期刊《汽车工程》上的论文

《汽车工程》是北京大学《中文核心期刊要目总览》来源期刊。如果通过中国知网检索这本期刊上发表的论文，在中国知网学术期刊库的高级检索界面中输入如图 3-6 所示的检索条件，找到了 6 000 多篇论文，如图 3-7 所示。在这个检索案例中，限制检索技术主要体现在三个方面。

首先是检索点，选择的是“期刊名称”，因为“汽车工程”是期刊的名称，中国知网中对应的检索点是“期刊名称”。其次是检索词,输入的检索词是“汽车工程”四个字,注意,不要加书名号或者引号,否则检索结果很可能为零。最后是匹配方式,检索框后面的匹配方式选择的是“精确”,意思是期刊的名称中出现“汽车工程”这四个字,而且只能出现这四个字。匹配方式如果选择“模糊”,结果中很可能会找到《汽车工程学报》《汽车工程师》之类期刊上的论文。

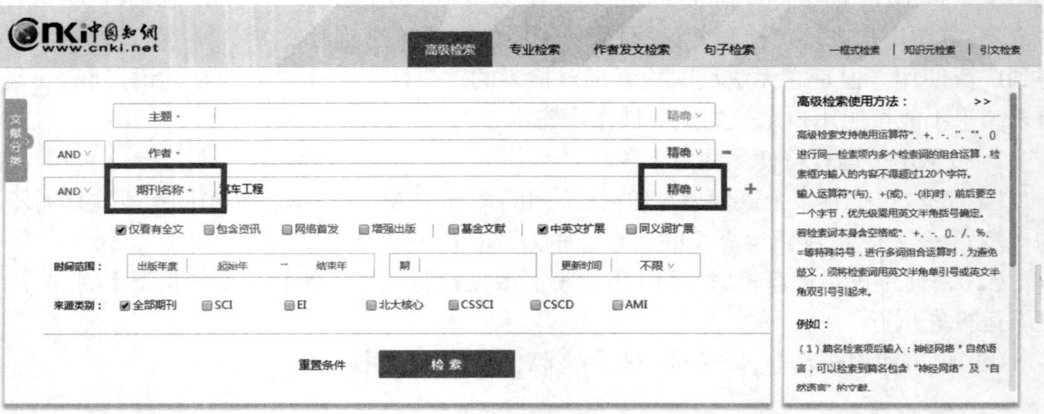

图 3-6 中国知网学术期刊库高级检索界面

图 3-7 检索结果

三、加权检索

加权检索是指限定检索词在信息源中出现频次的检索技术,属于定量检索技术的范畴。尽管加权检索与布尔检索、截词检索等同属信息检索的基本检索手段,但加权检索不仅要关注检索词是否出现而且要考虑出现的次数,以此限定命中信息与检索需求的相关程度,缩小检索范围,从而提高查准率。需要说明的是,并非所有系统都支持加权检索,在具有加权检索功能的系统中也并非所有字段都能进行检索词加权。

案例 3-3：利用加权检索技术进行检索

如图 3-8 所示，中国知网支持加权检索，在检索框后面有“词频”选项，取值范围为“2~9”。例如，在中国知网总库检索中，先选择“高级检索”，再选择检索途径“摘要”，输入检索词“海防安全”，对应的词频选择“3”。在找到的结果中，每一篇论文的摘要中“海防安全”这个关键词都至少出现了 3 次。通过这个例子可以发现，中国知网“词频”选项体现的是加权检索，设定的次数表示指定检索点中出现指定检索词的次数的最小值。并不是所有检索点都支持加权检索。中国知网不支持加权检索的检索点，要么没有“词频”选项，要么“词频”选项呈灰色显示，不能设置。

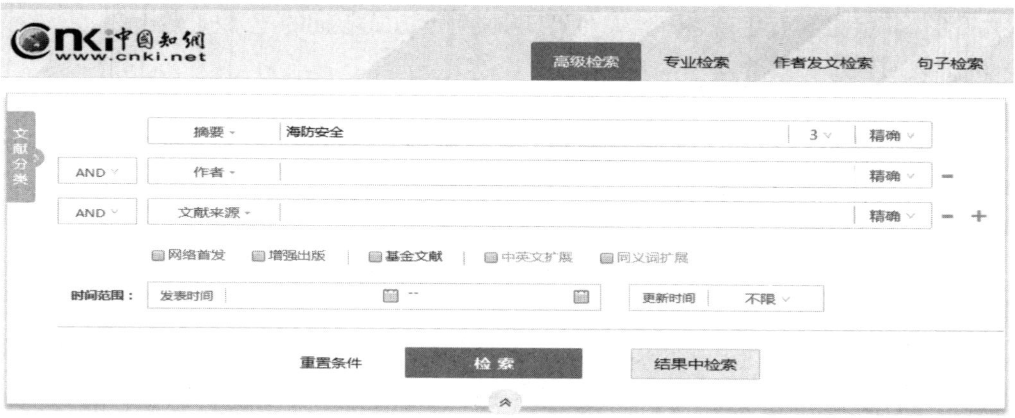

图 3-8　中国知网加权检索

四、截词检索

截词检索是计算机检索系统中应用非常普遍的一种技术。由于西文的构词特性，在检索中经常会遇到以下情况：名词的单复数形式不一致；同一个意思的词，英美拼法不一致；词干加上不同性质的前缀和后缀就可以派生出许多意义相近的词；等等。为了保证查全，就得在检索式中加上这些具有各种变化形式的相关意义的检索词，这样就会出现检索式过于冗长，输入检索词的时间太久等问题。截词检索就是为了解决这些问题而设计的，它既可保证不漏检，又可节约输入检索式的时间。

所谓截词检索，就是指在检索词的适当位置截断，用截断的词的一个局部进行的检索，是检索词与数据库所存储信息字符的部分一致性匹配检索，又称部分一致检索。在西文检索系统中，使用截词符处理自由词，对提高查全率有非常显著的效果。截词检索可以扩大检索范围。狭义的截词检索对象为单词、词组，广义的截词检索对象已发展到文献题名、文摘，甚至全文。不同的检索系统其截词检索的截词符也不同，常用的有“?”“$”“*”等。截词的方式有多种，按截断部位可分为前截词检索、后截词检索、中间截词检索、前后截词检索等。按截断长度可分为有限截词（即一个截词符只代表一个字符）检索和无限截词（一个截词符可代表多个字符）检索。本书以“?”截词符为例。

1）前截词检索

前截词检索是指截去某个词的前部，使词的后方一致比较，也称后方一致检索。使用这种检索技术有利于扩大检索范围。例如：输入"？英语考试"，能够检索出含有四级英语考试、六级英语考试、研究生英语考试等词的记录；输入"？lish"能够检索出含有English、abolish、foolish、polish、accomplish等词的记录。

2）后截词检索

后截词检索是指截去某个词的尾部，使词的前方一致比较，也称前方一致检索。它是将截词符放在一串字符的后面，用以表示以相同字符串开头，而结尾不同的所有词，有利于扩大检索范围。例如：输入"system?"，将会把含有system和systems等词的记录检索出来；输入"生产?"，将会把含有生产、生产力、生产工具、生产方式等词的记录检索出来。

3）中截词检索

中截词检索是指截去某个词的中间部分，使词的两边一致比较，也称前后一致检索或两边一致检索。例如：输入"信息？型"，能够检索出含有信息资源类型、信息交流类型等词的记录；输入"f？t"可查出foot、feet等。

4）前后截词检索

前后截词检索是指截去某个词的前后部分，使词的中间一致比较，也称中间一致检索。使用这种检索技术所检索信息的范围更广。例如：输入"？考试?"，能够检索出英语考试、考试试题、计算机等级考试指南、考生考试前的心理调整等；输入"？ea?"可查出含有bread、wealth、ear、conceal、beauty等词的信息。

5）有限截词检索

有限截词是指允许截去有限个字符。例如，输入"acid？ ?"表示截去一个字符，它可检索出acid、acids，但不能检出acidic、acidcity、acidity等词。又如输入"compute?? ?"可检索出compute、computers等词，不能检索出computable、computation、computerize等词。注意：词干后面连续的数个问号是截断符，表示允许添加字符的个数，最后一个问号是终止符，它与截断符之间要有一个空格，输入时一定要注意。

6）无限截词检索

无限截词是指允许截去的字符数量不限，也称开放式截词。上面前截词、后截词所举的例子均属此类型。

由上述可见，任何一种截词检索，都隐含着布尔逻辑检索的"或"运算。采用截词检索时，既要灵活，又要谨慎，截词的部位要适当，如果截得太短（输入的字符少于3个），将增加检索噪声，影响查准率。并不是所有检索系统都支持截词检索，只有部分外文检索系统支持截词检索。由于汉语本身的特殊性，词间并没有明显的分隔标志，截词检索在中文检索系统中的应用受到限制。有些中文检索系统的相关功能利用了截词检索的思路，在某些中文检索系统中，前方一致、后方一致分别对应截词检索中的后截词、前截词。

案例3-4：截词检索

中国专利公布公告网（http：//epub.cnipa.gov.cn），如图3-9所示，涵盖自1985年9月10日以来公布公告的全部中国专利信息，其检索功能可以按照发明公布、发明授权、实用新型和外观设计四种公布公告数据进行查询。数据主要包括中国专利公布公告信息，以及实质审查生效、专利权终止、专利权转移、著录事项变更等事务数据信息。中国专利公布公告网站支持截词检索，其中截词符“?”表示一个字符，截词符“%”表示多个字符。如检索申请人“北京%大学”，检索结果如图 3-10 所示。

图 3-9　中国专利公布公告网

图 3-10　截词检索结果

五、位置检索

位置检索，也称邻近检索，是指用一些特定的位置运算符来表达检索词之间邻近关系的检索技术。信息资源中词语的不同次序和位置可能表达不同的意思，检索表达式中关键词的次序和位置不同可能表达不同的检索意图。位置检索通过限定相关关键词的相对位置，提高检索的效率和质量。

需要注意的是，不是所有系统都支持位置检索，在支持位置检索的系统中，也不是所有检索点都能使用位置检索。另外，不同的检索系统使用的位置运算符也不尽相同，因此，使用位置检索技术时，要参考检索系统的帮助和指南。表 3-1 列出了中国知网支持的位置检索运算符及其功能和适用字段。

表 3-1　中国知网支持的位置检索运算符及其功能和适用字段

符号	功能	适用字段
#	'STR1 # STR2'：表示包含 STR1 和 STR2，且 STR1、STR2 在同一句中	TI（题名）、AB（摘要）、FT（全文）
%	'STR1 % STR2'：表示包含 STR1 和 STR2，且 STR1 与 STR2 在同一句中，STR1 在 STR2 前面	
/NEAR *N*	'STR1 /NEAR N STR2'：表示包含 STR1 和 STR2，且 STR1 与 STR2 在同一句中，相隔不超过 *N* 个字词	
/PREV *N*	'STR1 /PREV N STR2'：表示包含 STR1 和 STR2，且 STR1 与 STR2 在同一句中，STR1 在 STR2 前面不超过 *N* 个字词	
/AFT *N*	'STR1 /AFT N STR2'：表示包含 STR1 和 STR2，且 STR1 与 STR2 在同一句中，STR1 在 STR2 后面且超过 *N* 个字词	
/SEN *N*	'STR1 /SEN N STR2'：表示包含 STR1 和 STR2，且 STR1 与 STR2 在同一段中，这两个词所在句子的序号差不大于 *N*	
/PRG *N*	'STR1 /PRG N STR2'：表示包含 STR1 和 STR2，且 STR1 与 STR2 相隔不超过 *N* 段	
$ *N*	'STR $ N'：表示所查关键词 STR 最少出现 *N* 次	

举例如下。

（1）FT = ' 船舶舾装 # 智能管理 '，表示检索全文某个句子中同时出现“船舶舾装”和“智能管理”的文献。

（2）FT = ' 船舶舾装 % 智能管理 '，表示检索全文某个句子中同时出现“船舶舾装”和“智能管理”的文献，且“船舶舾装”出现在“智能管理”前面。

（3）FT = ' 船舶舾装 /NEAR 10 智能管理 '，表示检索全文某个句子中同时出现“船舶舾装”和“智能管理”的文献，且两个词间隔不超过 10 个字词。

（4）FT = ' 船舶舾装 /PREV 10 智能管理 '，表示检索全文某个句子中同时出现“船舶舾装”和“智能管理”的文献，且“船舶舾装”出现在“智能管理”前，间隔不超过 10 个字词。

（5）FT = ' 船舶舾装 /AFT 10 智能管理 '，表示检索全文中某个句子同时包含“船舶舾装”和“智能管理”的文献，且“船舶舾装”出现在“智能管理”后，间隔不超过 10 个字词。

（6）FT = ' 船舶舾装 /SEN 1 智能管理 '，表示检索全文中某个段落同时包含“船舶舾装”和“智能管理”的文献，且检索词所在句子间隔不超过 1 句。

（7）FT = ' 船舶舾装 /PRG 5 智能管理 '，表示检索全文中包含“船舶舾装”和“智能管理”的文献，且这两个词所在段落间隔不超过 5 段。

（8）FT = ' 船舶舾装 $5'，表示检索在全文中“船舶舾装”出现至少 5 次的文献。

需要注意以下两点。

（1）需用一组英文半角单引号将检索值及其运算符括起来。

（2）#、%、/NEAR *N*、/PREV *N*、/AFT *N*、/SEN *N*、/PRG *N* 是单次对单个检索字段中的两个值进行限定的语法，仅限于两个值，不适用于对连接多值进行检索。

案例 3-5：利用位置检索技术进行检索

如图 3-11 所示，中国知网支持位置检索。例如，在中国知网总库检索中，先选择“高级检索”，再选择“专业检索”，输入检索式“TI＝'人工智能 # 推荐算法'”。检索到 7 篇期刊论文，每一篇论文的题名中“人工智能”“推荐算法”都会出现，如图 3-12 所示。

图 3-11　位置检索

检索范围：总库　主题定制　检索历史　共找到 7 条结果

全选　已选 0　清除　批量下载　导出与分析　排序：相关度　发表时间　被引　下载　综合　显示 20

	题名	作者	来源	发表时间	数据库	被引	下载	操作
1	基于聚类分析和人工智能的个性化推荐算法研究	盛少军	自动化应用	2023-09-10	期刊		118	
2	膀胱癌患者手术治疗生存预后影响因素分析与人工智能推荐算法初探	张玥;张策;杨玻;沈惠文;马得原	现代泌尿外科杂志	2023-03-25 10:39	期刊		146	
3	人工智能背景下职业教育自适应学习推荐算法研究	高凤毅;魏秋怡;葛苏慧	信息与电脑(理论版)	2022-03-10	期刊		339	
4	基于人工智能的多样性通用数据周期推荐算法	刘思佳;黄海	系统科学学报	2022-02-22 17:29	期刊	1	244	
5	基于人工智能推荐算法的智能家庭社会服务机制	王士祺	计算机与现代化	2021-03-15	期刊		143	
6	基于人工智能的社交网络用户行为数据周期推荐算法	赵丽坤;王于可	科学技术与工程	2020-10-08	期刊	5	324	
7	基于大数据的人工智能跨境电商导购平台信息个性化推荐算法	李家华	科学技术与工程	2019-05-18	期刊	38	1588	

图 3-12　位置检索结果

第三节 图书馆利用

图书馆是搜集、整理、保存文献资料和其他信息资源并向读者提供利用的科学、文化、教育机构。在数字化网络时代,也可以把图书馆定义为社会记忆(通常表现为书面记录信息)的外存和选择传递机制。图书馆的性质包括本质属性和一般属性。其中,本质属性是图书馆所特有的属性,是图书馆区别于其他事物的根本特征。一般认为,图书馆和社会的本质联系决定了图书馆的社会本质是知识交流,而图书馆在知识交流过程中处于一个中介物的地位,故中介性是图书馆的本质属性。图书馆的一般属性是指图书馆作为社会科学、文化、教育系统的一个组成部分所具有的其所属系统的共性,主要包括社会性、学术性、服务性和教育性。图书馆是人们提升信息素养,获取终身学习能力的重要场所。

一、图书馆概述

1. 图书馆的定义

图书馆是人类文明发展到一定阶段的产物,它随着文字的发明和文献的出现而产生。图书馆是对信息进行搜集、整理、存储、传递和开发,并向社会提供科学文化教育和信息服务的机构。图书馆是通向知识之门。英国哲学家卡尔·波普尔(Karl Popper)于1967年曾提出过两个思想实验:①如果人类所有的机器、工具都被毁坏了,而图书馆还保存着,那么,人类经过许多苦难,却仍然能够重新发展;②如果图书馆连同所有机器、工具都被破坏了,那么,人类文明的重新出现,就会是几千年以后的事了。因此,搜集和保存人类文化遗产和传递文献信息知识是图书馆的两个基本职能。

"我心里一直都在暗暗设想,天堂应该是图书馆的模样。对于我来说,被图书重重包围是一种非常美好的感觉。直到现在,我已经看不了书了,但只要我一挨近图书,我还会产生一种幸福的感受……"阿根廷国家图书馆前馆长博尔赫斯(Jorge Luis Borges)这段无限深情的话语映射出在保存和传播人类文化知识、促进经济社会发展和文明进步中,图书馆所发挥的古老而圣洁的重要作用。中国近代教育家蔡元培曾说过:"教育不专在学校,学校之外,还有许多机关,第一是图书馆。"他强调了图书馆在教育中发挥的作用。今天,了解图书馆、充分利用图书馆,已经成为大学生获得成功和终身学习的必备技能。

党和国家领导人高度重视图书馆事业发展。2019年9月8日,在国家图书馆建馆110周年之际,习近平总书记给国家图书馆8位老专家回信,充分肯定了他们对"传承文明、服务社会"初心的坚守,充分肯定了国家图书馆在传承中华文明、提高国民素质、推动经济社会发展等方面所发挥的积极作用,向国图人致以诚挚问候,并对国家图书馆事业未来发展提出殷切期望。2020年1月19日下午,习近平总书记来到云南腾冲西南部的和顺古镇,走进这里的和顺图书馆,察看古丝路上崇文尚教的优良传统。2022年4月25日上午,在五四青年节前夕,习近平总书记来到中国人民大学,先后走进思政课智慧教室、博物馆、图书馆,了解学校促进思政课教育改革创新、学校历史沿革、教学科研成果、加强文献古籍保护利用和促进理论研究成果转化应用等情况,并主持召开师生代表座谈会。习近平总书记来到中国人民大学图书馆,考察馆藏红色文献、古籍集中展示,察看现代化检索平台和复印报刊资料等数字化学术资源,听取学校加强文献古籍保护利用,促进理论研究成果转化应用等情况介绍。习近平总书记强调,人民大学馆藏红色文献,鉴证了我们党创办正规高等教育的艰辛历程,是十分宝贵的红色记忆,要精心保护好,逐步推进数字化,让更多的人受到教育、得到启迪。要运用现代科技手段加强古籍典藏的保护修复和综合利用,深入挖掘古籍蕴含的哲学思想、人文精神、价值理念、道德规范,推动中华优秀传统文化创造性转化、创新性发展。要加强学术资源库建设,更好发挥学术文献信息传播、搜集、整合、编辑、拓展、共享功能,打造中国特色、世界一流的学术资源信息平台,提升国家文化软实力。

2022 年 10 月,习近平总书记在党的二十大报告中指出:“坚持创造性转化、创新性发展,以社会主义核心价值观为引领,发展社会主义先进文化,弘扬革命文化,传承中华优秀传统文化,满足人民日益增长的精神文化需求。”图书馆作为传播社会主义先进文化、革命文化、中华优秀传统文化重要基地之一,在中国式现代化的进程中将发挥更大的作用。

案例 3–6:人民日报、央视等全国上百家媒体聚焦东莞图书馆一则读者留言

2020 年 6 月,一张湖北农民工在东莞图书馆读者留言表中的留言图片被人民日报、央视等全国上百家媒体聚焦。留言的主人公,是在东莞打工 17 年的一名农民工。由于新冠疫情(以下简称疫情)的影响,他工作的鞋厂停工,无奈之下他打算返乡。图书馆是他在东莞除了工厂、出租屋之外,去得最多的地方,连续在图书馆读了多年书的他已经不记得自己读了多少本书,但是那些书对他的影响日渐增多。这位只读过小学的 54 岁读者动情地说:“余生永不忘东莞的书香。”他还记得:“第一次进入图书馆,空调很凉快,书很多,而且读书真的不要钱。”每逢节假日或者工厂轮休日,他大多会在图书馆度过。他说:“如果我今天要去图书馆,我早上就会多吃点,这样中午不会饿,可以一直待到晚上闭馆。”“我觉得大家都应该多读书,读书会让人有礼貌,让社会更和谐。”他没想到,在东莞图书馆读者留言表中的留言被发到互联网上后,各种不舍和祝福的留言刷屏朋友圈。人民日报、央视等全国上百家媒体聚焦东莞图书馆一则读者留言。6 月 26 日晚上 10 点左右,央视《主播说联播》主持人海霞评论此事:“图书馆是一个城市的精神港湾,知识应该是一种普惠型的公共产品。不管是什么地方,对于那些想读书、想获取知识的人,应该想办法为他们创造更好的条件,让更多的人像他一样幸运。工作之余多看点书,手里是生活,眼里是希望,这‘识惠’是真实惠。”

2. 我国图书馆的类型

在我国,通常公共图书馆、高等学校图书馆(以下简称高校图书馆)、科学与专业图书馆被称为中国图书馆事业的三大支柱,因为这三大系统图书馆的资源较为丰富、业务水平较高、技术力量较强,软硬件较好,承担着文献资料中心、服务中心、协调中心和研究中心的重要任务。

(1)公共图书馆是面向社会和公众免费开放的图书馆,承担着为科学研究服务和为大众服务的双重任务。公共图书馆包括国家图书馆,省(自治区、直辖市)图书馆,地区、市、州、盟等行政区图书馆,县(区)图书馆,乡镇图书馆,街道图书馆,少年儿童图书馆等。根据《中华人民共和国文化和旅游部 2022 年文化和旅游发展统计公报》,2022 年末,全国共有公共图书馆 3 303 个,全国公共图书馆实际使用房屋建筑面积 2 098 万平方米,全国公共图书馆总藏量 135 959 万册,阅览室座席数 155 万个,全国平均每万人公共图书馆建筑面积

148.61 平方米，全国人均图书藏量 0.96 册。2018 年 1 月 1 日起施行的《中华人民共和国公共图书馆法》极大地促进了我国公共图书馆事业发展。

（2）高校图书馆，也称大学图书馆。高校图书馆是学校的文献信息资源中心，是为人才培养和科学研究服务的学术性机构，是学校信息化建设的重要组成部分，是校园文化和社会文化建设的重要基地。图书馆的建设和发展应与学校的建设和发展相适应，其水平是学校总体水平的重要标志。从 1088 年世界上第一所大学博洛尼亚大学建立起，图书馆就渐渐成为大学的心脏。之所以叫大学的心脏，是因为图书馆是知识积累的象征。印度图书馆学家阮冈纳赞曾说过："图书馆是一个生长着的有机体。"目前，随着现代信息技术的发展，许多高校图书馆建设智慧图书馆，大力推进人脸识别、环境感知、预约系统、RFID（射频识别）感知、机器人盘点、机器人问答、机器人领航、智能书车、智能书架、自助借还、阅读屏、掌上综合服务端、下一代图书馆管理与服务平台、发现系统、推荐系统和各种面向读者的应用。2021 年 11 月，教育部提出建设"未来学习中心"任务，鼓励一批高校依托图书馆试点建设一批"未来学习中心"。2023 年，教育部高等教育司要求探索推进"未来学习中心"试点，发挥高校图书馆优势，整合学校各类学习资源，利用新一代信息技术，打造支撑学习方式变革的新型基层学习组织。目前许多高校图书馆启动了"未来学习中心"建设。

（3）科学与专业图书馆是按专业和系统组织起来的，在一个专业或系统内形成的，上下沟通、紧密联系的图书馆体系。科学与专业图书馆主要为科学研究和生产技术服务。在我国科学与专业图书馆主要包括中国科学院系统图书馆、中国社会科学院系统图书馆、中国农业科学院系统图书馆、中国医学科学院系统图书馆、中国地质科学院系统图书馆、政府部门所属研究院（所）图书馆、大型厂矿企业的技术图书馆以及其他专业性图书馆等。

3. 图书分类法

图书及其他文献资源需要通过某种方法统一排架，以方便管理与利用。图书分类是根据一定的图书文献内容的学科属性或外部特征，依据一定的分类方法，将图书分门别类地、系统地组织起来，同时给予相应的标识符号，即分类号，以便于将同一类主题图书集中排架，方便查找。现在我国各类图书馆普遍使用的是《中国图书馆分类法》（以下简称《中图法》）。《中图法》是为适应中国各类文献信息机构对文献进行整序和分类检索的需要，为统一全国文献分类编目而诞生和发展起来的，是中国文献信息机构使用最广泛的工具书，原称《中国图书馆图书分类法》，第四版更名为《中国图书馆分类法》。其前身可追溯到《中小型图书馆分类表草案》（以下简称《中小型表》）。1956 年中华人民共和国文化部社会文化事业管理局主持召开了全国中小型图书馆图书分类法座谈会，讨论编制统一的中小型图书馆图书分类法，之后成立了编辑工作小组。1957 年《中小型表》的问世标志着中国图书分类法初步走上了由政府领导的集体编制的道路，并为编制统一的大型分类法打下了基础。1971 年由北京图书馆等 36 个单位组成的编辑组开始编制，1973 年 3 月编成试用本，1975 年 10 月由科学技术文献出版社出版第一版。1979 年 7 月成立《中国图书馆图书分类法》编辑委员会对其进行修订，1980 年由书目文献出版社出版第二版，1990 年出版第三版，1999 年由北京图书馆出版社出版第四版，2010 年由国家图书馆出版社出版第五版。

《中图法》以学科分类为基础，以文献内容的科学性为对象，运用概念的划分（缩小）与概括（扩大）方法，按照知识门类的逻辑次序，从总到分，从简单到复杂，进行概念的层层划分。每划分一次，就产生许多不同的类目。逐级划分，就产生许多不同等级的类目。所有不同等级的类目，层层隶属，形成一个严格有序的直线性的知识类目的等级体系。而每个类目都用分类符号作为标记（即分类号）。在一次划分或者概括过程中，对划分所得或被概括的概念称为种概念，也称下位类；被划分或者概括所得的概念称为属概念，也称上位类；各下位类互称同位类，也称并列概念。例如："自动化技术、计算机技术"可划分为"计算技术、计算机技术""自动化技术及设备"等；"计算技术、计算机技术"又可划分为"计算机软件""一般计算机和计算机""电子数字计算机"等。层层划分的结果就使"自动化技术、计算机技术"这个概念形成一系列具有属种关系和并列关系的更为专指的新概念。反之，也可以将许多专指的概念概括为泛指的概念。例如："计算机软件""一般计算机和计算机""电子数字计算机"，可以概括为"计算技术、计算机技术"；"计算技术、计算机技术""自动化技术及设备"又可进而概括为"自动化技术、计算机技术"。若对概念的每一次划分所得到的类目给定分类号，就编成分类表。

《中图法》是在科学分类的基础上，结合图书的特性所编制的分类法。它将学科分为5个基本部类、22个大类，采用汉语拼音字母与阿拉伯数字相结合的混合号码，用一个字母代表一个大类，以字母顺序反映大类的次序，在字母后用数字作标记。

《中图法》的每个部类都有相对应的基本大类。《中图法》22个基本大类就是《中图法》的一级类目。《中图法》简表（部分）见表3-2。

表3-2 《中图法》简表（部分）

基本部类	基本大类	二级类目
马克思主义、列宁主义、毛泽东思想	A. 马克思主义、列宁主义、毛泽东思想、邓小平理论	1马克思、恩格斯著作 2列宁著作 3斯大林著作 4毛泽东著作……
哲学	B. 哲学、宗教	0哲学理论 1世界哲学 2中国哲学 3亚洲哲学 4非洲哲学 5欧洲哲学 6大洋洲哲学 7美洲哲学……
社会科学	C. 社会科学总论	0社会科学理论与方法论 1社会科学现状及发展 2社会科学机构、团体、会议 3社会科学研究方法 4社会科学教育与普及 5社会科学丛书、文集、连续性出版物 6社会科学参考工具书……
	D. 政治、法律	0政治理论 1国际共产主义运动 2中国共产党 4工人、农民、青年、妇女运动与组织 5世界政治 6中国政治 8外交、国际关系 9法律……
	E. 军事	0军事理论 1世界军事 2中国军事 3/7各国军事 8战略学、战役学、战术学 9军事技术……
	F. 经济	0经济学 1世界各国经济概况、经济史、经济地理 2经济计划与管理 3农业经济 4工业经济 5交通运输经济 6邮电经济 7贸易经济 8财政、金融
	G. 文化、科学、教育、体育	0文化理论 1世界各国文化与文化事业 2信息与知识传播 3科学、科学研究 4教育 8体育……
	H. 语言、文字	0语言学 1汉语 2中国少数民族语言 3常用外国语 4汉藏语系……
	I. 文学	0文学理论 1世界文学 2中国文学 3/7各国文学……
	J. 艺术	0艺术理论 1世界各国艺术概况 2绘画 3雕塑 4摄影艺术 5工艺美术 6音乐 7舞蹈 8戏剧艺术 9电影、电视艺术
	K. 历史、地理	0史学理论 1世界史 2中国史 3亚洲史 4非洲史 5欧洲史 6大洋洲史 7美洲史 81传记 9地理……

续表

基本部类	基本大类	二级类目
自然科学	N. 自然科学总论	0 自然科学理论与方法论 1 自然科学现状及发展……
	O. 数理科学和化学	1 数学 3 力学 4 物理学 6 化学 7 晶体学……
	P. 天文学、地球科学	1 天文学 2 测绘学 3 地球物理学 4 大气科学(气象学)……
	Q. 生物科学	1 普通生物学 2 细胞生物学 3 遗传学 4 生理学……
	R. 医药、卫生	1 预防医学、卫生学 2 中国医学 3 基础医学 4 临床医学 5 内科学 6 外科学……
	S. 农业科学	1 农业基础科学 2 农业工程 3 农学(农艺学)4 植物保护 5 农作物……
	T. 工业技术	B 一般工业技术 D 矿业工程 E 石油、天然气工业 F 冶金工业 G 金属学与金属工艺 H 机械、仪表工业 J 武器工业 K 能源与动力工程 L 原子能技术 M 电工技术……
	U. 交通运输	1 综合运输 2 铁路运输 4 公路运输 6 水路运输……
	V. 航空、航天	1 航空、航天技术的研究与探索 2 航空 4 航天(宇宙航行)……
	X. 环境科学、安全科学	1 环境科学基础理论 2 社会与环境 3 环境保护管理……
综合性图书	Z. 综合性图书	1 丛书 2 百科全书、类书 3 辞典 4 论文集、全集、选集、杂著 5 年鉴、年刊 6 期刊、连续性出版物 8 图书目录、文摘、索引

《中图法》为适应工业技术发展及该类文献的分类，对工业技术二级类目，采用双字母。见表 3-3。

表 3-3 《中图法》工业技术大类简表(二级类目表)

TB 一般工业技术	TL 原子能技术
TD 矿业工程	TM 电工技术
TE 石油、天然气工业	TN 无线电电子学、电信技术
TF 冶金工业	TP 自动化技术、计算机技术
TG 金属学与金属工艺	TQ 化学工业
TH 机械、仪表工业	TS 轻工业、手工业
TJ 武器工业	TU 建筑科学
TK 能源与动力工程	TV 水利工程

以“船舶抗腐蚀性”说明其类号、类目展开示例，见表 2-3。

表 3-4 “船舶抗腐蚀性”类号、类目展开示例

U 交通运输（一级类）
U1 综合运输（二级类）
U2 铁路运输
U4 公路运输
U6 水路运输
……
U61 航道工程（三级类）
U64 通航建筑物与助航设备
U65 港口工程
U66 船舶工程
U69 水路运输技术管理
……
U661 船舶原理 （四级类）
U662 船舶设计
U663 船舶结构
U664 船舶机械
U665 船舶电气设备、观通设备
U666 导航设备、水声设备
U667 船舶舾装设备
U668 造船用材料
……
U661.1 船舶流体力学 （五级类）
U661.2 船舶静力学
U661.3 船舶动力学
U661.4 船舶结构力学
U661.5 船舶抗腐蚀性
U661.6 海生物附着危险性
U661.7 船舶性能试验与设备

二、OPAC

联机公共目录检索系统（Online Public Access Catalogue，简称 OPAC），也称馆藏目录检索系统。OPAC 发展至今已有 50 多年的历史，是图书馆面向读者的一个窗口。一般情况下，OPAC 中储存的信息内容由图书馆馆藏书目记录的内容来决定。根据图书馆馆藏书目数据库，通过 OPAC 检索到的书目信息通常包含有文献描述（书名、作者、出版社、出版年）、索书号、复本数、馆藏地点、馆藏状态等细节。

（一）OPAC 基本功能

在内容检索上，OPAC 不仅能对书目信息进行检索，而且可以对图像、声音和视频等多种媒体信息进行检索；在服务对象上，OPAC 从面向馆内读者扩展至馆外读者，乃至全球读者。目前，每一个图书馆基本上都有自己的 OPAC，根据服务对象的不同，收录不同类型的馆藏信息资源。大多数 OPAC 都采用了面向对象的设计思想，基于图形用户界面加以实现，使之更具人性化、便利性和实用性，方便读者操作使用。尽管 OPAC 的开发平台不同，但是，一般而言，OPAC 都具有如下基本功能。

(1)查询最新入藏和已入藏图书信息,如馆藏册数、馆藏地点、是否在馆、索书号等,并可进行预约、预借图书登记。

(2)查询馆藏期刊订购和入藏信息,如馆藏地点、索书号等。

(3)查询读者所在图书馆的借阅权限以及预约、预借、超期欠款的情况,并可办理超期还款的手续。

不同图书馆的 OPAC 除了基本功能相似以外,有些图书馆 OPAC 还会为读者推荐热门图书信息。与此同时,读者也可以推荐需要订购的图书信息,以便图书馆更好地为读者服务,满足读者的个性化需求。

(二)中国国家图书馆 OPAC

中国国家图书馆作为国家总书库、国家书目中心、国家古籍保护中心、国家典籍博物馆,是由国家建立的面向全国的中心图书馆,它代表一个国家图书馆事业的发展水平,是整个图书馆界的表率。中国国家图书馆主页为 https://www.nlc.cn/web/index.shtml,如图 3-13 所示。

图 3-13 中国国家图书馆主页

中国国家图书馆 OPAC 提供了读者登录和匿名登录两种方式,以读者登录方式进入后可以查询读者自己的信息,如个人信息、借阅数量、借阅图书等。在此,我们选择匿名登录的方式。中国国家图书馆馆藏文献信息资源包括图书、期刊、报纸、论文、古籍、音乐、影视、缩微文献等资源类型。单击“馆藏目录检索”即可进入中国国家图书馆 OPAC 检索界面,如图 3-14 所示。

在中国国家图书馆 OPAC 检索界面中,有中文文献、外文文献和全部文献三种检索文献来源。用户可以在选择一种检索文献来源的基础上,通过所有字段、正题名、其他题名、著者、主题词、中图分类号、论文专业、论文研究方向、论文学位授予单位、论文学位授予时间、出版地、出版者、丛编、索取号、ISSN、ISBN、ISRC(国际标准音像制品编码)、条码号、系统号等检索字段进行简单检索。

图 3-14　中国国家图书馆 OPAC 检索界面

案例 3–7：查询有关“信息素养”方面的馆藏图书信息

（1）进入中国国家图书馆 OPAC 界面，选择“中文文献”，选择“正题名”检索字段，在检索框中输入“信息素养”检索词，点击“书目检索”，检索结果如图 3-15 所示。

在检索结果中，可以看到标题含有“信息素养”检索词的图书文献信息，包括图书的名称、格式、作者、出版社、年份、馆藏复本、已借出复本等。其中，点击“馆藏复本”，可以查询该图书文献的馆藏位置和索书号，如图 3-16 所示。

（2）除了简单检索，在中国国家图书馆 OPAC 检索界面中，用户还可以单击“高级检索”，如图 3-17 所示，在多字段检索、多库检索、组合检索、通用命令语言检索、分类浏览等多种检索方式中，根据自己的需要进行更为详细的检索。如果需要基于多个字段的检索，用户可以选择多字段检索或者组合检索。用户还可以选择通用命令语言进行更灵活的检索。如果需要分别显示多个数据库的检索结果，可以选择多库检索。如果只是浏览，可以选择分类浏览查询。

近年来，随着现代信息技术的发展，用户信息需求多元化，图书馆服务内容多样和服务能力提升，目前一些图书馆把 OPAC 融入资源统一检索（发现系统）。例如，国家图书馆文津搜索，如图 3-18 所示。国家图书馆文津搜索由国家图书馆自主研发，在全面整合国家数字图书馆各类数字资源的基础上，向用户提供一个统一、实时、高效、精准的数字资源元数据搜索服务平台。

图 3-15 “信息检索”结果

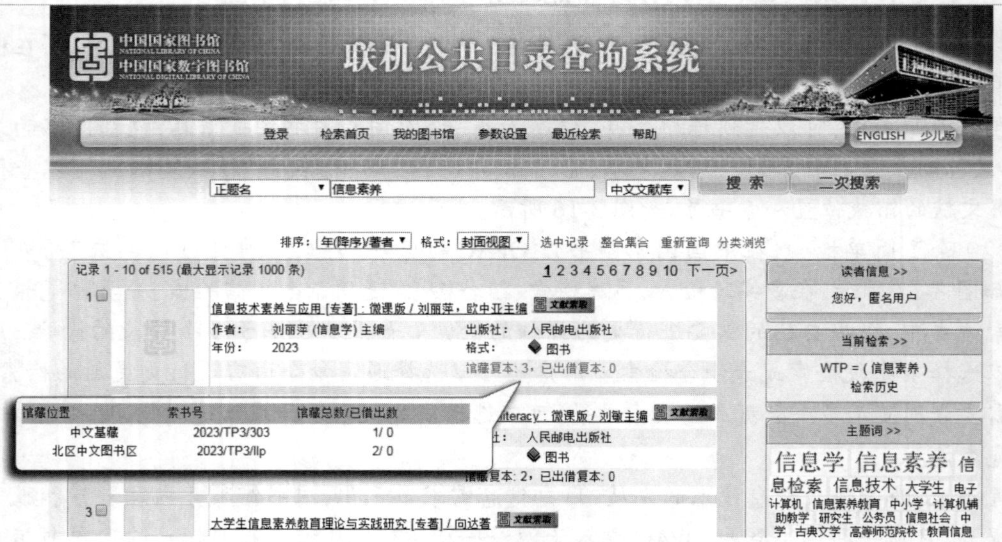

图 3-16 馆藏位置和索书号

图 3-17　高级检索

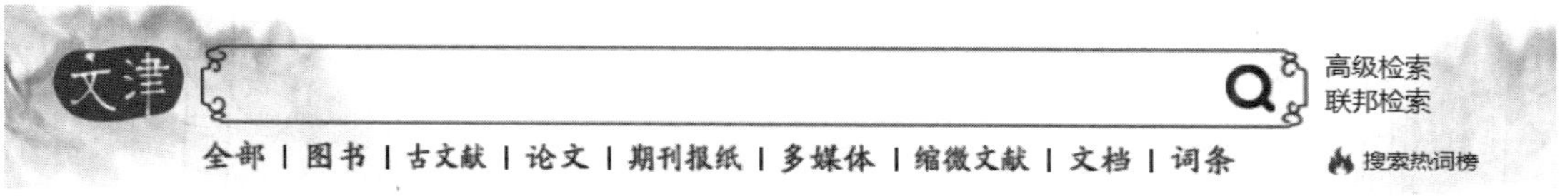

图 3-18　文津搜索

（三）ILAS Ⅲ OPAC

ILAS Ⅲ（Integrated Library Automation System Ⅲ）图书馆自动化集成系统是由深圳市科图自动化新技术应用公司研制的第三代网络版产品。其整合了书目检索、新书通报、信息发布、读者荐购以及我的图书馆等几大功能。通过 ILAS Ⅲ OPAC，读者可以查询馆藏书刊信息、管理自己的借还信息，可以进行网上续借、预约，可以查阅预约到书、超期催还、到馆新书等信息，还可以进行书刊荐购。

1. 书目检索

书目检索提供简单检索和特色检索两种方式，可以查询所有馆藏目录信息。

简单检索提供书名、作者、分类号、ISBN、索书号、出版社、任意词等检索，如图 3-19 所示。在这里读者可以设置检索的限制条件，例如：每页显示的记录数，可以选择 10、20、50；检索结果排序选项可以实现按出版日期、出版社等排序；检索结果排序方式可以实现按升序和降序等排序。读者使用多个检索词进行联合查询时，须将检索词以空格隔开，如“船舶 内燃机”，这样可以缩小检索范围。

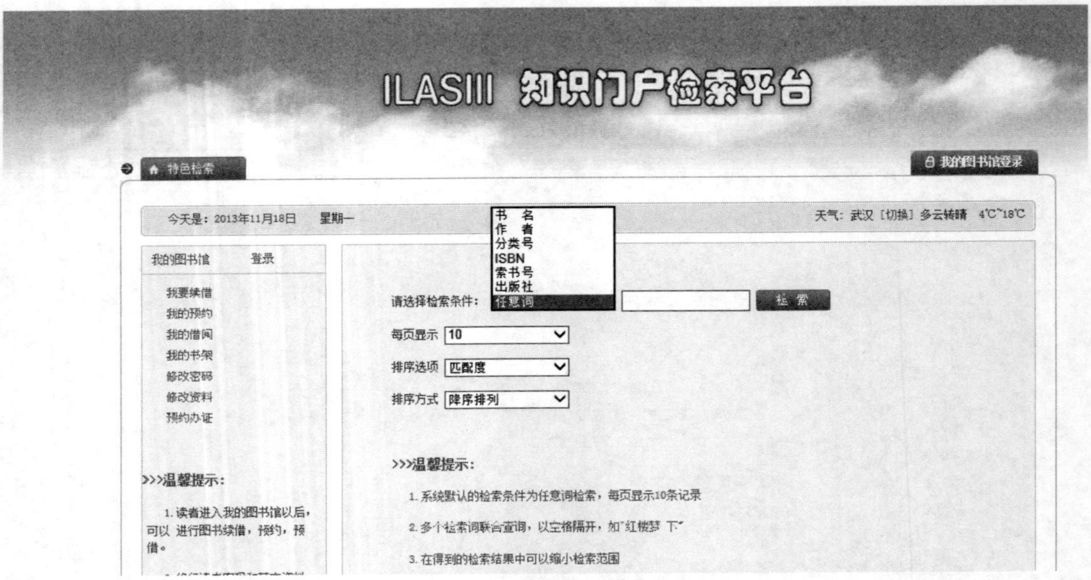

图 3-19 ILAS Ⅲ知识门户检索平台

特色检索提供分类号检索、高级检索、新书检索、热门检索、责任者检索、丛书检索、排行榜检索、联合目录等检索，如图 3-20 所示。

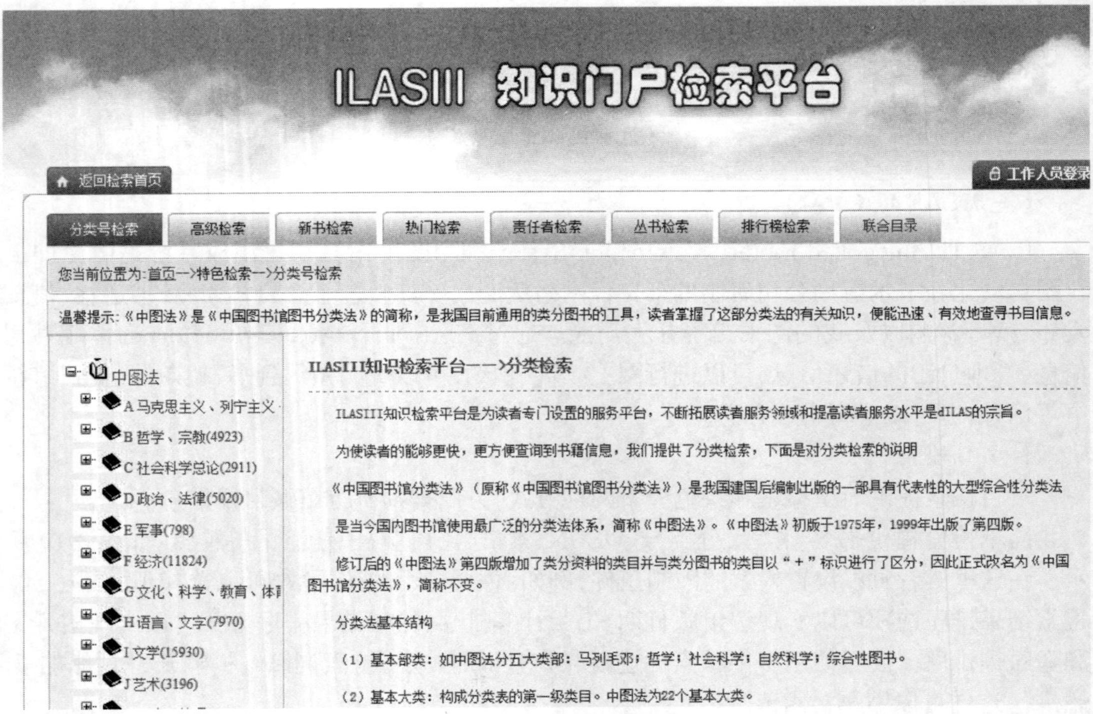

图 3-20 ILAS Ⅲ特色检索

选择好检索字段，设定条件后，输入想要查找的书刊信息，进行检索。系统会返回查询结果一览表,包括题名、责任者、出版信息、索书号等。单击每条记录的题名,可以进一步查看详细书目信息,选择需要的图书或期刊,到相应的馆藏地借阅,如图 3-21 所示。

图 3-21　ILAS Ⅲ 详细信息

2. 我的图书馆

“我的图书馆”是为读者专门设置的服务平台,不断拓展读者服务领域和提高读者服务水平。"我的图书馆"包含个人功能管理、个人信息管理、我的荐购、我的咨询、我的预约、我的预借、我的评论、我的书架等八个小模块。读者可以在"个人功能管理"中进行图书续借等;在"个人信息管理"中修改密码、个人资料;在"我的预约"中进行预约请求查询,了解当前的预约状况和处理过程;在"我的借阅"中进行图书续借和借阅权限查询、借阅史查询,了解当前的借阅状况和处理过程;在"我的荐购"中对图书馆准备采购的文献提出"我要荐购",并可以查询"荐购结果"。如果读者有新的文献希望购买,但图书馆准备采购的目录中没有列出,读者还可以荐购。

3. 索书号及构成

索书号是图书馆赋予每一种馆藏图书,具有一定结构并带有特定意义的号码。由于每种图书的索书号是唯一的,读者查找图书时可以通过索书号准确地确定馆藏图书在书架上的排列位置。通常情况下,索书号由两部分组成。索书号的第一部分是根据图书的学科主题所取用的分类号码。索书号中带有分类号码,使同一学科主题的图书比较集中地排列在书架上,方便读者按类查找图书。索书号的第二部分是按照图书作者姓名所编排的著者号码,或者是按照图书进入馆藏时间的先后分编的顺序号码。

(1)按著者姓名排,即按图书编著者的姓名,根据一定的编号方法取号,然后再按照所取的著者号码顺序排。采用这种方法,要借助一定的著者号码表取号。

(2)按种次号排,即根据同类书分编的先后顺序,依次给予每种书不同的顺序号(又叫种次号),再依这一号码的大小顺序,小号在前,大号在后,依次逐种排列。由于这种方法简单易学,号码短,排检图书和目录都很方便,因此被很多图书馆所采用。种次号和分类号共同构成排架号(又叫索书号),采用这种方法排列图书时,先按规则对分类号进行排列,对分类号相同的书再按种次号的大小进行排列。在加工图书时,分类号和种次号往往分别写在书标的不同行,以示区分,如图 3-22 所示。

G252.7	G252.7	G252.7	G252.7
17	18	19	20

图 3-22 图书种次号

案例 3-8:查询有关"船舶 CAD"方面的馆藏图书信息

(1)进入 ILAS Ⅲ 系统,选择"书目查询",出现如图 3-23 所示的界面。

填写有关检索项:检索条件选择"书名";输入题名"船舶 CAD";系统默认的"浏览数据条数"是每页显示 10 条;排序选项选择"出版日期";排序方式选择"降序排列"。填完后点击"检索"按钮。

(2)系统经过检索,将命中的馆藏图书信息显示,由于每次显示 10 条,可以利用"翻页"键查看下一页。本次检索共检出 5 种"船舶 CAD"方面的图书,部分检索结果如图 3-24 所示。

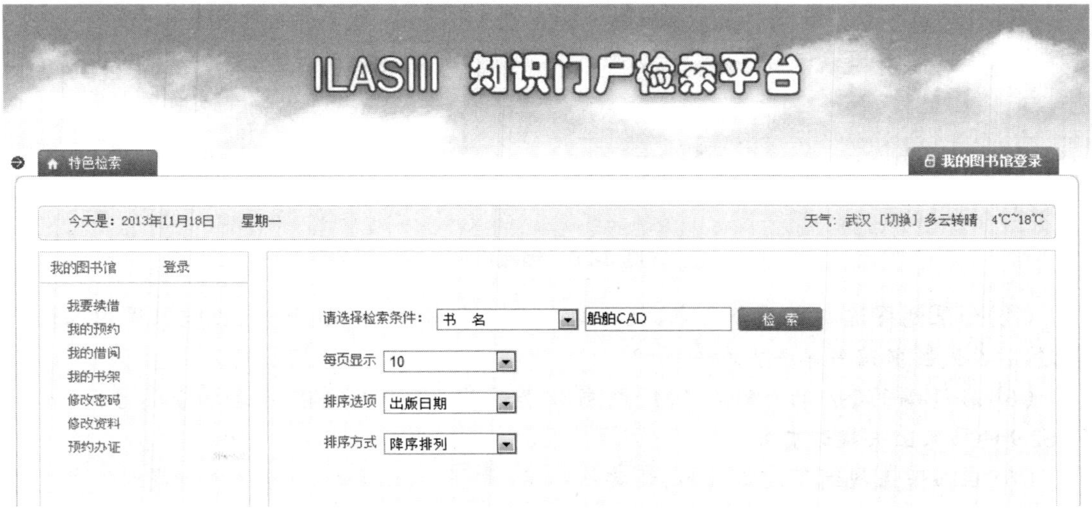

图 3-23　书目查询页面

图 3-24　检索结果

从图 3-24 中可看出，每条图书条目信息包括书名、作者、出版社、页数、价格、索书号等。如果查看其中一本图书可点击“详细信息”按钮。下面就以彭辉编的《船舶 CAD/CAM》这本书为例查看它的详细信息。

（3）点击“详细信息”按钮，如图 3-25 所示，显示馆藏图书索书号、条码号、馆藏地点、馆藏状态等信息。

馆藏信息

索书号	条码号	登录号	馆藏地点	流通点	馆藏状态	借出日期	还回日期	流通类型	预约处理	卷册说明
U662.9/P325	00664520	0	开架书库		入藏			外借中文图书	预借	
U662.9/P325	00664519	0	开架书库		入藏			外借中文图书	预借	

图 3-25 馆藏信息

（4）如果觉得这本书符合要求，就将这本书的索书号、书名、作者、出版社等内容记下来，然后再到图书馆书库去实地查找。

（5）彭辉编的《船舶 CAD/CAM》图书分类号为 U662.9，可依据这个分类号，直接到 U662.9 的书架上去找这本书。

（6）在书架上找到了这本书后，还要把书名、责任者、出版社等与刚才查找到的书相比较，一一对应，才能办理借阅手续。假如图书馆中的这两本书都被借走了，则可以利用“预借”功能办理“预约图书”手续，等其他读者返还图书后，图书馆就会通知预约读者去办理借阅手续。还可以根据需要改变检索项，如改变检索条件，会有不同的检索结果。

课后习题

（1）简述信息检索的基本原理？

（2）布尔逻辑检索运算符有哪些？

（3）利用图书馆 OPAC 检索 5 本本专业的馆藏书目？

第四章 信息检索过程

第一节 信息需求识别

一、明确检索题目与确定检索词

明确检索题目与确定检索词是实施检索的基础和前提。

1. 明确检索题目

明确检索题目,也就是分析题目的主题内容需求,在题目背景知识的基础上,明确题目所涉及的核心问题,具体包括:分析题目检索的学科属性,确定主题概念或相关概念,明确其含义和相互联系,确定中文及相应的英文关键词。

可以通过以下几个问题来检查自己对检索题目是否明确:检查选定的关键词是否确切描述了题目的内容,是否有不明确之处;将题目以一个或几个问题的形式表达出来并确信问题能够包含题目的全部相关内容。

例如:针对题目“我国船舶制造行业的发展变化”。

问题 1:我国船舶制造行业的历史和现状如何?

问题 2:我国船舶制造行业经历了哪些变化?

对以上两个问题的思考会自然引申出以下问题。

①为了回答这些问题,需要搜集哪些信息?(找什么)

②在哪儿能找到这些信息?(在哪儿找)

③如何才能得到关于这一主题的研究成果?(怎样找)

对于以上问题的回答可以进一步理顺自己的思路、明确题目范围及方向,为下一阶段的工作打下良好的基础。

2. 确定检索词

1)确定检索词的原则

检索词的确定,一般应考虑以下原则:

①检索词必须反映题目内容和信息需求;

②所选数据库如有词表的,要利用词表优先选用规范词作为检索词;

③要从词表规定的专业范围出发,选用各学科内具有检索价值的基本名词或术语;

④如文献数据库未提供词表,或在词表中没有规定,检索词为自由词,这时还应选取该词的同义词、近义词、上位词、下位词等,使用多个词进行试检,以免漏检。

2)确定检索词的一般步骤

在文献搜集的最初阶段,检索词要么在熟悉题目背景知识的过程中进行逻辑推导和分析后获得;要么通过查检专业词典、词表或百科全书获得。

对于既定的检索题目,最常用的方法是先通过词语切分获得主要概念和辅助概念,并找出能代表这些概念的若干个词或词组作为检索词;再围绕已经确定的检索词或词组向它的同义词、近义词、上位词、下位词、相关词等方向扩展。在检索过程中,如果没有对题目进行词语切分,就全部将其输入检索文本框,检索效果将会很不理想,满足不了检索需求。因为汉语不同于西方语言,句子的词语之间没有分隔符(空格),一次输入的检索内容通常被看作词组。实际上,在建立文献数据库前的标引文献阶段就对词语进行了切分,所以我们在检索时也必须对用汉语表示的题目语句进行词语切分,这样才能查到所需的文献。

词语切分是把表述题目的短语,去掉其中的虚词和泛指的词语,如"应用""研究""技术""方法""现状""近况""展望""趋势""建立""实施""影响""结构"等,然后按照概念单元分成不能再拆分的词语。例如:题目"元宇宙视角下信息素养教育的创新与展望"可以切分成"元宇宙""信息素养"和"教育"。

题目经过词语切分后形成具有检索意义的概念,再围绕概念进行扩展。

(1)概念。

将题目(陈述或提问)作为一个起点,摘录其中的主要概念(主题或观点)作为检索的关键词。将概念的数量限定在四个以内,以免使检索变得复杂。概念太多说明研究领域过于宽泛或者不够明确。例如:聚乙烯的合成的主要概念是"聚乙烯",辅助概念是"合成",这两个词都可以作为检索词。

(2)同义词。

在确定同义词时,除了意义相近、相同,还要考虑缩写与全称、学名与俗名、连字符的使用、名称的更迭、数字与日期的不同表达方式等。

例如:世界图书与版权日与世界图书日、世界书香日(同义词);《哈姆雷特》与《王子复仇记》(不同译名);中南兵工学校—武汉船舶工业学校—武汉船舶职业技术学院(名称更迭);汞与水银(学名与俗名)。

(3)上位词与下位词。

上位词,指概念上外延更广的主题词。例如:"花"是"鲜花"的上位词,"植物"是"花"的上位词,"电灯"是"白炽灯"的上位词,"水路运输"是"船舶工程"的上位词,等等。一个主题词所表达概念的任何一种属性、任何一种归类方式,都可以是它的上位词。

下位词,指概念上内涵更窄的主题词。例如,"高等数学"是"数学"的下位词,"中国哲学"是"哲学"的下位词,等等。又如,"水路运输"的上位词是"交通运输","水路运输"的下位词是"航道工程""港口工程""船舶工程",等等。

上位词与下位词的选定通常需要利用各种主题词表,如汉语主题词表等。

(4)隐含概念。

隐含概念是指在文献或题目中,未用显而易见的方式表达,因而需要认真地进行由表及里、由浅入深、由此及彼的分析才能确定的主题概念。

例如:"高校图书馆书目数据库系统",显见概念是"高校图书馆"和"书目数据库系统",隐含概念是"高校图书馆"和"图书馆自动化集成系统"。

（5）相关词。

相关词是指在主题方面与检索词有联系，但并非其同义词、上位词或下位词。

例如：与“信息检索课程”相关的词有“信息检索教学”等。具备与题目相关的知识和经验将有助于选择相关词。如果一个数据库有主题词表，则词表中也会包括相关词，另外，一些数据库也包括相关记录索引。

（6）短语或词组。

当一条短语或词组充当检索词时，要求连续并且词序固定。短语若按单个词检索就会失去其特指的含义。

例如：“butterflies in my stomach”（形容紧张、兴奋、不安或焦虑等情绪状态下的身体反应，和汉语里的“七上八下”相似）若拆分成几个单词就失去了原有的含义。

（7）专业词汇。

如果在题名、关键词、文摘或索引字段中使用专业词汇进行检索，不但可成功进行缩检，也会大大提高检索结果的相关性。专业词汇通常是唯一的。

例如：胡焕庸线以专业词汇作为检索词。胡焕庸线是中国地理学家胡焕庸（1901—1998 年）在 1935 年提出的划分中国人口密度的对比线，最初称“瑷珲—腾冲线”，后因地名变迁，先后改称“爱辉—腾冲线”“黑河—腾冲线”。

案例 4-1：检索“国内大学生心理健康教育研究进展”内容

1. 切分

切分是将检索课题的主题语句分成独立的自由词，将其由课题语句转换为检索词。例如，课题语句可切分为以下自由词：“国内”“大学生”“心理健康教育”“研究”“进展”。

如果词组切分后失去原来的意思，则不能进行切分，即切分时要保证词组意思的完整性。如“心理健康教育”不能切分为“心理”、“健康”和“教育”，又如“武汉船舶职业技术学院”不可切分为“武汉”、“船舶”和“职业技术学院”。不能进行切分的词一般为专业名词。

2. 删除

删除是指对课题语句中不具有实质性检索意义的词语进行删除。这些词语包括：虚词（如介词、连词、副词等），使用频率较低的词，专指性太强或过于宽泛的词，过于具体的限定词、禁用词，不能表达课题实质的高频词，存在蕴含关系可以合并的词。例如，可以对上述例子中的“国内”“研究”“进展”这些词语进行删除，可以得到“大学生”“心理健康教育”这两个词。

3. 替换和补充

在进行拆分和删除后，可以通过替换和补充操作，进一步完善检索词集合，减少漏检。替换是将表达不清晰或者容易造成检索误差的词用更具体、更明确的词替换。补充是进行同义词、近义词的扩充和词形变化，缩写词、翻译名等方面的查漏补缺。例如，“心理健康教育”可补充以下同义词、近义词：心理教育、心理素质教育、教育心理学。

二、明确信息需求

基于对题目基本属性的了解，进而明确所需信息的类型、语种、数量、文献范围和年代等，以控制对查新、查准、查全的指标要求。例如：要了解某一学科领域的最新动态、前沿信息，所需信息必须“新”；要解决具体问题，所需信息必须“准”；要系统地进行文献调研，撰写综述报告，所需信息必须“全”。

（1）在信息需求分析的基础上，选择相应的信息资源。若需要某一题目比较系统、详尽的信息，如撰写论文、科技查新、专利鉴定等，需了解其历史、现状和发展，检索的文献要求全面、彻底，检索覆盖的年份也较长。为了满足此类检索需求，应尽可能选用一些收录年份较长的综合型和专业型数据库。

（2）关于某一题目的最新信息。这类用户对检索信息的要求是新，检索覆盖的年份也比较短，可以选择一些更新及时的数据库和搜索引擎来查找。

（3）了解某一方面的信息，以解决一些具体问题。如针对某个问题查找一些相关参考资料、进行论文写作、了解某人的资料等。此类检索不需要查找大量资料，但针对性很强，可以选择一般的数据库和网络搜索引擎进行。

另外，检索题目涉及专业性较强、学科单一，要求检索的文献专指性强的，可选择专业数据库等；若是涉及技术成果的题目，则应考虑是否使用专利数据库；若是涉及标准的题目，则应考虑是否使用标准数据库；若是涉及科技成果的题目，则应考虑是否使用科技成果数据库。

第二节 检索工具选择

一、目录（Bibliography，Catalogue）

目录又称书目，是著录一批相关文献，按照一定的次序编排而成的一种揭示与报道文献的工具。目录通常以一个完整的出版或收藏单位（如文献的种或册）为基本的著录对象，每一个条目的著录项目包括书名或刊名、著者、出版者、出版年月、价格、页码等，揭示文献的外表特征，用于提供书刊的出版信息和收藏信息。根据编制目的及社会职能，目录可以分为国家目录、馆藏目录、联合目录和出版社与书商目录等。《全国总书目》如图 4-1 所示。

目录的历史悠久，古希腊目录学家、诗人卡利马科斯为亚历山大图书馆编纂的《皮纳克斯》（*Pinakes*，又名《各科著名学者及其著作目录》）是世界上最早的目录。印刷术的发明，促进了世界文化的交流与传播，也促进了图书书目的发展。国家书目的出现是书目发展史上的里程碑，它在书目收录范围以及分类体系、检索途径等编制技术方面都具有很大进步。19 世纪在西方出现定期出版的国家书目，此后各国都陆续编纂出版国家书目。1881—1900 年出版的《不列颠博物院字顺馆藏目录》，收录了 130 万册图书，款目总数超过 450 万条，与法国的《国家图书馆馆藏印刷图书总目》（1897 年出版，迄今已出 230 多卷）被誉为世界目录中的双璧。18 世纪下半叶在法国出现卡片式目录，19 世纪以后逐渐成为各国图书馆馆藏目录的主要形式之一。20 世纪 60 年代后期在美国出现计算机机读目录，以后很多国家也纷纷发行这种目录。联机计算机图书馆中心（Online Computer Library Center）的联机联合目录数据库 WorldCat 是世界上最大的书目数据库（机读联合目录）。

图 4-1 《全国总书目》

目录在我国具有悠久的历史，早在殷商时代就已经有了大量文献，仅安阳小屯等地出土的甲骨文献已有 16 万片，当时甲骨文献的排列有一定的顺序，可视为目录的雏形。西汉刘向、刘歆父子编纂的《别录》《七略》就是我国最早的目录。东汉班固编纂的《汉书·艺文志》是我国现存最早的，全面揭示当时典籍的史志目录。唐代魏徵编纂的《隋书·经籍志》是继《汉书·艺文志》后，我国现存的第二部古老的目录。清代纪昀等编纂的《四库全书总目》是我国古典目录集大成者，也是现有最大的一部传统目录书。清代学者王鸣盛在其著作《十七史商榷》卷一说："目录之学，学中第一紧要事。必从此问途，方能得其门而入。然此事非苦学精究，质之良师，未易明也。"强调了目录在学习中的重要性。

【例 4-1】目录条目

（1）船舶电站及其自动化装置. 马昭胜编. 北京：机械工业出版社，2023.10.

（2）船舶与海洋工程结构动力学. 杨德庆编. 上海：上海交通大学出版社，2023.09.

（3）船舶电机及电力拖动. 夏益辉编. 北京：中国电力出版社：2023.09.

题录（Title），是与目录相近的一个概念。题录是以单篇文献为基本的著录单位，描述文献的外表特征，快速报道文献信息的检索工具。著录项目包括篇名、作者、出处等。题录与目录的主要区别在于著录的对象不同，目录著录的对象是一个完整的出版物，即一种或一册文献；题录著录的对象则是整册书中的一个独立的知识单元，即单篇文献，如图 4-2 所示。

880001　不断总结，继续前进／张永沛（上海市渔经会成员）∥上海渔业经济．—1987，(2)，—29~34

学术团体，工作总结

880002　对福建远洋渔业近期发展策略之刍见／林光纪（福建省水产厅），李玉发∥福建水产。—1987，(3)、—68~71

远洋渔业，发展策略，福建

880003　对明朝末年黄河山西段沿岸县志中鱼类描述的浅析／金克伟（山西水产科研所）∥渔业史。—1987，(1)，—29~30

地方志，鱼类描述，明朝

880004　发展远洋渔业是开创我国海洋渔业新局面的必然趋势／钱锦昌（上海市海洋渔业公司经理）∥上海渔业经济。—1937，(2)—64~68．

远洋渔业

图 4-2 《中国水产题录》第 1 页

【例 4-2】题录条目

（1）柴油 -LNG 双燃料动力船舶的 LNG 燃料泄漏安全风险评估. 汪行（武汉船舶职业技术学院）. 舰船科学技术，2018，40（10）：82-84.

（2）尾柱的安装及焊接工艺. 陈彬（武汉船舶职业技术学院）. 船海工程，2006，35（01）：46-49.

二、文摘（Abstract）

文摘是以精练的语言把文献信息的主要内容、学术观点、数据及结构准确地摘录下来，并按一定的方式编排起来供用户使用的一种检索工具。文摘是二次信息的核心，是索引的延伸。它以单篇文献为报道单元，全面反映文献的外表特征和内容特征。根据对文献内容揭示的深度或报道的详细程度，文摘分为指示性文摘和报道性文摘。文摘的实质就是题录加上内容摘要。

《新华文摘》《中国社会科学文摘》《高等学校文科学术文摘》《人大复印报刊资料》是目前中国社会科学学术界公认的“四大文摘”。《新华文摘》创刊于 1979 年，由国家新闻出版署主管、人民出版社主办、新华文摘杂志社编辑出版。《新华文摘》作为大型理论性、综合性、资料性文摘类权威期刊，以其思想性、学术性、权威性和可读性享誉海内外，是我国最具影响力的哲学、社会科学文摘类杂志。《中国社会科学文摘》由中国社会科学院主管、中国社会科学杂志社主办，为哲学、社会科学重要研究成果的文摘类期刊，其学术背景深厚，涵盖面广，强调学术品位，突出问题意识，倡导理论创新，兼及新知趣味。《高等学校文科学术文摘》（前身为《高等学校文科学报文摘》）创刊于 1984 年，由教育部委托上海市教育委员会主管，上海师范大学主办，以力求迅速及时地追踪、推荐和反映重要学术观点和最新学术动态，搭建和打造高等学校主办的高层次人文社会科学成果发布、推荐和评鉴的公共平台为办刊目标。《人大复印报刊资料》是人大数媒科技（北京）有限公司以人民大学书报资料中心的复印报刊资料系列数据库为内容基础，辅以先进的检索方式、优质的期刊和论文推荐而成的人文科学、社会科学资料库。中国人民大学书报资料中心成立于1958年,是新中国最早从事人文社会科学文献搜集、整理、编辑、发布的信息资料提供机构。《新华文摘》如图4-3所示。

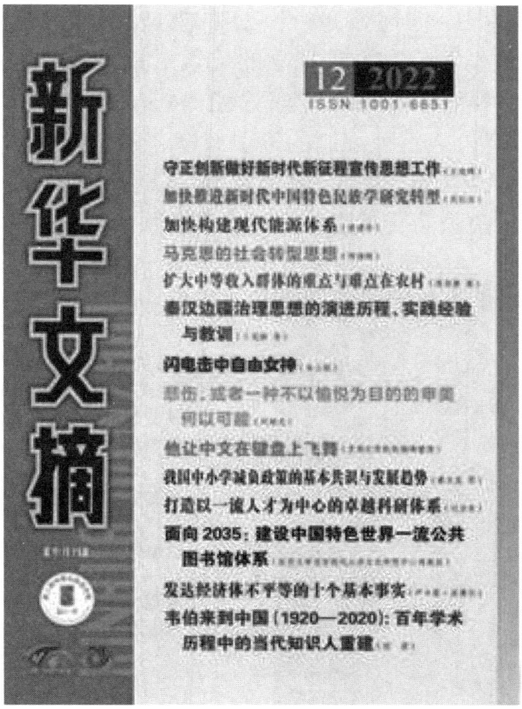

图4-3 《新华文摘》

【例4-3】文摘条目

(1)柴油-LNG双燃料动力船舶的LNG燃料泄漏安全风险评估.汪行(武汉船舶职业技术学院).舰船科学技术,2018,40(10):82-84.

如今,随着我国能源使用量的增长,国内的天然气开采量已经不能满足经济发展的需求,因此必须从国外进口大量的天然气。除了采用管道输送天然气外, LNG运输船也被大规模地使用,本文主要研究了LNG运输船的安全风险问题。LNG燃料运输船以柴油为动力,具备双动力驱动功能,能够实现巨量的天然气运输,因此具有非常广泛的应用范围。文中主要对LNG运输船的燃料泄漏问题进行了风险建模与评估,从而大大提高了船舶的安全性。

(2)尾柱的安装及焊接工艺.陈彬(武汉船舶职业技术学院).船海工程,2006,35(01):46-49.

整体浇铸的尾柱采用传统的在总装线船台上待分段合拢后,再拉主机轴线进行定位安装的方法,施工难度大、船台周期长。本文采用在总段上用经纬仪确定尾柱轴毂孔中心线前后靶点,然后拉钢丝线的方法来定位安装尾柱,并通过采用合理的焊接方法及对焊接顺序的控制来保证其安装精度。实践证明,该工艺方法合理有效。

三、索引(Index)

索引是根据一定的需要,将特定范围内的某些文献中的有关知识单元或款目,如书报刊中的篇名、著者、地名、人名、字词句等,按照一定的方法编排,并指明出处,为用户提供文献线索的一种检索工具。索引不仅是一种独立的检索工具,还能作为其他检索工具的辅助部分,附在这种检索工具的后面,提供多种检索途径,使其检索功能得到增强。索引的类型是多种多样的,根据文献信息外表特征编制的索引有篇名索引、著者索引、号码索引、引文索引等;根据文献信息内容特征编制的索引有分类索引、主题索引、关键词索引等。而引文索引,还具有知识发现的功能。中医药文献索引部分内容如图 4-4 所示。

R201.8 文物考古

9100261 **对马王堆医书的探讨**/张琪,王子良(黑龙江省中医研究院)//黑龙江中医药,(1).－6～9

9100262 **从敦煌遗物看汉代医药文化之西传**/范新俊(甘肃省敦煌市中医院)//上海中医药杂志,(1).－36～37

9100263 **敦煌遗书藏医文献初析**/赵健雄,苏彦玲(兰州医学院)//甘肃中医,4(4).－28～29

9100264 **敦煌壁画中的医学史料**/范新俊(甘肃省敦煌市中医院)//上海中医药杂志,(11).－40～41

9100265 **南诏大理国时期的两位医家墓碑**/杨可大(云南省大理市卫生干部进修学校)//中华医史杂志,

图 4-4 中医药文献索引部分内容

1. *篇名索引*

最常见的索引是篇名索引,它著录文献的篇名及其他外部特征,并提供文献的来源信息。它的著录对象是图书或期刊中的某一篇文章,每一篇文章的著录结果称为一个题录,因此篇名索引也称题录。而由摘录文献的主题、作者等信息编制的索引,如主题索引、分子式索引、著者索引等,则成为一种检索途径。

2. *引文索引*

引文,也称被引文献、参考文献。假设有 A 文献和 B 文献,如果 A 文献在行文中提到或引用了 B 文献,则 B 文献称为 A 文献的引文; A 文献则称为 B 文献的来源文献、引证文献或施引文献。来源文献包括图书、期刊论文、会议论文、学位论文等。

文献之间的引用关系反映了一种科学交流活动,显示了科学文献之间、刊载文献的期刊之间以及文献所属学科之间的内在联系。论文之间的相互引用和被引用使诸多文献联系起来，构成一个网络。通过追溯文献之间的这种关系，可以找到一系列内容相关的文献，并据此展开新的研究或深化。

共享参考文献的文献之间互称相关文献，如 A 文献与 D 文献都引用了 C 文献，则 A 文献与 B 文献互为相关文献，也称共引文献。共引文献揭示有共同研究背景的相关文献信息。

在科学研究与科学著述活动中，文献的引用贯穿始终，直接或间接地引用他人的著述、观点是学术活动的一个非常重要的部分。以科学文献之间的引证关系为基础，对文献的引文进行标引而形成的索引词表，称为引文索引。已知最早的引文索引是 1873 年美国出版的供律师查阅法律判例的检索工具《谢泼德引文》(*Shepard' s ci-tation*)。1955 年美国著名的情报学家和科学计量学家尤金·加菲尔德(Eugene Garfield)根据《谢泼德引文》的引证原理提出了“引文索引”的设想，即提供一种文献计量学的工具来帮助科学家识别感兴趣的文献。他创办了美国科学情报研究所(Institute for Scientific Information，ISI)，分别于 1963 年创刊《科学引文索引》(Science Citation Index，SCI)、1973 年创刊《社会科学引文索引》(Social Science Citation Index，SSCI)和 1978 年创刊《艺术与人文科学引文索引》(Arts Humanities Citation Index，AHCI)等 3 种引文索引刊物，并建立了引文索引数据库。利用引文索引，将文献的引文作为检索入口的检索方法，叫作引文索引法，也叫引文检索。

四、文献数据库(Literature Database)

文献数据库的载体形态以网络版和光盘版为主，同时还包括磁盘版、磁带版及手持终端版。网络版文献数据库通过遍布于全世界的通信网络或者广域网提供远程访问；光盘版文献数据库通过将光盘上的数据拷贝到个人电脑、工作站或局域网上而提供服务。数据库往往拥有两种或两种以上的载体形态。

文献数据库发端于 20 世纪 60 年代，起源于书目数据库，其中的典型代表是 1964 年由美国国立医学图书馆(National Library of Medicine，NLM)建立的医学文献分析与检索系统(Medical Literature Analysis and Retrieval System，MEDLARS)、美国化学文摘社(Chemical Abstracts Service，CAS)自 1975 年第 83 卷起采用计算机编排的《化学文摘》(Chemical Abstracts，CA)。同发达国家相比，我国文献数据库产业起步较晚，20 世纪 90 年代开始市场化并发展迅速。至 1997 年，全球的文献数据库总量超过 1 万个，几乎覆盖全部学科和行业领域，但大多数以学术或专业用户为核心服务对象。从学科领域看，文献数据库主要覆盖科学、技术、工程、法律、健康和生命科学领域，同时也涵盖艺术、人文科学和社会科学领域。虽然不同载体形态的文献数据库在信息内容上大致相同，且都能起到存档的作用，但网络版数据库更新最为迅速，且由于其易与其他类型或来源的信息建立关联的特性，功能上更为丰富和强大。

根据所涵盖的信息类型，通常将文献数据库划分为以下几个类型。

(1)书目数据库，又称二次文献数据库，是收录和提供文献书目信息的数据库。文献类型包括期刊论文、报纸文章、会议录和论文、报告、政府和法律出版物、专利、专著等；书目信息主要包括文献的目录、题名、作者、来源、摘要等。书目数据库通常提供丰富的主题描述，并具有一定的信息分析功能，如对作者、来源、关键词、学科等的聚类和统计排序等。例如，超星汇雅电子书数据库、畅想之星电子书数据库、清华文泉学堂、科学文库、可知电子书、京东读书电子书、中国数字图书馆等。

（2）全文数据库。除书目信息外，收录有原始文献全文的数据库，通常支持对全文内容的检索。相较于书目数据库，全文数据库免去了文献标引、著录等加工环节，减少了数据组织中的人为因素，因此数据更新速度更快、查准率更高。例如，中国知网期刊论文库、万方中国学术期刊数据库、维普中文科技期刊数据库等。

（3）数值型数据库，是一种以自然数值形式表示、具有一定结构的数据集合。数据库中的数值型数据来源于对文献资料的分析、提取，或者观测和统计工作。例如，EPS数据平台、高校财经数据库、中经网统计数据库等。

（4）事实型数据库，是收录如机构、人物等某些实体的事实性描述信息的数据库。不同事实型数据库可以列出机构、人物、电子出版物或印刷出版物、化学物质、计算机软件、视听材料等。常见类型有人物传记数据库、公司名录数据库、技术标准数据库、产品目录数据库、化学物质数据库等。例如，万方中国机构数据库。

（5）多媒体数据库，收录信息包含多种不同媒体类型，如文本、音频、视频和图像（照片、图表、插图、艺术作品的再现等）。例如，超星学术视频、知识视界、KUKE数字音乐数据库等。

（6）其他数据库，包括考试考研类数据库、术语数据库、专利或商标数据库等。例如，起点考试网、起点考研网、起点医考网、中科VIPExam考试学习资源数据库、万方中国地方志数据库。

从20世纪90年代我国图书馆界引入数字图书馆概念开始，文献数据库的建设和引进即成为图书馆资源建设的重要内容之一。经过30余年的建设，文献数据库特别是网络版文献数据库的利用已经深入人心。一方面网络化阅读已成为图书馆用户检索和阅读文献的主要方式；另一方面图书馆的文献数据库订购量以及用于订购文献数据库的经费额度占比上涨比较明显。随着知识交流的加深，文献数据库除了提供优质、及时的文献资源之外，深化多元化的知识服务也成为文献数据库技术新的发展方向。

第三节 检索式构造

在确定了检索词集合后，要对检索词之间的概念关系进行分析，使用布尔逻辑运算符、截词符等符号连接检索词，构造有确切意义、能够被检索系统识别的检索式。一般来说，不同含义的检索词间用逻辑“与”连接，同一检索词的同义词、近义词间用逻辑“或”连接。检索式是信息检索的过程中用于表达用户提问的逻辑表达式，检索式构造的好坏直接决定检索的效率和质量的高低。

针对不同的搜索引擎、数据库、信息需求，有不同的检索策略，其检索式的构造也各有不同。设计合理的检索式成为控制和提高检索质量的关键。检索式的表达对一个题目不是唯一的，而是有多种选择、组配、限定的。当检索条件过于复杂，检索要求难以用一个检索式来表达时，应该采用分步检索或二次检索以提高查准率。

构造检索式时最重要的是注意检索途径与检索词的正确匹配。例如，当选择的检索途径是关键词时，输入的检索词就必须是关键词。当一个词不能完整地表达检索要求，需要进一步描述时，只能添加关键词，用逻辑运算符来联结它们，而不能用一个句子来代替。

【例 4-4】

检索“法律渊源”的中英文信息，虽然用“法律渊源”“sources of law”这样的词组能够在一些数据库中实现检索，但是检索量少，严格来说不算是检索式，中英文信息的逻辑关系应该是逻辑“或”。检索式应为：法律渊源 OR sources of law。

【例 4-5】

检索“法律与经济和政治的关系”题目，需要检索的信息是“法律与经济”或者“法律与政治之间的关系”，因此“经济”与“政治”的关系是逻辑“或”，不是逻辑“与”。则检索式“法律 AND（经济 OR 政治）”比“法律 AND 经济 AND 政治”检索的范围大得多。

【例 4-6】

检索“防撞气囊在汽车安全中的应用”题目，在检索平台的检索策略应该是：在“题名”或者“关键词”字段中输入“防撞气囊 AND 汽车”。

【例 4-7】

在万方中国学术期刊数据库检索“数码图像的算法处理”题目，在检索平台的检索策略应该是：在“题名或关键词”字段分别输入“数码 ”“图像”“算法”，用逻辑“与”关系组成检索关系，如图 4-5 所示。

图 4-5 万方中国学术期刊数据库检索表达式

【例 4-8】

在中国知网学术期刊库检索“数字图书馆的元数据互操作的研究”题目，在检索平台的检索策略应该是：在“主题”字段分别输入“数字图书馆 ”“元数据”“互操作”，用逻辑“与”

关系组成检索关系，如图 4-6 所示。

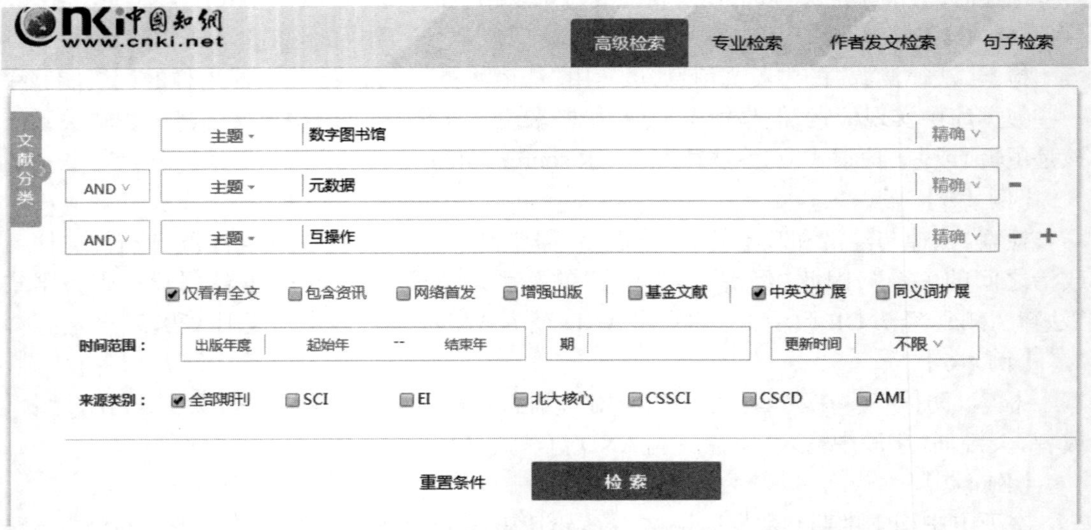

图 4-6　中国知网学术期刊库检索表达式

第四节　信息检索途径

检索途径是用户与检索工具建立联结的中介，所以又称检索入口。按照检索途径与信息内容相关的程度，检索途径可分为反映信息内容特征的途径与反映信息外部特征的途径。反映信息外部特征的途径一般有著者途径、题名途径、序号途径等。反映信息内容特征的途径有分类途径、主题途径等。因为信息的外部特征对信息来说具有唯一性，即某则信息的一组外部特征只对应这则信息，而信息的内容特征与信息是一种模糊的对应关系，即一则信息有多个主题词（关键词）或分类号，一个主题词（关键词）或分类号也可对应多则信息。这种对应关系使得信息的内部特征和外部特征的用途大不相同。利用反映信息外部特征的检索途径只能检出很少的信息，利用反映信息内容特征的检索途径一次则能检出一批信息。本节主要列举五种常用信息检索的途径。

1. 分类途径

分类途径是一种按学科分类体系来查找信息的途径，以分类检索语言为依托，使用“分类目录”“分类索引”等进行查找。分类途径检索信息的优点在于族性检索，有利于精选。当研究题目较大，需要全面了解某一学科及其相关知识的时候，或者难以判定研究题目所属主题范围的时候，经常通过分类途径查找信息。缺点在于费时，在检索过程中必须不断地分析、评判、取舍，并不断地调整检索路径，检索才能获得成功。

按分类途径检索信息的步骤为：分析待检题目的主题—根据检索平台上设置的类目主题架构选择与主题相关的分类主题—点击分类主题浏览信息线索或文摘—根据信息线索中的出处获取原文或直接点击信息线索的全文链接获取全文。

2. 主题途径

一般来讲，一篇文献都是论及某一方面的特定问题的。也就是说，与论题相关的词出现的频率较大。研究表明，无论哪一种类型的文献，若对其中出现的词进行频率统计，会发现所有的词都可分为三类：①文献中出现频率最高的词是冠词、介词和连词等，即其本身没有具体含义的词；②文献中出现的频率较低的绝大部分词；③文献中出现的频率既不高也不低的词，在文献中为 3~20 个，这些词恰恰是与文献的主题相关度较大的词，通常被称为文献的主题词或关键词。

主题途径是以代表信息主题内容的实质性的词汇作为检索标识进行检索的一种途径。主题途径查找信息的关键是确定主题词。

题目的主题词确定方法。分析题目，提取概念。最主要的事物名称应作为首先考虑的检索概念——整理概念，将概念整理归纳，分成若干个组面。例如，“计算机辅助设计在光学中的应用”这个题目可分成“光学(Optical)”和“计算机辅助设计(CAD 或 Computer Aided Design)”两组。每一组都用同义词、缩写词、复数形式等予以扩充。如“光学”用同义词“optical”和“optic”扩充，以避免漏检，保证题目的查全率——直接利用所确定的词查找检索工具或将所确定的词汇与检索工具的词表对照确定正式词再查。

选取主题词应当注意几点：当用提取的主题词查找检索工具没有结果时，可试着采用最近一级的上位词进行查找；要查的题目中如包含数个事物概念，就应选择相应个数的主题词，以保证查准率；避免选择泛指性词作为检索主题词，比如“研究”“发展”“分析”“高性能”“快速”等；要选择能代表题目实质意义的词作为主题词，不能仅从字面上选词，比如，对于“运用计算机程序建立气候模式”这个题目，以“计算机模拟”和“气候模式”作为主题词更合题意。

3. 著者途径

著者途径是根据已知信息，如作者姓名或机构名称来查找信息的途径。因为从事科学技术研究的个人或团体都是各有所专的，同一著者在一定时期内所发表的内容，在内容上常常限于某一学科或专业范围之内，因此能在一定程度上集中同类信息。利用著者途径查找信息的优点是可以满足对个人及团体著者的学术水平进行评价时的信息查找需求，缺点是著者途径不能满足全面检索某一题目文献的需要。

通过著者途径查找信息的关键是确定著者名称。

4. 题名途径

题名途径包括书名、刊名和篇名等途径。这虽然是一种反映信息外部特征的检索途径，但其在检索工作中的应用非常广泛，是主题途径的一种非常重要的补充手段。

5. 序号途径

序号包括报告号、标准号、专利号、登记号等。序号途径索引包括报告号索引、标准号索引、专利号索引、登记号索引等。

中国知网学术期刊库、万方知识服务平台、维普中文期刊服务平台检索途径如图 4-7~图 4-9 所示。

图 4-7　中国知网学术期刊库检索途径

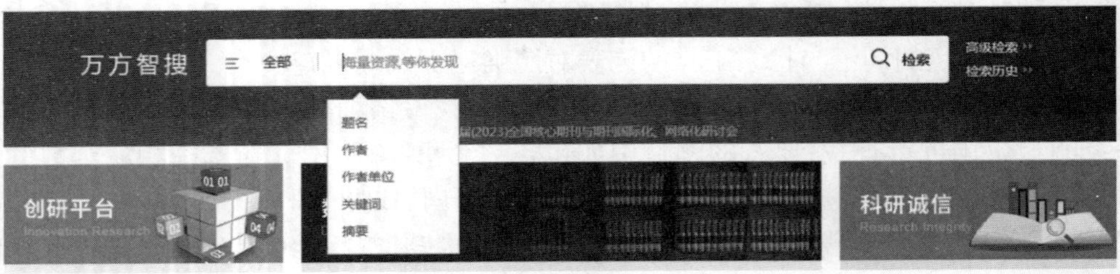

图 4-8　万方知识服务平台检索途径

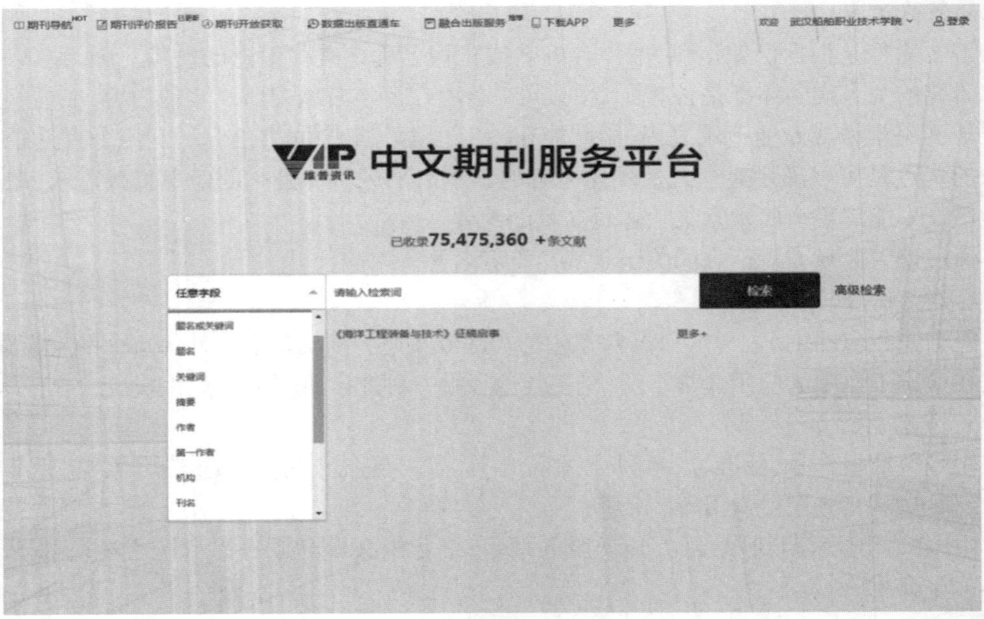

图 4-9　维普中文期刊服务平台检索途径

检索词与检索途径相对应，是检索途径的具体化。题名字段对应的检索词就是书名、刊名等，如《船舶原理》《船舶焊接》等（注：书名作为检索词输入时无须输入书名号）；分类途径对应的检索词就是分类号，如 G354.4（《中图法》分类号）；著者途径的检索词是著者姓名，如鲁迅、巴金等，以此类推。

按照表达文献资源特征的形式不同，检索词可以分为四种类型：

（1）表示主题的检索词，如关键词；

（2）表示分类的检索词，如分类号；

（3）表示责任者的检索词，如作者姓名、机构名称；

（4）表示特定意义的检索词，如分子式、专利号、ISBN、ISSN。

第五节　信息获取

传统的检索在获得一批相关检索结果后便算完成；而现代的信息检索强调的不只是获得知识信息，更注重对结果的分析、整理、组织与重组，因为获得的检索结果往往是凌乱的、不系统的，存在交叉和重复甚至是互相矛盾的情况，这就要求对它们加以分析，去粗取精、去伪存真，提取有用的信息。

1. 对资料进行鉴别、比较

对搜集来的原始资料进行质量上的评价和核实。

一是判断结果与查找主题的真伪，若资料本身不真实则应舍去，当然有时也可作为反证。

二是判断信息是否全面，若不全则调整检索策略，进行二次或三次检索。

三是判断信息相关的程度，对相关程度高的信息加以详细研究，部分相关的信息取相关部分，不相关的信息舍去。

判断的过程也是一种研究学习的过程，可以产生许多新的灵感。

2. 对结果的整理

最简单、最常用的资料整理方法是分类法，我们可就以下几方面对结果加以分类。

一是将与主题相关的信息内容集中整理，不相关信息作为备用记录或舍去。

二是将论点与论据信息分别汇总，便于调用信息。

三是将马上用到的信息与以后可能用到的信息分开，形成检索结果资料的汇编与检索资料笔记，并作简要说明。

3. 比较分析

比较分析即运用科学的分析方法和研究方法对所占有的信息资料进行分析，研究特定题目的现象、过程及内外联系，找出规律性的东西，构成理论框架，把所占有的信息转化为自己的东西。

检索的过程是对信息综合查找与分析利用的过程，在不具备很高检索技巧的情况下通常经过多次反复实践才能获得比较满意的检索结果。

获取原文的途径有四种：一是利用本单位图书情报机构获取原文；二是利用联合目录通过馆际协作获取原文；三是利用全文数据库直接下载原文；四是利用检索结果中提供的著者

或出版机构的 E-mail 地址,与之联系获取原文。前两种方式在手工检索或计算机检索中均可使用,后两种方式只能在计算机检索中实现。

第六节 信息检索效果评价

信息检索效果就是利用检索系统进行检索服务时所获得的有效结果,常将检索期望与实际的比率作为评价指标。在信息检索时,检索者总希望将检索系统中与所需信息相关的全部记录都检索出来,总是希望能够明确地知道自己检索的效果。因此,对检索效果进行评价,不但可以提高检索系统的应用水平,还可以借此分析影响检索效果的因素,调整检索策略,提高检索效果,从而满足信息检索的需求。

1. 信息检索效果评价的指标

常用的信息检索效果评价指标有查全率、查准率、漏检率、误检率和响应时间等,其中最主要的指标是前四种。检索系统各参量如表 4-1 所示。

表 4-1 检索系统各参量

信息维度	系统中相关信息总量($a+c$)	系统中非相关信息总量($b+d$)
检出的信息总量($a+b$)	检出的相关信息量(a)	检出的非相关信息量(b)
未检出的信息量($c+d$)	未检出的相关信息量(c)	未检出的非相关信息量(d)

(1)查全率。它是指检出的相关文献量与检索系统中相关文献总量的比率,是衡量信息检索系统检出相关文献能力的尺度。

查全率 = 检出相关信息量 / 系统中相关信息总量 $\times 100\%=a/(a+c)\times 100\%$

(2)查准率。它是指检出的相关文献量与检出文献总量的比率,是衡量信息检索系统精确度的尺度。

查准率 = 检出相关信息量 / 检出信息总量 $\times 100\%=a/(a+b)\times 100\%$

注:查全率反映所需文献被检出的程度;查准率则反映系统拒绝非相关文献的能力。两者结合起来反映检索系统的检索效果。研究表明,查全率与查准率之间存在互逆的关系,即提高系统的查全率,会使查准率下降;反之亦然。

(3)漏检率。它是指漏检相关信息量与在检索系统中相关信息总量的比率,是衡量信息检索系统漏检信息的尺度。

漏检率 = 漏检相关信息量 / 系统中相关信息总量 $\times 100\%=c/(a+c)\times 100\%$

(4)误检率。它是指误检(检索出不相关)信息量与检出信息总量的比率,是衡量信息检索系统误检信息程度的尺度。

误检率 = 误检信息量 / 检出信息总量 $\times 100\%=b/(a+b)\times 100\%$

2. 影响查全率和查准率的主要因素

影响查全率和查准率的因素很多,但都包含在检索系统编制质量和检索方法这两者之中,这些因素可分为人为因素和客观因素两方面。

①人为因素。人为因素主要包括两类:一是在编制检索系统时收录文献不全面、不明确,在文献标引工作中人为造成的各种错误;二是在检索时对题目内容分析的错误和对检索提问错误。人为因素往往会导致查全率和查准率同时下降。人为因素也称"不合理影响因素",由此造成的误检和漏检称为"不合理误检"和"不合理漏检"。

②客观因素。在检索过程中,无论怎样调整检索策略,无论怎样提高检索系统的质量,都无法使查全率和查准率同时达到100%,这表明了它们的互逆相关性。也就是说,在排除了人为因素的情况下,任何提高查全率的措施都会降低查准率;反之亦然。其根本原因不在于检索系统本身,而在于检索对象——文献,更确切地说是文献所反映的各个学科知识之间的普遍联系。各种知识之间的相互渗透、相互包容是影响查全率和查准率不可能同时达到100%,而呈互逆相关性的客观因素,这些因素称为"合理影响因素",由其造成的误检和漏检称为"合理误检"和"合理漏检"。

查全率和查准率之间的互逆相关性,是由英国情报学家克莱弗登(C.W.Cleverdon)通过试验发现的。查全率与查准率互逆相关性曲线如图4-10所示。

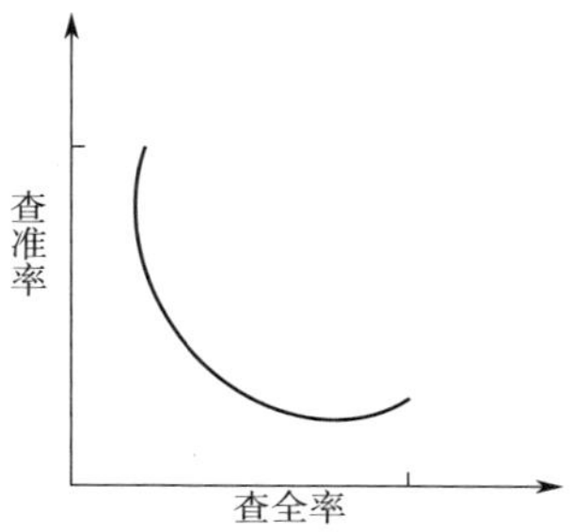

图4-10 查全率与查准率互逆相关性曲线

3. 影响检索效率的因素

在信息检索中,用户最关心的是检索效率,而影响检索效率的主要因素是标引的网罗性和检索标识的专指性。

①标引的网罗性。标引的网罗性是对标引时揭示文献主题的基本概念的广度而言的。例如,查找题为"计算机多媒体软件设计"的有关文献,经过主题分析后选出"计算机""多媒体软件""程序设计"三个检索词。从标引的广度所包含检索词的角度看,还应加上"多媒体程序"和"应用程序"两个检索词,否则就会漏掉相关文献,影响查全率。因此,标引的网罗性是影响检全率的重要因素之一。

②检索标识的专指性。检索标识的专指性是对检索标识表达主题的基本概念的专指性而言的。例如,查找题为"计算机在信息检索中的应用"的有关文献,经过主题分析后,选出"计算机""信息检索""计算机应用"三个检索词。从主题的专指性来看,计算机的下位概念是"电子计算机",信息检索还包括"文献检索""数据检索""事实检索",这些词都应考虑,否则可能影响查准率。因此,检索词的专指性也是影响查准率的一个重要因素。

课后习题

（1）检索途径有哪些？

（2）切分检索题目“轨道车厢及船舶用半导体照明系统关键技术开发”，并构建检索表达式？

（3）查找几篇专业期刊文献，指出哪些是引文文献，哪些是来源文献？

第五章　数字资源检索

第一节　超星汇雅电子书

一、电子图书

1. 电子图书概念

电子图书（Electronic Book）又称数字图书或 eBook，是随着电子出版、互联网以及现代通信电子技术的发展应运而生的一种新的图书形式，是采用二进制的数字化形式将文字、图像、声音等信息存储在光、磁等介质上，在计算机软件的支持下阅读的一种新型图书。常用的电子图书信息资源有以下三种。第一种是电子图书数据库，如超星汇雅电子书等。电子图书数据库的图书阅读通常需要专用阅读器，机构团体购买或读者个人付费后才能使用。第二种是开放获取的电子图书，读者可以免费使用。第三种是便携式电子图书，读者可通过电子书阅读器、手机等载体阅读。

电子图书的概念最早出现于 20 世纪 40 年代左右出版的一部科幻小说中，书中幻想未来可以在某种特制的电子设备上阅读图书。1971 年，被誉为“美国电子书之父”的迈克尔·哈特（Michael Hart）将幻想变成了现实，他把一些没有版权纠纷的、经典的文学作品输入计算机，上传至计算机网络供人们免费阅读和下载，这项工程被命名为“古腾堡工程”。电子图书的出现极大地推动了网络出版和信息传播的发展，随后几十年，国内外 IT 公司、出版社、网上书店等纷纷涉足电子图书市场，开发电子图书产品。1998 年，真正意义上的电子书——电子书阅读器（E-Book Reader）诞生了。这款由美国新媒体（NuvoMedia）公司推出的“火箭书”（Rocket Book），外形与传统纸质图书非常相似，实际上它是一种书状的、具有大容量显示和书报阅读界面的专用电脑。用户可以将从网上购买的电子图书下载到这部电脑上，再导入“火箭书”。新媒体公司后来被美国的 Gemstar 集团收购。Gemstar 集团此前推出的“软书”（Soft Book）也是知名的电子书阅读器。2006 年 9 月上市的索尼阅读器（Sony Reader）采用了名为“电子墨水”（E-Ink）的显示技术，高度节电，且在显示效果上更接近纸质书。索尼阅读器支持 TXT、RTF、DOC、PDF 等多种格式的电子图书，还支持 RSS 订阅。2007 年 11 月 19 日，美国网络零售大王亚马逊（Amazon）推出了电子书阅读器 Kindle，这个英文原意名为“点燃”的东西，似乎显示着亚马逊欲烧毁传统纸质书籍的勃勃野心。目前，我国小米、科大讯飞等许多公司生产销售墨水屏电子书。

2. 电子图书构成要素

1）文件格式

电子图书是通过特殊的格式，采用数字化技术制作而成的，可在有线或无线网络设备上传播或阅读的图书。下面主要介绍 PDF、PDG 和 EPUB 等文件格式。

（1）PDF（Portable Document Format）文件格式直译就是“便携式文档格式”，是一种结构化的文档格式。PDF 是由 Adobe 公司开发设计的多媒体电子读物文件格式。它是为电子文件的多种输出目标而制定的格式，以 PostScript 技术为基础，既应用在普通办公环境里，也应用在整个印刷工作流程中。书刊印刷、包装印刷以及越来越多的电子图书、产品说明、小册子等已广泛使用 PDF 格式文件。目前，PDF 格式文件已成为数字化信息交换的标准格式，在电子出版中也得到广泛的应用。PDF 格式可以将文字、字形、格式、颜色、图形图像、超文本链接、声音、动态图像等信息封装在一个文件当中。

（2）PDG 文件格式是一种易用、经济的数字图书格式，是一种扫描的图片格式。PDG 是由长期致力于纸张图文资料数字化技术及相关应用与推广的北京世纪超星公司开发的，读者必须用其专用阅读软件——超星图书阅读器（SSReader）阅读 PDG 格式文件。PDG 及 SSReader 的出现为国内外图书馆、档案馆和出版数字化机构提供了重要的整体解决方案，其已经成功应用于国内外多家单位。目前，互联网上采用超星 PDG 格式制作的数字图书数量很多，PDG 成为通用的数字图书格式之一。

（3）EPUB 是电子图书专用格式，它是 Electronic Publication 的缩写，译为“电子出版”，这是一种开放的电子图书标准，由国际数字出版论坛（IDPF）发布。IDPF 是数字出版方面的全球贸易和标准组织，其使命是促进全球采用开放、可访问、可互操作的数字出版生态系统，以实现创新。EPUB 具有下述特点：①具有“自动重新编排”功能，可以实现影像、声音、Adobe Flash 等多媒体文件的嵌入；②可以比较容易地转换为其他文档格式；③包含了数字版权管理（Digital Rights Management，DRM）相关功能，可供选用。因此，EPUB 逐渐成为电子图书格式标准。

2）阅读设备

阅读设备也称阅读器，一是支持各种电子书阅读软件的电子设备，如手机、电脑等；二是专门用于阅读电子图书的掌上阅读器，如 Kindle 等。

3）阅读软件

阅读软件包括 Adobe 公司的 Acrobat Reader、超星公司的 SSReader 等。

Adobe Acrobat Reader 是一款免费的全球标准阅读器，用于可靠地查看、打印和共享 PDF 文件。它是由 Adobe 公司出品的一款 PDF 阅读器，简称 Acrobat Reader，可用于 Windows、Mac、Android 和 iOS 等操作系统。Acrobat Reader 支持几乎所有类型的 PDF 文件，包括 PDF 表单和多媒体文件，并提供了多种工具和功能，如搜索、打印、填写表单、签署协议等。此外，Acrobat Reader 还提供了与 Microsoft Office 和其他应用程序的集成功能，方便用户更好地管理和共享 PDF 文件。用户可以通过它查看和编辑 PDF 文件，并与他人协作处理文档。

超星阅读器（SSReader）是专门针对数字图书、文献的阅览、下载、打印、版权保护和下载计费而研究开发的一款阅览器，可支持 PDG 主流的电子图书格式，广泛应用于各大数字图书馆和网络出版系统。

3. 电子图书的特点

电子图书具有与传统书籍许多相同的特点：包含一定的信息量，如有一定的文字量、彩页；按照传统书籍的格式编排，以适应读者的阅读习惯；通过被阅读传递信息；等等。但是电子图书作为一种新形式的书籍，又具有许多与传统书籍不同的或传统书籍不具备的特点：必须通过电子计算机设备读取并通过屏幕显示出来；具备图、文、声、像结合的优点；可检索；可复制；有更高的性价比；有更大的信息含量；有更多样的发行渠道；等等。但是，电子图书也存在一定缺陷：受设备限制，阅读舒适度相对传统图书较弱；由于电子图书的格式多样、阅读软件不兼容等问题，容易给读者的使用带来不便；容易被非法复制和传播，不利于版权保护。

电子图书的主要特点如下。

（1）方便信息检索，提高资料的利用率。

（2）存储介质的容量相较传统书籍而言更大。它可以容纳更多的信息量。

（3）成本更低。在容量相同的情况下，存储体的价格可以是传统媒体价格的1/100~1/10，甚至更低。

（4）内容更丰富。数字化资料可以包含图形、图像、文字、声音等各种资料。

（5）增强可读性。电子图书可以以更灵活的方式组织信息，方便读者阅读。

（6）降低了工作量。可以在计算机上处理各种资料，更方便。

（7）更具系统性。将各种资料有机地组合、互相参照，能更好地理解资料。

二、超星汇雅电子书简介

超星汇雅电子书是超星集团的核心产品。超星集团成立于 1993 年，是以技术、产品与服务创新为驱动力的教育信息化企业，是图书、学术资源数字化的开创者，是中国在线课程建设的先行者，是中国通识教育、智慧教学与管理、智慧教室、公共文化整体解决方案的提供者。近年来，超星集团、泛雅集团和指针集团组成“黄金三角”，揭开了超星数字教育历史的新篇章。超星集团一直坚持图书数字化的方针，其中文电子图书内容丰富，为高校、科研机构的教学和研究提供了大量宝贵的参考资料。超星电子图书数据库是全球最大的中文数字图书馆，图书涵盖中图法 22 个大类。

超星汇雅电子书秉承“尊重知识、尊重版权”的理念，坚持“让更多的人读更多的书”的信念，历经 20 余年的发展，已签约 36 万余名授权作者，300 余家出版社，拥有 130 万余种图书，涵盖《中图法》22 个大类，同时拥有来自全国 1 000 多家专业图书馆的大量珍本、善本、民国图书等稀缺文献资源。超星汇雅电子书作为一个资源丰富、版权无忧的数字化阅读平台，致力于让更多人拥有高品质、便捷、个性化的数字阅读体验。超星汇雅电子书采用国家 863 数字图书馆示范工程的标准 PDG 格式，最大限度地保证图书的原文原貌，图书完整、整洁、无歪斜或黑边等质量问题。同时，超星汇雅电子书在网络传输中采用单页传送而不是整本传送技术，既节约了读者看书的等待时间，也提高了图书的利用效率。读者可以根据自己的需要去选择图书当中的个别页码进行阅读。超星汇雅电子书还拥有高清晰、高质量的 EPUB 文本图书，更是提高了用户的阅读体验。

三、超星汇雅电子书的使用方法

1. 进入系统

在浏览器中输入网址 http：//www.sslibrary.com，进入超星汇雅电子书首页，凭机构用户登录账号、密码或 IP 自动登录，如图 5-1 所示。

图 5-1 超星汇雅电子图书检索系统首页

2. 图书分类与检索

1)图书分类目录查找

超星汇雅电子书按《中图法》将图书分为 22 个基本大类，逐级点击分类可进入下级子分类，如图 5-2 所示。同时在页面右侧显示该分类下图书详细信息，如书名、作者、出版社、出版日期、页数、中图分类号等。

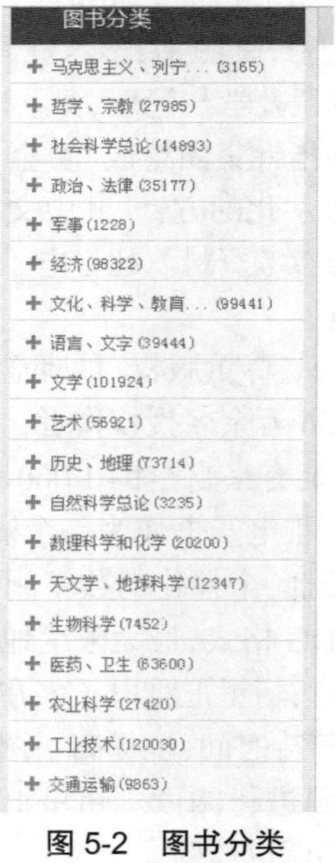

图 5-2 图书分类

案例 5-1:分类浏览方式查找高等数学习题集方面的图书

(1)分析检索题目，高等数学习题集方面的图书属于《中图法》里面的数理科学和化学大类。

(2)在超星汇雅电子书的主页，通过页面左侧图书分类目录逐级查找图书，依次选择数理科学和化学→数学→高等数学。

(3)共查找到 2 155 种高等数学方面的电子图书,再依次查找到高等数学习题方面的图书。同时页面右侧显示该分类之下的图书详细信息,如图 5-3 所示。

图 5-3 图书详细信息

2)阅读器下载与安装浏览器

(1)在超星汇雅电子书首页点击“客户端下载”,点击链接下载超星阅读器(SSReader),如图 5-4 所示。下载过程这里不再详述。

图 5-4 下载超星阅读器(SSReader)

（2）安装超星阅读器（SSReader）。

超星阅读器（SSReader）安装程序下载完毕后，双击安装程序将进入自动安装向导，自动安装向导（图 5-5）会引导您完成超星阅读器（SSReader）的安装。

①双击超星阅读器（SSReader）安装程序，开始安装。

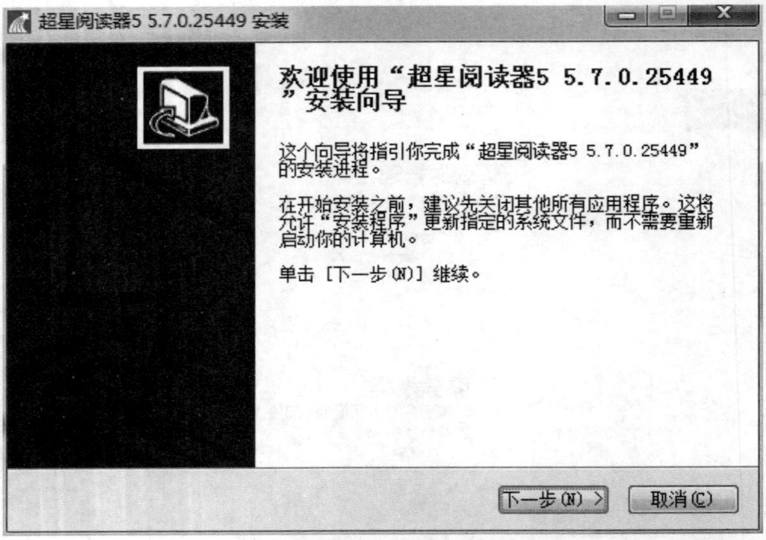

图 5-5　使用安装向导安装超星阅读器

②在打开的窗口中勾选“我接受‘许可证协议’中的条款”，点击“下一步”按钮（图 5-6）。

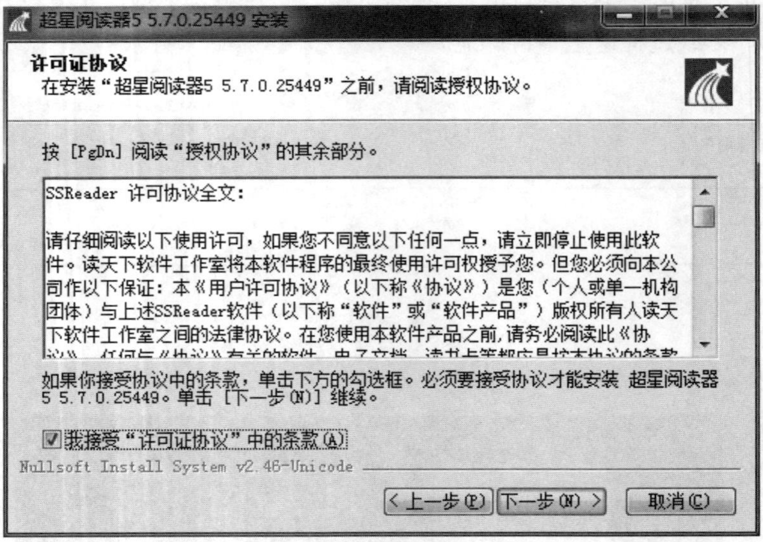

图 5-6　勾选许可证协议

③超星阅读器（SSReader）安装路径的选择如图 5-7 所示。

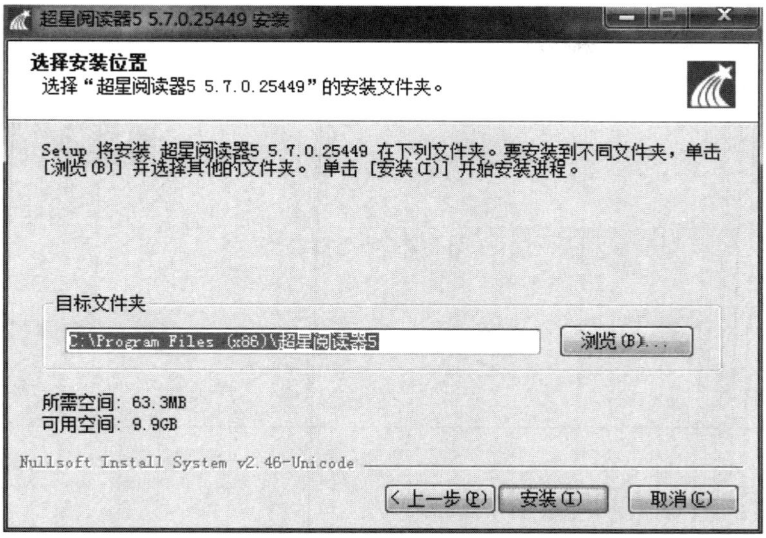

图 5-7 选择安装路径

④完成超星阅读器(SSReader)安装(图 5-8)。

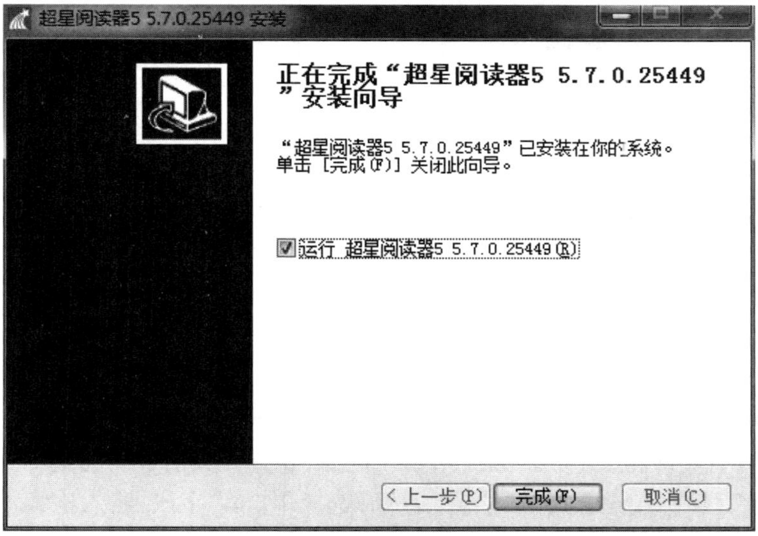

图 5-8 超星阅读器(SSReader)安装成功

3)图书检索

超星汇雅电子书提供快速检索和高级检索两种检索方式。

(1)快速检索。

通过在输入框中输入检索词,选择书名或者作者,点击“检索”按钮进行图书查找,如图 5-9 所示。在利用“书名”字段进行基本检索后,检索结果较多,且有很多无关结果,并不能快速得到目标结果。在这种情况下,可利用“作者”字段进行“二次检索”。例如,要查找谭浩强所著的 C 语言电子图书,可先在“书名”字段输入检索词“C 语言”进行检索,然后选择

"作者"字段输入检索词"谭浩强",进行二次检索,如图 5-10 所示。

图 5-9　快速检索

图 5-10　二次检索

(2)高级搜索。

"高级检索"可依据图书具体信息(书名、作者、主题词、年代、分类、中图分类号、搜索结果显示条数)进行高级检索,如图 5-11 所示。例如,要查找谭浩强所著的 C 语言电子图书,可先在"书名"字段输入检索词"C 语言",然后选择"作者"字段,输入检索词"谭浩强",再进行检索即可直接找到目标。

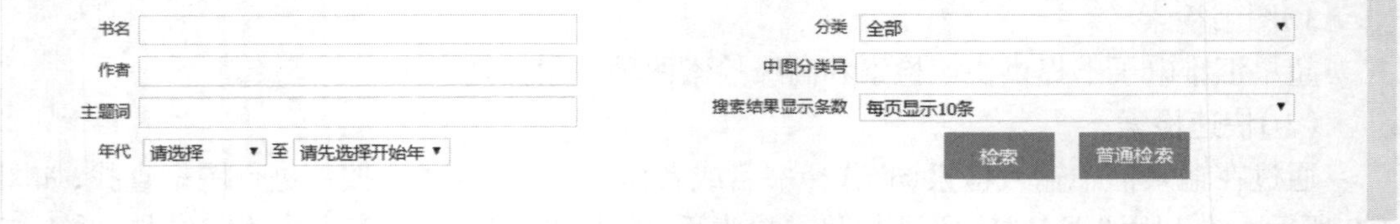

图 5-11　高级检索

4）文字识别与摘录

利用超星阅读器（SSReader）阅读 PDG 图像格式的图书时，为方便信息资料的使用（复制、粘贴），可以使用文字识别功能将 PDG 转换为 TXT 格式的文本保存。

方法：在阅读电子图书页面点击“识别文字”图标，然后按住鼠标左键任意拖动一个矩形，其中的文字全部被识别。识别结果在弹出的一个面板中显示，可以对识别结果直接进行编辑、导入采集窗口或者保存为 TXT 文本文件，如图 5-12 所示。

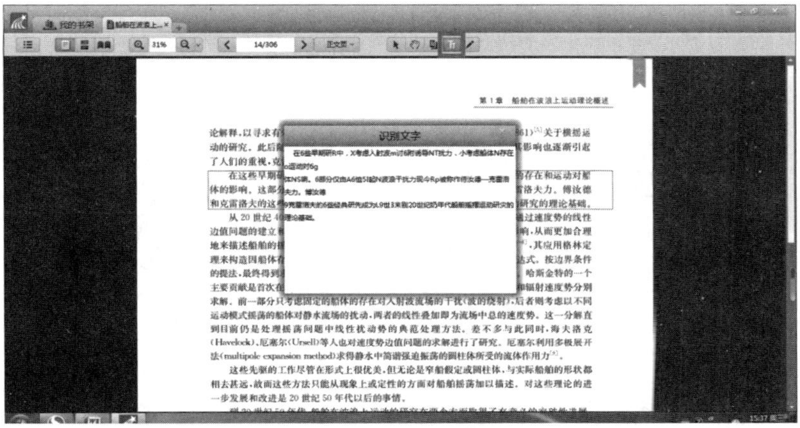

图 5-12　识别文字

如果是 EPUB 格式的电子图书，单击鼠标右键，弹出右键菜单，选择“复制为纯文本”即可对文字进行复制，如图 5-13 所示。

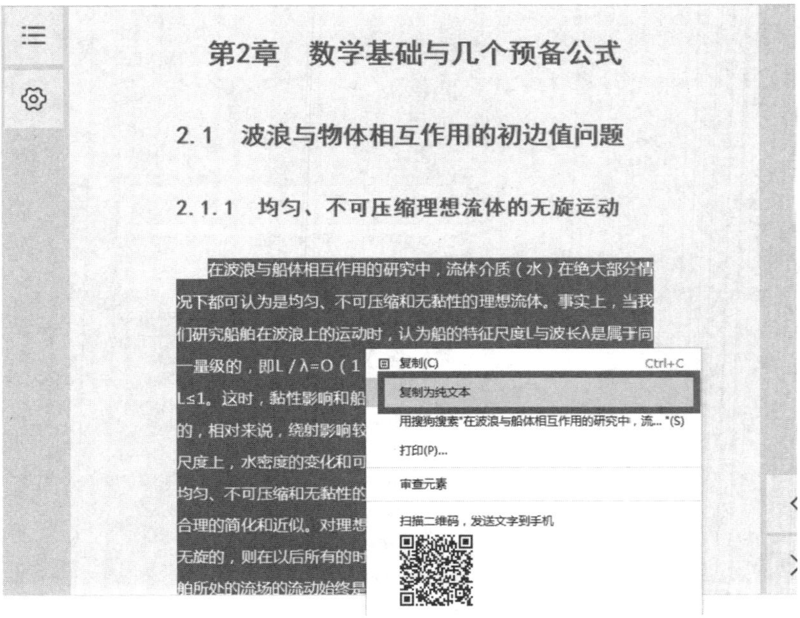

图 5-13　EPUB 格式电子图书的文字复制

如果是 PDF 格式的电子图书，单击鼠标右键，弹出右键菜单，选择“复制”即可对文字进行复制，如图 5-14 所示。

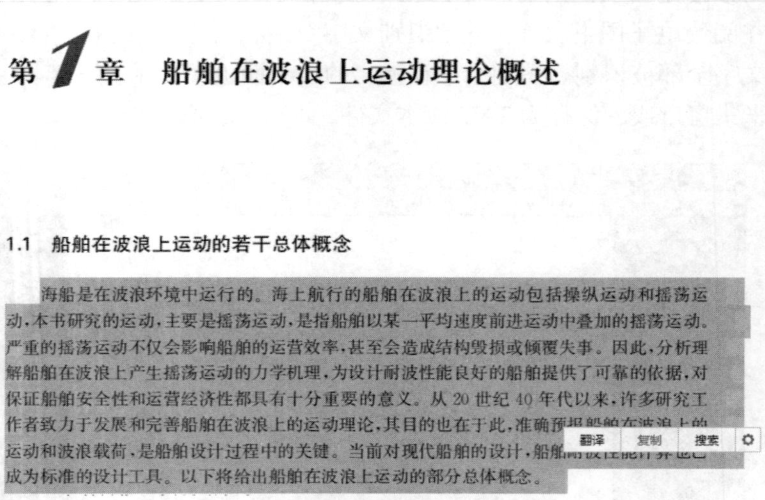

图 5-14 PDF 格式电子图书的文字复制

如果是图像阅读电子图书，选择“文字提取”菜单。文字提取可选择“文字提取”和“文字摘录”两种功能，进行文字识别，如图 5-15 所示。

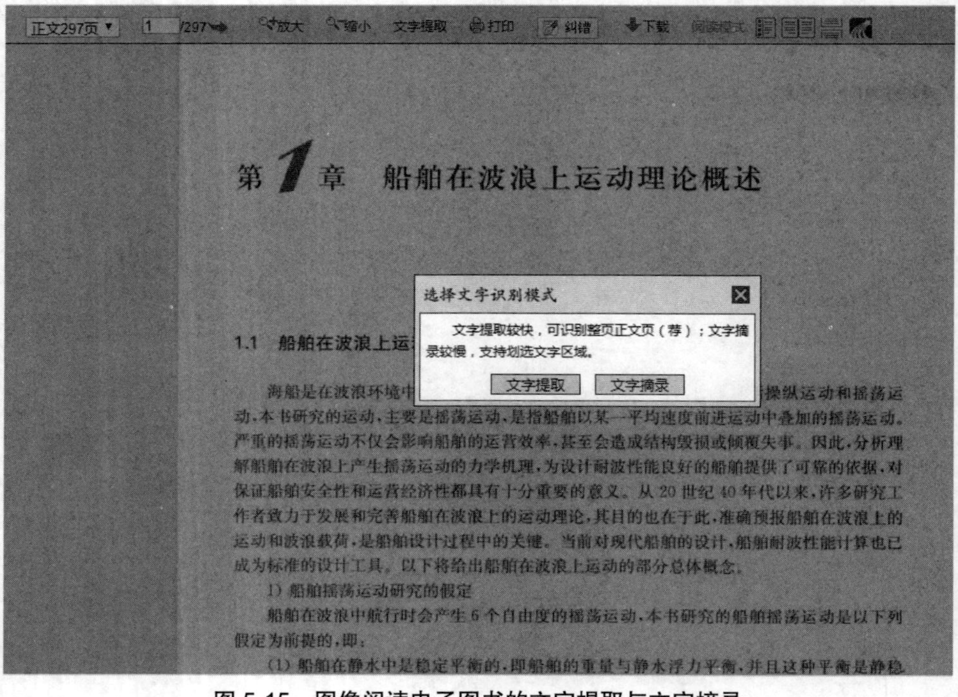

图 5-15 图像阅读电子图书的文字提取与文字摘录

5）标注功能

阅读图书时，点击工具栏中的标注图标，将会弹出标注工具栏，如图 5-16 所示。

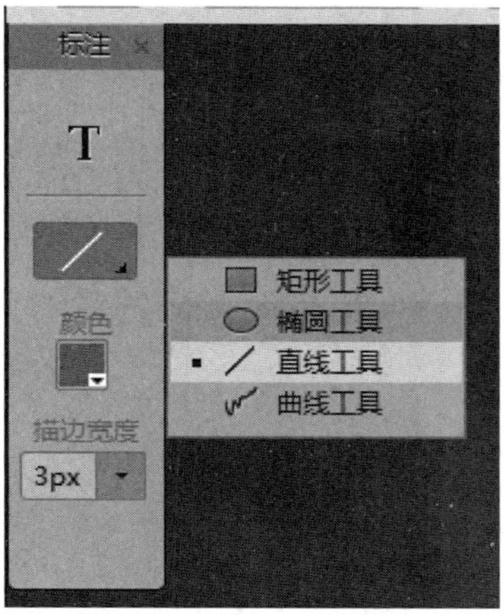

图 5-16　标注工具栏

（1）批注。

操作方法：在阅读电子图书时，点击标注工具栏中的批注工具，然后在电子图书页面中按住鼠标左键不动，任意拖动一个矩形（想要做批注的地方），在弹出的批注面板中填写批注内容，点击“确定”按钮即可，默认颜色为红色，也可以选择其他颜色，如图 5-17 所示。

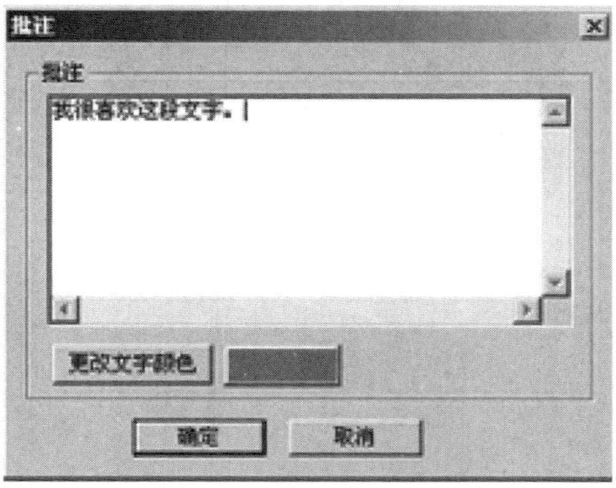

图 5-17　批注

（2）矩形、椭圆、直线和曲线。

操作方法：在阅读电子图书时，点击标准工具栏中相应工具按钮，按住鼠标左键画矩形、椭圆、直线和曲线，如图 5-18 所示。

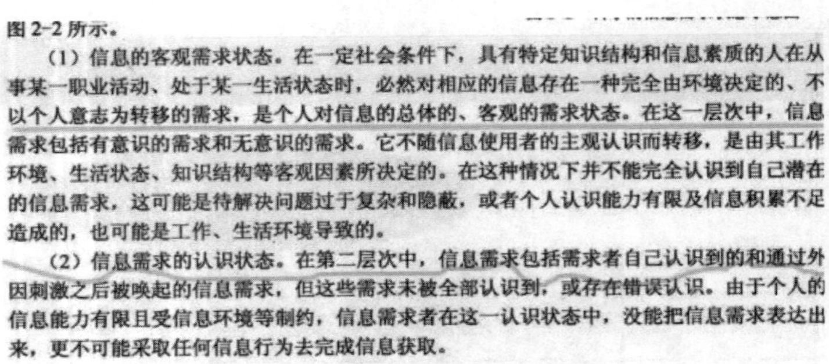
图 2-2 所示。

（1）信息的客观需求状态。在一定社会条件下，具有特定知识结构和信息素质的人在从事某一职业活动、处于某一生活状态时，必然对相应的信息存在一种完全由环境决定的、不以个人意志为转移的需求，是个人对信息的总体的、客观的需求状态。在这一层次中，信息需求包括有意识的需求和无意识的需求。它不随信息使用者的主观认识而转移，是由其工作环境、生活状态、知识结构等客观因素所决定的。在这种情况下并不能完全认识到自己潜在的信息需求，这可能是待解决问题过于复杂和隐蔽，或者个人认识能力有限及信息积累不足造成的，也可能是工作、生活环境导致的。

（2）信息需求的认识状态。在第二层次中，信息需求包括需求者自己认识到的和通过外因刺激之后被唤起的信息需求，但这些需求未被全部认识到，或存在错误认识。由于个人的信息能力有限且受信息环境等制约，信息需求者在这一认识状态中，没能把信息需求表达出来，更不可能采取任何信息行为去完成信息获取。

图 5-18 用矩形、椭圆、直线和曲线进行标注

（3）颜色。

操作方法：可以选择各种颜色，如图 5-19 所示。

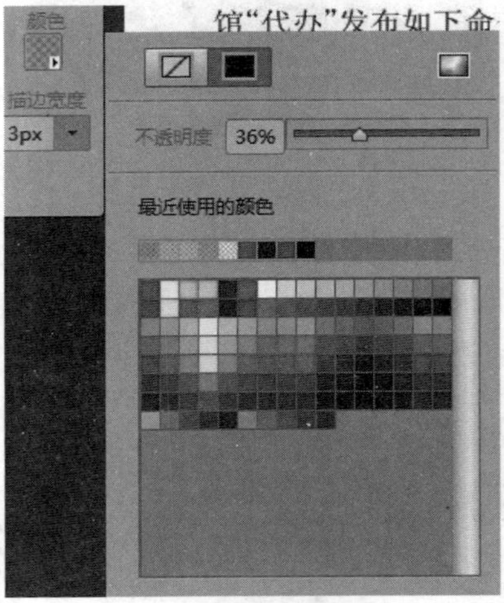

图 5-19 选择颜色

6）图书阅读、下载、打印

（1）图书阅读方法。

如图 5-20 所示，点击图书名即可阅读。可选择 EPUB 阅读、PDF 阅读、图像阅读（PDG）。

图 5-20 阅读图书

（2）图书下载方法。

阅读时在图书阅读页面上点击“下载”按钮，即可下载这本书，如图 5-21 所示。需安装超星阅读器（SSReader）。在设置菜单中自定义下载图书的存放路径。其中“打包下载”为下载拓展名为 PDZ 的文件，“分页下载”为下载拓展名为 PDG 的文件包，如图 5-22 所示。

图 5-21　下载图书

图 5-22　下载设置

第二节　中国知网

一、中国知网简介

国家知识基础设施（National Knowledge Infrastructure，NKI）的概念由世界银行在《1998年度世界发展报告》中提出。1999 年 3 月，为全面打通知识生产、传播、扩散与利用各环节信息通道，以打造支持全国各行业知识创新、学习和应用的交流合作平台为总目标，中国知网启动了中国知识基础设施工程（China National Knowledge Infrastructure，CNKI），得到了全国学术界、教育界、出版界、图书情报界的大力支持和密切配合。CNKI 建设及其产业化运作机制，为全社会知识资源的高效共享提供了丰富的知识信息资源、有效的知识传播与数字化学习平台；为知识资源生产出版部门创造了互联网出版发行的市场环境与商业机制；对促进教育、科技、文化、出版等事业和文化创意产业发展提供了大有作为的信息网络空间。

1. CNKI 系列数据库的特点

（1）学科分布均衡：收录资源学科完备，覆盖理工农医、人文社科等各方面。

（2）全数字化加工：各类资源均采用数字化加工，原版显示，实现真正的全文检索。

（3）统一导航结构：各数据库统一导航，统一划分为 10 个专辑、168 个专题库，可合并为一个数据库应用。

（4）文献互补整合：可实现跨库检索，各种文献相互关联，整合应用，相辅相成，实现互补，满足读者不同层次、不同目的的知识需求。

2. CNKI 系列主要数据库

1）学术期刊库

学术期刊库实现中、外文期刊整合检索。其中，中文学术期刊 8 420 种，含北大核心期刊 1 970 种，网络首发期刊 2 510 种，最早可回溯至 1915 年，共计约 6 160 万篇全文文献；外文学术期刊包括来自 80 多个国家及地区 900 余家出版社的期刊 7.5 万余种，覆盖 JCR（《期刊引证报告》）的 96%，Scopus 数据库的 80%，最早可回溯至 19 世纪，共计约 5 950 万篇外文题录，可链接全文。

2）学位论文库

学位论文库包括中国博士学位论文全文数据库和中国优秀硕士学位论文全文数据库，是目前国内资源完备、质量上乘、连续动态更新的中国博士、硕士学位论文全文数据库。本库出版 520 余家博士培养单位的博士学位论文约 54 万篇，800 余家硕士培养单位的硕士学位论文约 566 万篇，最早可回溯至 1984 年，覆盖基础科学、工程技术、农业、医学、哲学、人文、社会科学等各个领域。

3）会议论文库

会议论文库重点收录 1999 年以来，中国科学技术协会系统及国家二级以上的学会、协会，高校、科研院所，政府机关举办的重要会议以及在国内召开的国际会议上发表的文献，部分重点会议文献可回溯至 1953 年。目前，会议论文库已收录国内会议、国际会议论文集 2 万余本，累计文献总量约 371 万篇。

4）中国重要报纸全文数据库

中国重要报纸全文数据库是以学术性、资料性报纸文献为出版内容、连续动态更新的全文数据库。2000 年以来，其收录并持续更新各级重要党报、行业报及综合类报纸 500 余种。

5）中国年鉴网络出版总库

中国年鉴网络出版总库 是目前国内较大的连续更新的动态年鉴资源全文数据库。内容覆盖基本国情、地理历史、政治军事、外交、法律、经济、科学技术、教育、文化体育事业、医疗卫生、社会生活、人物、统计资料、文件标准与法律法规等各个领域。目前，中国年鉴网络出版总库共有年鉴约 5 460 种、4 万本、3 680 万篇。

6）专利库

专利库包括中国专利和境外专利。中国专利收录了1985年以来在中国内地申请的发明专利、外观设计专利、实用新型专利，约4 990万项，每年新增专利约250万项；境外专利包含美国、日本、英国、德国、法国、瑞士、世界知识产权组织、欧洲专利局、俄罗斯、韩国、加拿大、澳大利亚、中国香港及中国台湾等十国两组织两地区的专利，共计收录从1970年至今专利约1亿项，每年新增专利约200万项。

7）标准数据总库

标准数据总库包括国家标准全文、行业标准全文以及国内外标准题录数据库，共计60万余项。其中国家标准全文数据库收录了由中国标准出版社出版的，国家标准化管理委员会发布的所有国家标准；行业标准全文数据库收录了现行、废止、被代替、即将实施的行业标准；国内外标准题录数据库收录了中国以及世界上先进国家、标准化组织制定与发布的标准题录数据，共计约49万项。

8）中国科技项目创新成果鉴定意见数据库

中国科技项目创新成果鉴定意见数据库收录正式登记的中国科技成果，按行业、成果级别、学科领域分类。每条成果信息包含成果概况、立项、评价，知识产权状况及成果应用，成果完成单位、完成人等基本信息，并包含该成果的鉴定数据（推广应用前景与措施、主要技术文件目录及来源、测试报告和鉴定意见等内容）。目前，该数据库共收录约108万项成果，年更新约4.8万项成果，收录年度集中于1978年至今，部分回溯至1920年。

以上数据截至2023年12月。

二、CNKI数据库使用

1. 登录数据库

在浏览器中输入网址 www.cnki.net，进入中国知网首页，如图5-23所示。凭机构用户登录账号、密码或IP自动登录。

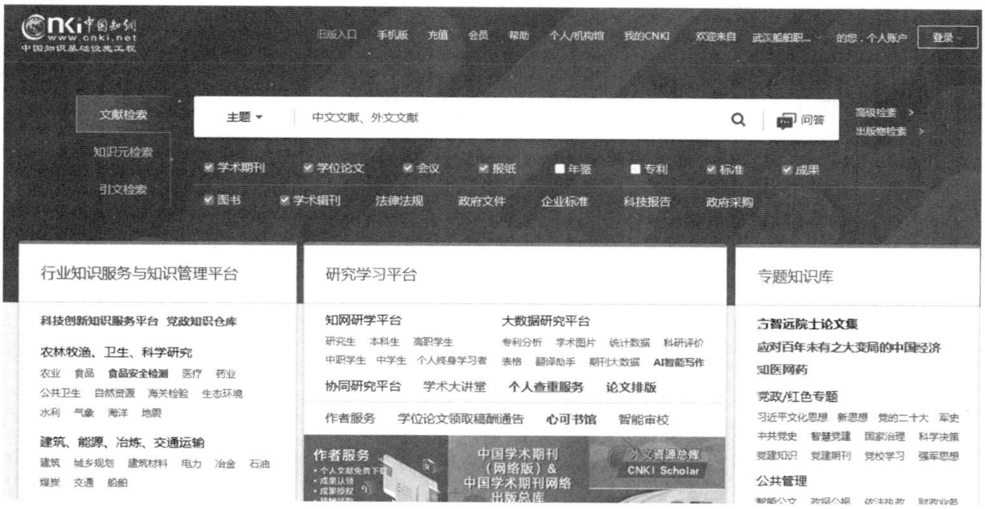

图5-23　中国知网首页

2. 下载安装全文浏览器

如果是第一次使用 CNKI 的产品服务，那么需要下载并安装 CAJViewer，才能看到文献的全文。CNKI 的所有文献都提供 CAJ 文件格式，期刊、报纸、会议论文等文献还提供 PDF 文件格式。推荐使用 CAJViewer 阅读器，速度更快，针对学术文献的各种扩展功能更强。点击首页上方的“CAJViewer 浏览器”，根据提示进行相应选择和安装浏览器，如图 5-24 所示。

CAJ 文件格式是中国知网的专用全文格式。可通过放大、缩小、指定比例、适应窗口宽度、适应窗口高度、设置默认字体、设置背景颜色等功能改变文章原版显示的效果；可通过鼠标选取、复制、全选等功能实现文本及图像摘录，摘录结果可以粘贴到 WPS、WORD 等文本编辑器中进行任意编辑，方便读者摘录和保存（适用于非扫描文章）；通过复制位图等功能可以实现图像摘录，摘录结果可以粘贴到 WPS、WORD 等文本编辑器中进行任意编辑，方便读者摘录和保存（适用于非扫描文章）；可将查询到的文章以 *.caj、*.kdh、*.pdf 文件格式保存，并可将其按照原版显示效果打印。

图 5-24　下载 CAJViewer 浏览器

三、CNKI 数据库检索

1. 总库检索

总库检索也称“一框式检索”，就是将检索功能浓缩至一个横向检索框中，这也是我们最常用、使用最便捷的检索方式。可在 CNKI 首页勾选多个数据库的资源进行检索，能够在同一个检索界面下完成对学术期刊、学位论文、会议、报纸、专利、标准、年鉴、成果等各类型数据库的一框式检索，如图 5-25 所示，节省了原来需要在不同的数据库中逐一检索的时间。

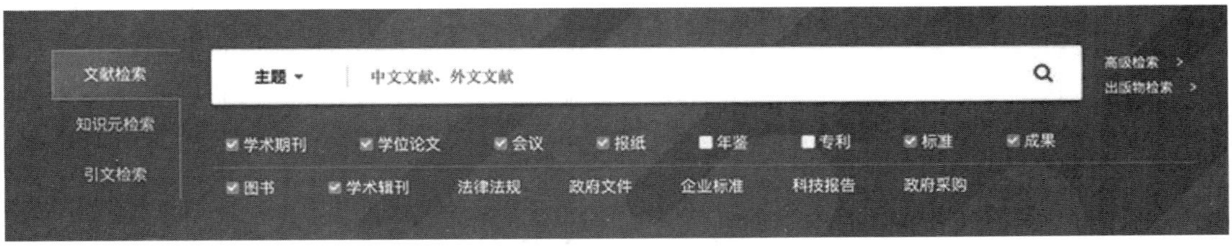

图 5-25　总库检索

总库检索后，点击各资源类型名称，下方的检索结果区显示该资源类型文献，如图 5-26 所示。

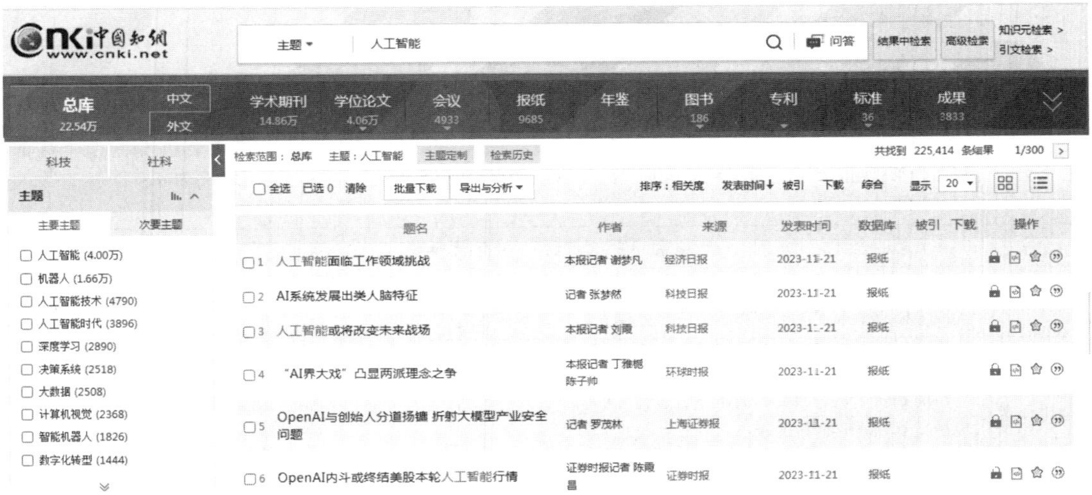

图 5-26　检索结果区

点击“学术期刊”，查看学术期刊文献，如图 5-27 所示。

检索字段包括主题、篇关摘、关键词、篇名、全文、作者、第一作者、通讯作者、作者单位、基金、摘要、参考文献、分类号、文献来源和 DOI，具体见表 5-1。

图 5-27 学术期刊文献

表 5-1 检索字段及其含义

检索字段	含义
主题	文献的所有主题特征，如篇名、关键词或摘要等
篇关摘	在篇名、关键词、摘要范围内进行检索，具体参见篇名检索、关键词检索、摘要检索
关键词	文献原文给出的中、英文关键词，以及对文献进行分析计算后机器标引出的关键词
篇名	期刊、会议、学位论文、辑刊的篇名为文章的中、英文标题。报纸文献的篇名包括引题、正标题、副标题。年鉴的篇名为条目题名。专利的篇名为专利名称。标准的篇名为中、英文标准名称。成果的篇名为成果名称。古籍的篇名为卷名
全文	在文献的全部文字范围内进行检索，包括文献篇名、关键词、摘要、正文、参考文献等
作者	期刊、报纸、会议、学位论文、年鉴、辑刊的作者为文章中、英文作者。专利的作者为发明人。标准的作者为起草人或主要起草人。成果的作者为成果完成人。古籍的作者为整书著者
第一作者	只有一位作者时，该作者即为第一作者。有多位作者时，将排在第一个的作者认定为文献的第一责任人
通讯作者	目前期刊文献对原文的通讯作者进行了标引，可以按通讯作者查找期刊文献。通讯作者是指课题的总负责人，也是文章和研究材料的联系人
作者单位	期刊、报纸、会议、辑刊的作者单位为原文给出的作者所在机构的名称。学位论文的作者单位包括作者的学位授予单位及原文给出的作者任职单位。年鉴的作者单位包括条目作者单位和主编单位。专利的作者单位为专利申请机构。标准的作者单位为标准发布单位。成果的作者单位为成果第一完成单位
基金	根据基金名称，可检索受到此基金资助的文献。支持基金检索的资源类型包括期刊、会议、学位论文、辑刊
摘要	期刊、会议、学位论文、专利、辑刊的摘要为原文的中、英文摘要，原文未明确给出摘要的，提取正文内容的一部分作为摘要。标准的摘要为标准范围。成果的摘要为成果简介
参考文献	检索参考文献里含检索词的文献。支持参考文献检索的资源类型包括期刊、会议、学位论文、年鉴、辑刊
分类号	期刊、报纸、会议、学位论文、年鉴、标准、成果、辑刊的分类号指中图分类号。专利的分类号是指专利分类号
文献来源	期刊、辑刊、报纸、会议、年鉴的文献来源为文献所在的刊物。学位论文的文献来源为相应的学位授予单位。专利的文献来源为专利权利人或申请人。标准的文献来源为发布单位。成果的文献来源为成果评价单位
DOI	数字对象唯一的标识符

2. 单库检索

如果只检索某种资源类型的文献，可以选择单库检索，在中国知网首页单独选择学术期刊、报纸、会议、学位论文、年鉴、标准、成果等数据库名称，如图 5-28 所示，即可进入单库首页。这里以学术期刊库为例，如图 5-29 所示。

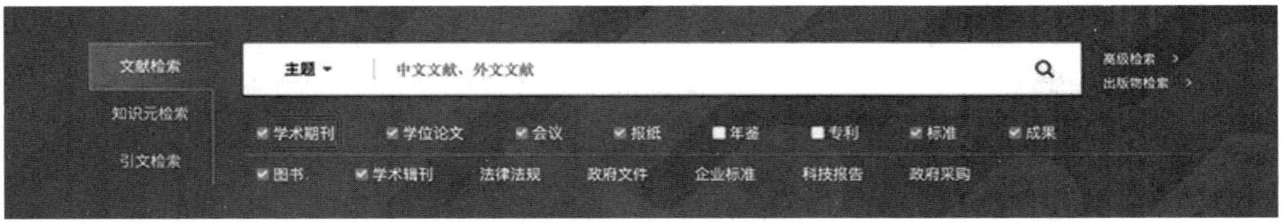

图 5-28　单库检索

图 5-29　单库检索——学术期刊库

3. 高级检索

高级检索是中国知网中一种更为灵活、更为方便地构建检索式的检索方式。高级检索选项位于中国知网主页一站式检索框的右侧。在高级检索中，可以通过“+”“-”增加或减少相关的检索条件，利用“AND”“OR”“NOT”三种逻辑关系实现检索词的组配，从而构建布尔逻辑检索式。除此之外，用户还可通过下拉列表选择作者、作者单位、文献发表时间、文献来源和支持基金等字段进一步缩小检索范围，实现精确定位文献。

高级检索支持使用运算符 *、+、-、''、""、( )进行同一检索项内多个检索词的组合运算，检索框内输入的内容不得超过 120 个字符。输入运算符 *（与）、+（或）、-（非）时，前后要空一个字节，优先级须用英文半角括号确定。若检索词本身含空格或 *、+、-、( )、/、%、= 等特殊符号，进行多词组合运算时，为避免歧义，须将检索词用英文半角单引号或英文半角双引号引起来。

例如：①在篇名检索项后输入“神经网络 * 自然语言”，可以检索到篇名包含“神经网络”及“自然语言”的文献；②在主题检索项后输入“(锻造 + 自由锻) * 裂纹”，可以检索到主题为“锻造”或“自由锻”，且有关“裂纹”的文献；③如果检索篇名包含“digital library”

和“information service”的文献，在篇名检索项后输入“digital library' * 'information service'”；④如果需检索篇名包含“2+3”和“人才培养”的文献，在篇名检索项后输入“'2+3' * 人才培养”。

高级检索还支持检索词的中英文扩展、同义词扩展、文献出版形式以及基金文献的筛选。“网络首发”是指论文电子版先于纸质版见刊，即网络见刊。网络首发同样是正式出版论文，通常此类期刊论文在网络见刊一段时间后纸质期刊才会刊出。在论文投稿过程中，用户可优先考虑“网络首发”期刊，此类期刊可在一定程度上缩短论文发表周期，有助于科研成果发布的“抢跑”。“增强出版”是一种新的论文发行模式，此类型文献相较其他文献可提供更加全面的图片、表格、原始视频等相关研究资料。

还可以直接点击高级检索页面中的“文献分类”，对所需文献的学科进行限定，如图5-30所示。“文献分类”包含“基础科学”“工程科技”“农业科技”“医药卫生科技”“哲学与人文科学”“社会科学”“信息科技”“经济与管理科学”等10个专辑，用户可以从学科角度进一步筛选检索内容，如图5-31所示。

图5-30 高级检索页面

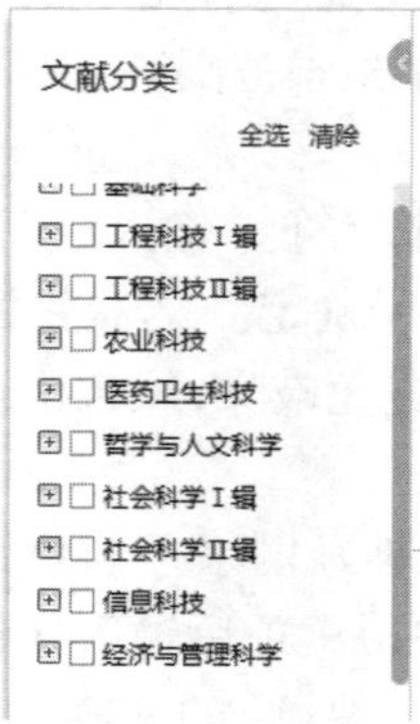

图5-31 文献分类

4. 专业检索

专业检索是借助 SQL 语句表达检索需求，在使用专业检索时要有明确的检索字段，通过 < 字段代码 >< 匹配运算符 >< 检索值 > 构造检索式。以 KY=' 知识服务 ' AND（AU % ' 陈 '+' 王 '）为例，KY、AU 可替换为自己检索的字段，= 或 % 可根据自己的需求使用对应的匹配运算符，KY 和 AU 检索字段间用 AND、OR、NOT 连接，字段内多个值的关系用 +、-、* 来组合，或者用位置限定的语法符号，如图 5-32 所示。以下是主要检索字段：SU%= 主题，TKA%= 篇关摘，KY= 关键词，TI%= 篇名，FT%= 全文，AU= 作者，FI= 第一作者，RP= 通讯作者，AF= 作者单位，FU= 基金，AB%= 摘要，CO%= 小标题，RF%= 参考文献，CLC= 分类号，LY%= 文献来源，DOI=DOI，CF= 被引频次。

图 5-32 专业检索

5. 其他检索

除以上三种较为常用的检索功能外，中国知网可供用户使用的检索功能还有作者发文检索、句子检索、出版物检索等。

1）作者发文检索

作者发文检索是通过检索作者姓名、作者单位等信息获取文献及相关信息的检索方式。这种检索功能可以检索某一特定作者的发文、被引、下载情况。输入作者姓名，可在下方引导列表中根据机构名称进行勾选，精准定位。输入作者单位名称，选择精确或模糊匹配方式，点击“检索”按钮，即可按条件要求检索出相应文献。

2）句子检索

句子检索是通过特定检索词的检索来获取简短信息的一种检索方式，获取的信息通常以句子的形式呈现。由于检索结果中包含大量的事实信息，因此句子检索可以提供相关事实问题的答案。在高级检索页切换“句子检索”标签，可进行句子检索。句子检索通过输入的两个检索词，在全文范围内查找同时包含这两个词的句子，找到有关事实的问题答案。句子检索不支持空检，同句、同段检索时必须输入两个检索词。例如：检索同一句包含“人工智能”和“神经网络”的文献。检索结果如图 5-33 所示，句子 1、句子 2 为查找到的句子原文，“句子来自”为这两个句子出自的文献题名。

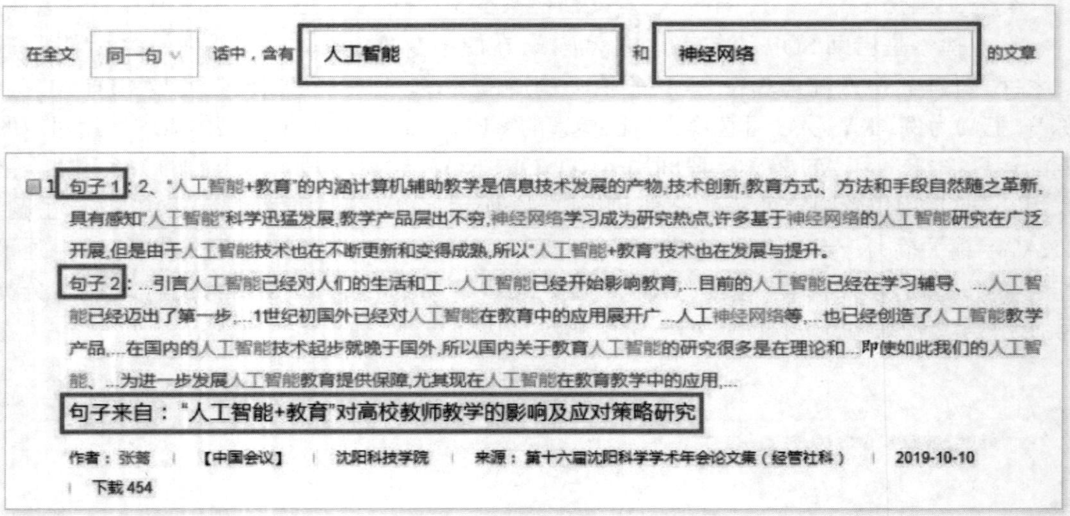

图 5-33 句子检索

3）出版物检索

出版物检索的范围包括期刊、学位辑刊、学位授予单位、会议、报纸、年鉴和工具书，检索字段可选择来源名称、主办单位、出版者、ISSN、CN 及 ISBN。点击中国知网主页检索框旁的"出版物检索"，即可进入检索页面，如图 5-34 所示。

图 5-34 出版物检索

案例 5-2:如何检索本专业核心期刊

某高职院校学生就读会计专业,想找本专业核心期刊,学习期刊里面的内容,如何检索本专业核心期刊?

第一步:打开中国知网首页,选择检索框旁的“出版物检索”。

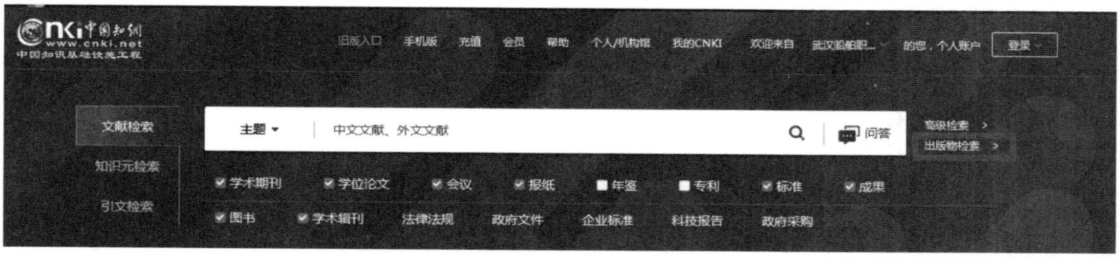

图 5-35　选择“出版物检索”

第二步:在出版来源导航的来源名称字段中输入“会计”,点击“出版来源检索”按钮,如图 5-36 所示。

图 5-36　输入来源名称

第三步:在检索结果里面,综合复合影响因子、综合影响因子、被引次数、下载次数四个因素选择会计专业期刊,如《会计研究》。

四、检索结果

中国知网通常以列表方式呈现检索结果，还可以对检索结果进行排序与分组展示。除此之外，中国知网还支持对部分或全部检索结果进行导出与分析、批量下载等操作。

1）检索结果的显示

中国知网的检索结果可以一次性显示总库所覆盖的所有资源类型，如图 5-37 所示。各资源类型下显示符合检索条件的文献数量，用户可根据需要查看任意资源类型下的文献数量。中国知网对中外文文献进行了有效整合，因此，检索结果中包含了中文文献与外文文献，用户可根据需要进行筛选。此外，检索结果区左上方提供检索范围和检索条件的显示，并提供查看检索历史、定制检索表达式的功能。用户可根据具体需求选择相应的操作方式。

图 5-37　检索结果显示

2）检索结果的分组

中国知网的检索结果显示区提供分组显示功能，中文文献的分组标签包括主题、文献来源、学科、作者、机构和基金等，如图 5-38 所示。外文文献的分组标签则包括语言、作者、文献类型等。此外，学术期刊、学位论文、会议论文等不同类型检索结果的分组标签存在细微差别，在此不作详细阐述。

图 5-38　检索结果分组显示

中国知网默认展开前两个分组项的部分分组内容，用户只需点击分组标签上的下拉箭头即可展开分组项。在勾选相应的分组条件后，点击左侧“确定”按钮，可执行筛选；点击左侧“清除”按钮，可清除所有勾选条件。在分组显示中，各分组项的内容也进一步得到细化，如图 5-39 所示。研究层次细化为科技、社科,依据知识服务对象划分。主题分组细化为主要主题、次要主题,依据某主题词在文献中所占的分量划分。作者、机构分组细化为中国、国外,分别指中文文献的作者或机构和外文文献的作者或机构。用户可根据不同的需求勾选相应的选项,快速、精准地从检索结果中筛选出所需的优质文献。

除科技、社科分组外,各分组项还提供可视化分析功能。点击可视化图标,用户就可以了解某个分组类别的文献分布情况,如图 5-40 所示。

图 5-39 分组项

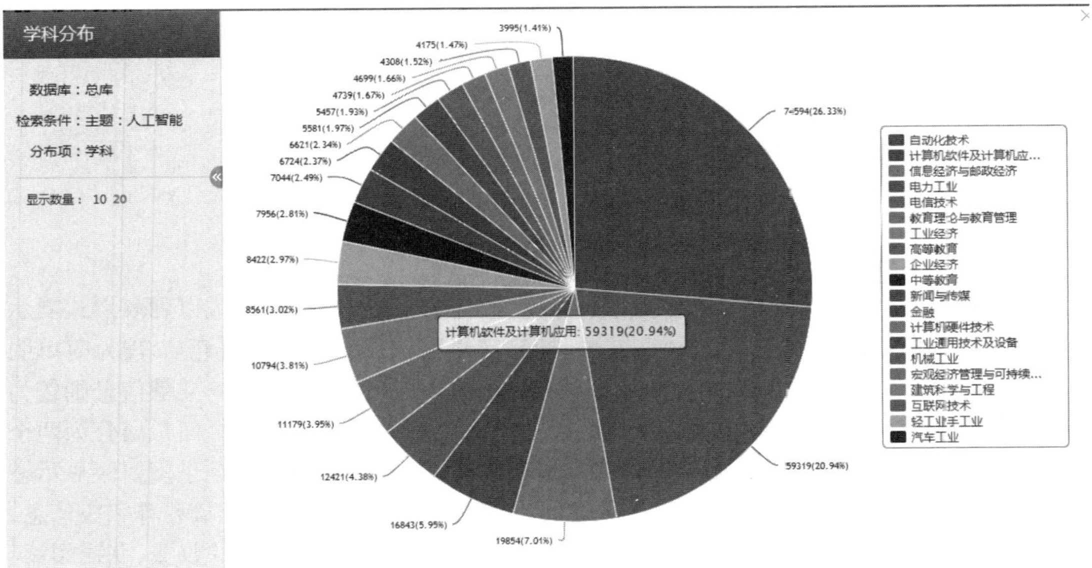

图 5-40 文献分布情况

3)检索结果的排序

除对检索结果进行分组显示外,中国知网还支持对检索结果按照相关度、发表时间、被引频次及下载次数等条件进行升序或降序排列。排序方式及其含义见表 5-2。

表 5-2 排序方式及其含义

排序方式	含义
相关度	综合检索词的各项计量指标,以中国知网的特有算法进行排序,以降序排列,排位越靠前的文献,与检索词的匹配度越高
发表时间	根据文献的发表时间进行排序,分升序和降序两种排序方式
被引频次	根据文献被引用的次数进行排序,分升序和降序两种排序方式
下载次数	根据文献被下载的次数进行排序,分升序和降序两种排序方式

4)检索结果的浏览

每页最多显示 20 条检索结果,用户可根据需求进行显示数量的调整;检索结果的浏览模式分为详情模式和列表模式两种,点击相关图标可进行切换,如图 5-41 所示。

图 5-41 检索结果的浏览模式

通常情况下,中国知网默认检索结果的浏览模式为列表模式。该模式以列表形式展示检索结果,提供文章题名、作者、来源、发表时间、被引频次、下载次数等信息, 较为简单明了,便于快速浏览和定位,同时也提供下载、阅读等功能。详情模式显示的文献信息则较为详细,用户可通过浏览题录信息确定是否为所查找的文献。详情模式的页面布局分为两个部分,左半部分为题录摘要区,右半部分为操作功能区,如图 5-42 所示。题录摘要区显示题名、作者及单位、资源类型、文献来源、发表时间、被引频次、下载次数、文章摘要等字段信息,点击相关字段即可进入字段的详细页面。 操作功能区则支持单篇文献的收藏、在线阅读、下载、引用等功能。

5)检索结果的下载

在检索结果页面中单击“ ”,可以下载该篇文献(显示蓝色为可下载,显示黄色为不能下载,可能是未登录或未购买数据库),如图 5-43 所示。

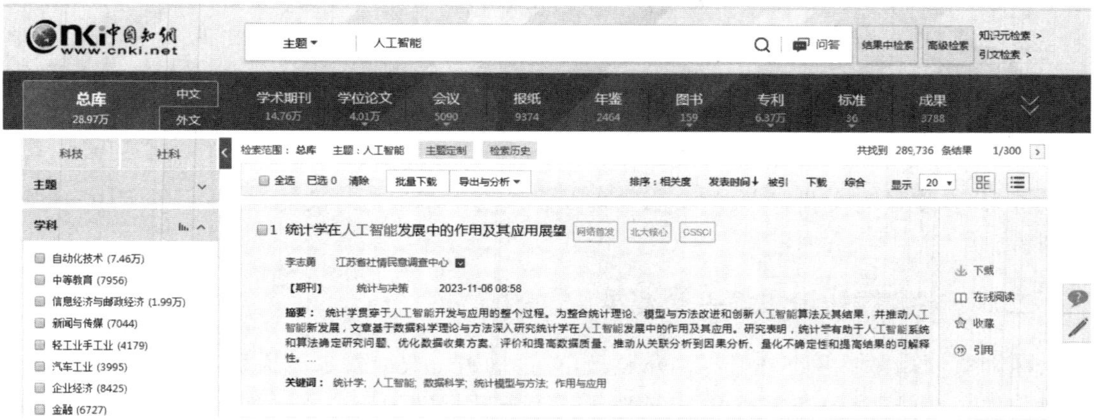

图 5-42　详情模式页面布局

图 5-43　下载文献

第三节　万方数据知识服务平台

一、万方数据知识服务平台简介

万方数据知识服务平台是万方数据股份有限公司旗下的学术资源检索与获取平台,致力于通过专业的检索及知识挖掘技术,帮助用户精准发现、获取与沉淀学术精华,让用户更加愉悦地获取知识、创造知识。同时,万方数据知识服务平台携手国家科技图书文献中心、科睿唯安(Clarivate Analytics)、约翰·威立父子出版公司(Jonn Wiley & Sons)、泰勒弗朗西斯(Taylor & Francis)等 30 余家世界著名出版商共建知识服务基石,共促开放科学服务,优化学术价值生态,助力科研创新发展。

万方数据知识服务平台收录了期刊、学位论文、会议论文、科技报告、专利、标准、科技成果、法规、地方志、视频等 10 余种资源类型,包括 3 亿多篇中外文学术文献,全面覆盖各学科、各行业。在此基础之上,万方数据知识服务平台通过深度知识加工及知识图谱技术,构建了 2 000 万余条专家和机构数据、3 亿多条文献引证数据、1 万多本期刊数据等多种数据类型。基于海量高品质知识资源和知识发现技术,万方数据知识服务平台为用户提供专业文献检索、多途径全文获取、云端文献管理及多维度学术分析等功能,全面服务于用户的科研创新。

二、万方数据知识服务平台登录

在浏览器中输入网址 https: //www.wanfangdata.com.cn,进入万方数据知识服务平台。凭机构用户登录账号、密码或 IP 自动登录。万方数据知识服务平台所有文献都支持 PDF 文件格式,但需要下载并安装 PDF 阅读器,如 Adobe Acrobat Reader 阅读器。万方数据知识服务平台登录界面如图 5-44 所示。

图 5-44 万方数据知识服务平台登录界面

三、万方数据知识服务平台检索

1. 统一检索

万方数据知识服务平台首页的检索框即为统一检索的输入框,可实现多种资源类型、多种来源的一站式检索和发现功能。另外,它还可对用户输入的检索词进行实体识别,引导用户更快捷地获取知识及学者、机构等科研实体的信息。

在统一检索的输入框内,用户可以选择想要限定的检索字段,目前万方数据知识服务平台提供 5 个可检索字段:题名、作者、作者单位关键词和摘要,如图 5-45 所示。

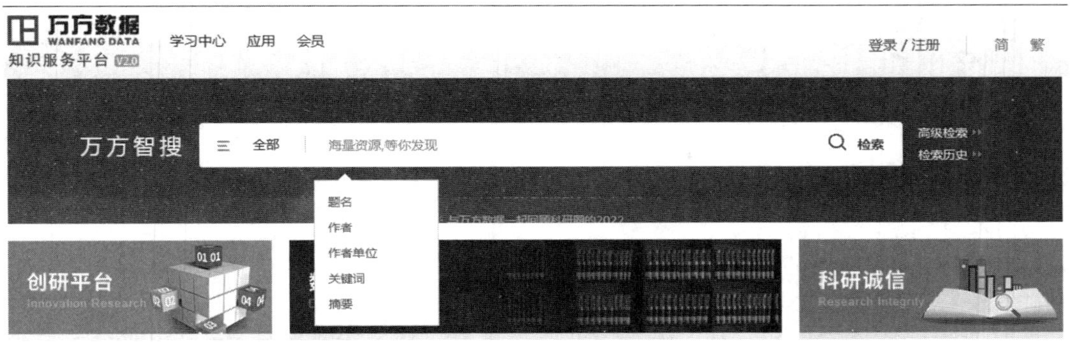

图 5-45　检索字段

用户可以单击检索字段进行限定检索,也可以直接在检索框内输入检索式进行检索。例如,用户想检索题名包含“船舶辅机”的文献,可以单击“题名”字段检索,检索式为:题名:船舶辅机,如图 5-46 所示。

图 5-46　题名检索

万方数据知识服务平台默认用户直接输入的检索词为模糊检索,用户可以通过英文双引号来限定检索词为精确检索。例如,用户想要检索“信息资源检索”方面的文献,检索式为:信息资源检索,即为模糊检索。检索式为:“信息资源检索”,即为精确检索。

另外用户也可以在检索框内使用 not、and、or 对检索词进行逻辑匹配检索,其中 and 可以用空格代替,逻辑优先级关系为 not > and > or。

2. 结果中检索

在检索结果页面,还可以对该检索结果进行二次检索。二次检索可以对检索字段进行限定检索。二次检索的检索字段根据不同的资源会有所不同,主要有篇名、作者、关键词、起始年、结束年。

例如,在检索框里,输入检索词“船舶”,得到如图 5-47 所示的检索结果。

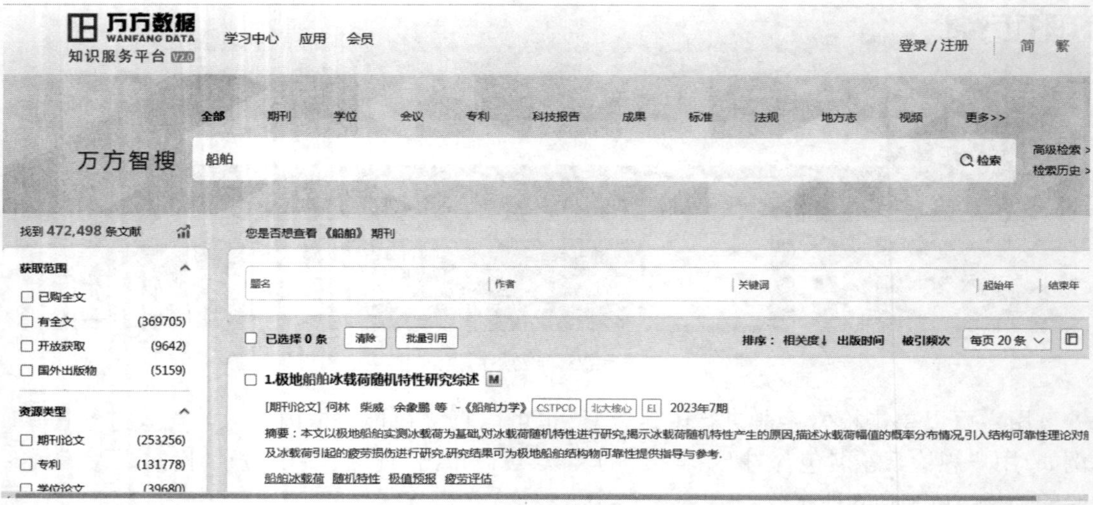

图 5-47 输入“船舶”后的检索结果

对检索结果进行二次检索，限定标题为：内燃机。二次检索结果如图 5-48 所示。

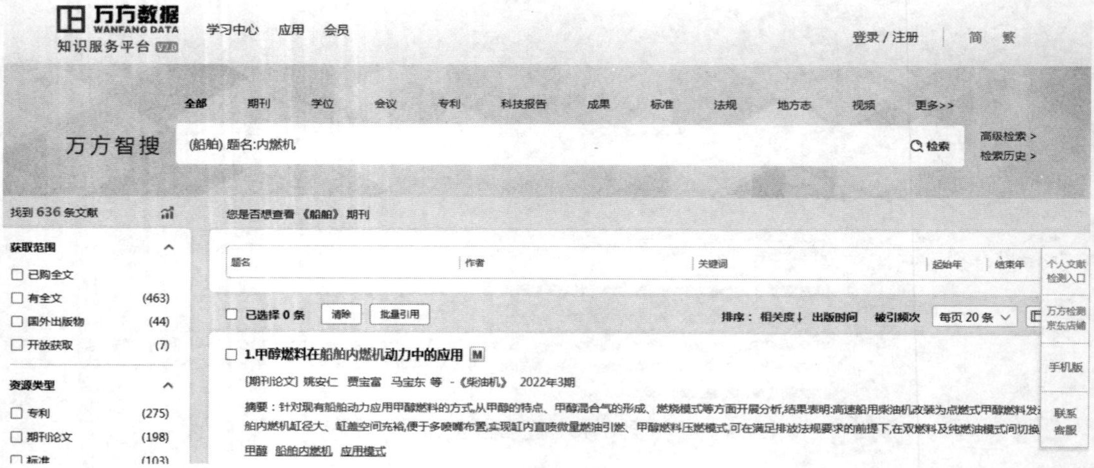

图 5-48 二次检索结果

3. 分类检索

万方数据知识服务平台为用户提供了不同资源类型的检索服务，包括期刊、学位论文、会议论文、专利、标准、科技报告、科技成果等资源。用户可以通过单击检索框上部的资源类型进行检索范围切换，如图 5-49 所示。

图 5-49　资源类型

期刊检索可以实现期刊论文检索和期刊检索,输入检索词或限定字段并输入检索词,点击"搜论文"按钮,实现对期刊论文的检索;输入刊名、刊号,点击"搜期刊"按钮,实现对期刊母体的检索。期刊资源检索页面如图 5-50 所示。

图 5-50　期刊资源检索页面

4. 高级检索

万方数据知识服务平台检索框的右侧有高级检索入口,单击"高级检索"按钮进入高级检索页面,如图 5-51 所示。高级检索支持多个检索类型、多个检索字段和多个检索条件之间的逻辑组配检索,方便用户构建复杂检索表达式。

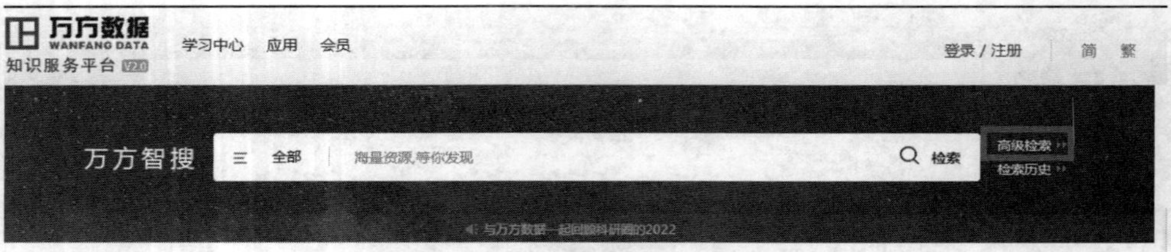

图 5-51　高级检索页面

在高级检索页面,用户可以根据自己的需要,选择想要检索的资源类型。系统通过以下检索条件,帮助用户提升检索的准确率,如图 5-52 所示。

图 5-52　检索文件

(1)⊕或者 ⊖,表示添加或者减少检索条件。

(2)“与”“或”“非”,表示限定检索条件,优先级为:非 > 与 > 或。

(3)主题、作者、作者单位等,表示检索的限定条件。

(4)发表时间和更新时间,表示限定的文献发表时间和万方智搜更新的时间。

(5)精确,表示系统对用户输入的检索词进行整体检索,不拆分。例如,输入“信息检索课程”,检索仅包含“信息检索课程”的文献。

(6)模糊,表示系统对用户输入的检索词进行拆分后再检索。例如,输入“信息检索课程”,不仅检索包含“信息检索”的文献,还检索包含“课程”的文献。

5. 专业检索

万方智搜检索框的右侧有高级检索的入口,单击进入高级检索页面,然后选择专业检索,如图 5-53 所示。

图 5-53　万方智搜 - 专业检索

专业检索是所有检索方式里面比较复杂的一种检索方法，需要用户自己输入检索式来检索，并且只有所输入的检索式语法正确才能检索到想要的结果。每个资源的专业检索字段都不一样，详细的字段可以单击“展开”进行选择，如图 5-54 所示。

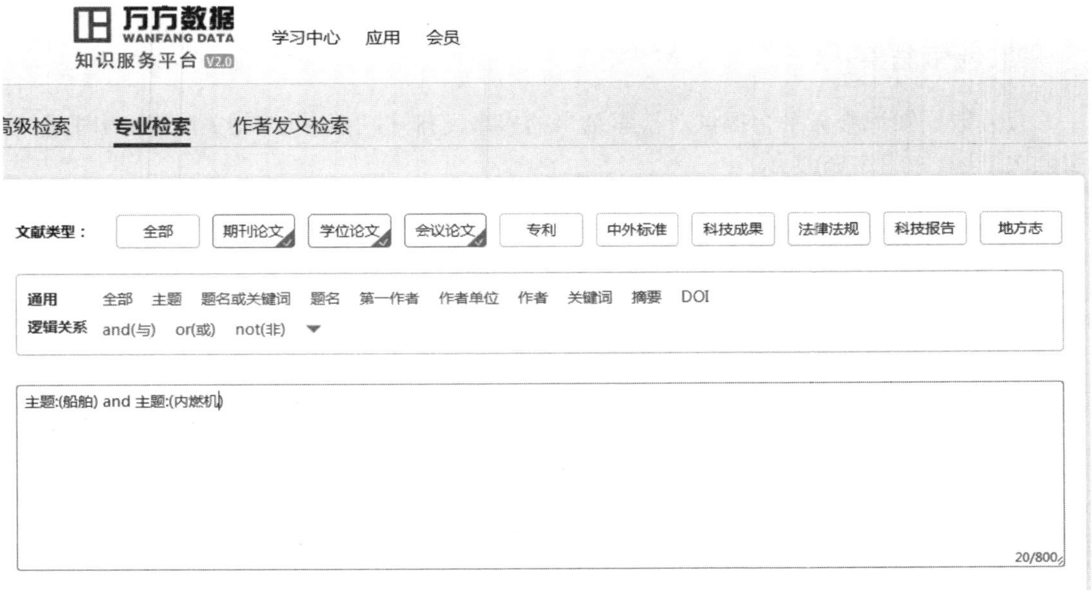

图 5-54　专业检索字段

6. 作者发文检索

作者发文检索是通过输入作者姓名和作者单位等字段来精确查找相关作者的学术成果。可以选择想要检索的资源类型，通过⊕或者⊖添加或者减少检索条件，通过

"与""或""非"限定检索条件进行检索，如图 5-55 所示。可以检索第一作者，并且能够同时检索多个作者的成果。

图 5-55 作者发文检索

四、检索结果

万方数据知识服务平台提供对检索结果的多维度排序功能，可按相关度、出版时间、被引频次排序，如图 5-56 所示。

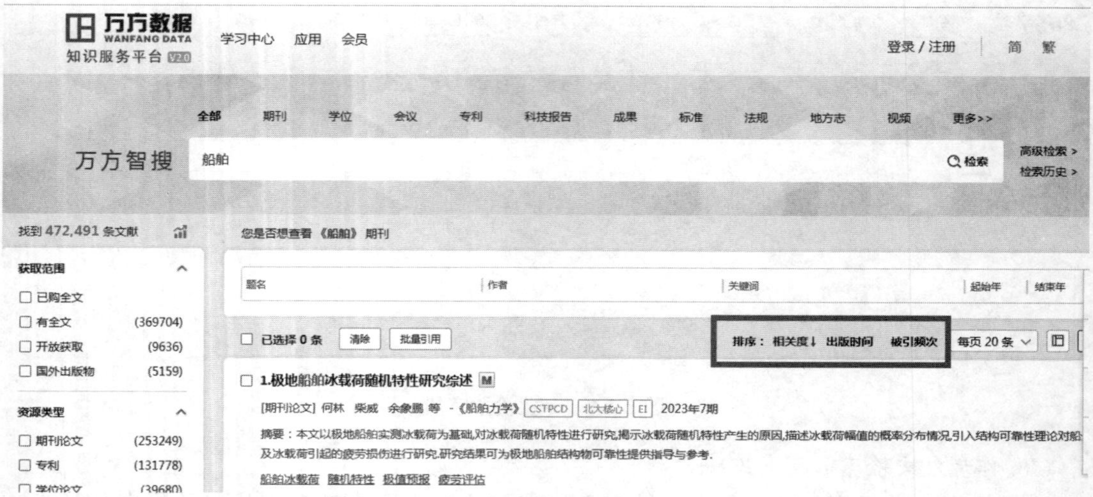

图 5-56 检索结果排序

在检索结果页面,可通过资源类型、年份、语种、来源数据库等限定条件进一步缩小检索结果范围,如图 5-57 所示。例如,在期刊的检索结果页面下,可以通过出版时间、学科分类、核心收录、语种、来源数据库、刊名、出版状态、作者、机构等限定条件对期刊论文进行筛选。

图 5-57　检索限定条件

系统通过严密的嵌接用户检索发现的过程,提供针对文献的多种便捷操作,包括对单篇文献操作或批量操作、下载、导出、分享、收藏等。对于单篇文献,用户可在检索结果页面进行在线阅读、下载等操作,如图 5-58 所示。

图 5-58　对单篇文献的操作

第四节　维普中文期刊服务平台

一、维普中文期刊服务平台简介

维普中文期刊服务平台诞生于 1989 年,是重庆维普资讯有限公司推出的中文科技期刊资源一站式服务平台,是从单纯的全文保障服务延伸到引文、情报等服务的产品。服务涵盖读者对期刊资源使用需求的各个环节,提供多层次的集成期刊文献服务:从一次文献保障到二次文献分析,再到三次文献情报加工,深入发掘期刊文献服务价值,为用户提供最具创新力的期刊资源。截至 2023 年 12 月,维普中文期刊服务平台累计收录期刊 15 000 余种,现刊

9 000 余种，文献总量 7 000 万余篇，其是我国数字图书馆建设的核心资源之一，是高校图书馆文献保障系统的重要组成部分，也是科研工作者进行科技查证和科技查新的必备数据库。

二、维普中文期刊服务平台登录

在浏览器内输入网址 http：//qikan.cqvip.com，进入维普中文期刊服务平台，凭机构用户登录账号、密码或 IP 自动登录，如图 5-59 所示。

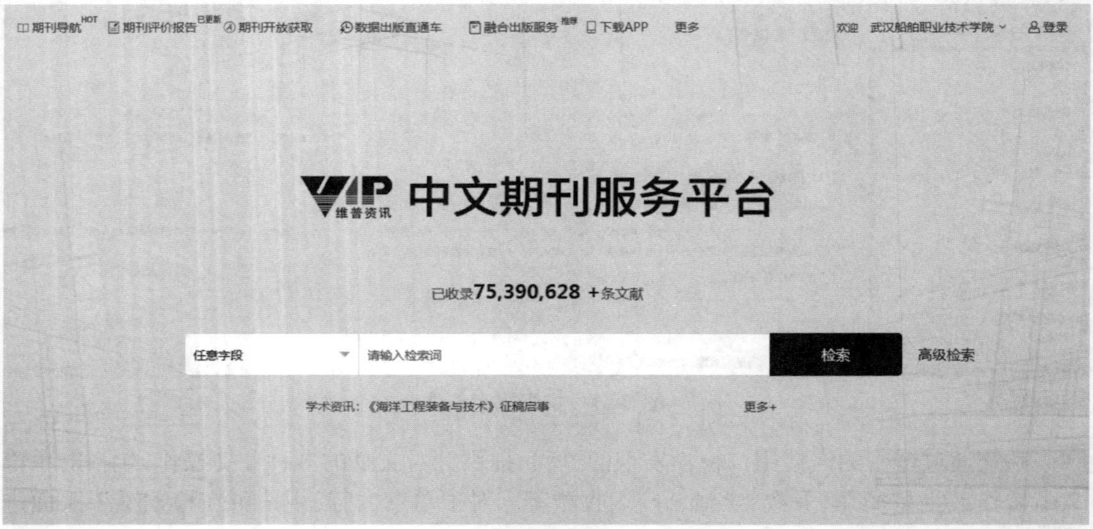

图 5-59 维普中文期刊服务平台登录界面

维普中文期刊服务平台所有文献都支持 PDF 文件格式，但是需要下载并安装 PDF 阅读器，如 Adobe Acrobat Reader 阅读器。

三、维普中文期刊服务平台检索

1. 基本检索

维普中文期刊服务平台首页的检索框即为统一检索的输入框，在统一检索的输入框内可以选择想要限定的检索字段，目前检索入口共有 14 个可检索字段：任意字段、题名或关键词、题名、关键词、摘要、作者、第一作者、机构、刊名、分类号、参考文献、作者简介、基金资助、栏目信息。在检索框中输入的所有字符均被视为检索词，不支持任何逻辑运算；如果输入逻辑运算符，则被视为检索词或停用词进行处理。维普中文期刊服务平台检索字段及其含义见表 5-3。

表 5-3 维普中文期刊服务平台检索字段及其含义

检索字段	含义
任意字段	在其他 13 个字段中选择检索词检索
题名或关键词	期刊文章的标题或文献原文给出的关键词，以及对文献进行分析计算后机器标引出的关键词

续表

检索字段	含义
题名	期刊文章的标题
关键词	文献原文给出的关键词,以及对文献进行分析计算后机器标引出的关键词
摘要	原文的摘要,原文未明确给出摘要的,提取正文内容的一部分作为摘要
作者	期刊文章作者
第一作者	期刊文章有多位作者时,将排在第一个的作者认定为第一作者
机构	原文给出的作者所在机构的名称
刊名	期刊名称
分类号	中图分类号
参考文献	检索参考文献里含检索词的文献
基金资助	根据基金名称,可检索受到此基金资助的文献

用户可以单击检索字段进行限定检索。例如,用户若想检索题名包含“船舶内燃机”的文献,则可以单击“题名或关键词”字段进行检索,如图 5-60 所示。

图 5-60　“题名或关键词”字段检索

2. 结果中检索

在检索结果页面，可以对该检索结果进行二次检索。二次检索可以对检索字段进行限定检索。二次检索有 12 个检索字段：题名、关键词、摘要、作者、第一作者、机构、刊名、分类号、参考文献、作者简介、基金资助、栏目信息。二次检索选项有“在结果中检索”“在结果中去除”两个选项。“在结果中检索”表示“逻辑与”关系，用来缩小检索范围；“在结果中去除”表示“逻辑非”关系，用来排除某个检索词。二次检索的检索字段如图 5-61 所示。

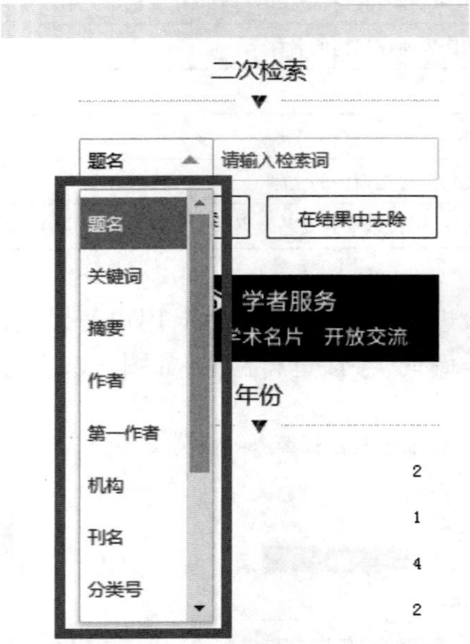

图 5-61　二次检索的检索字段

例如，在检索框里输入检索词“甲醇燃料”，选择在“在结果中检索”，得到如图 5-62 所示的检索结果。

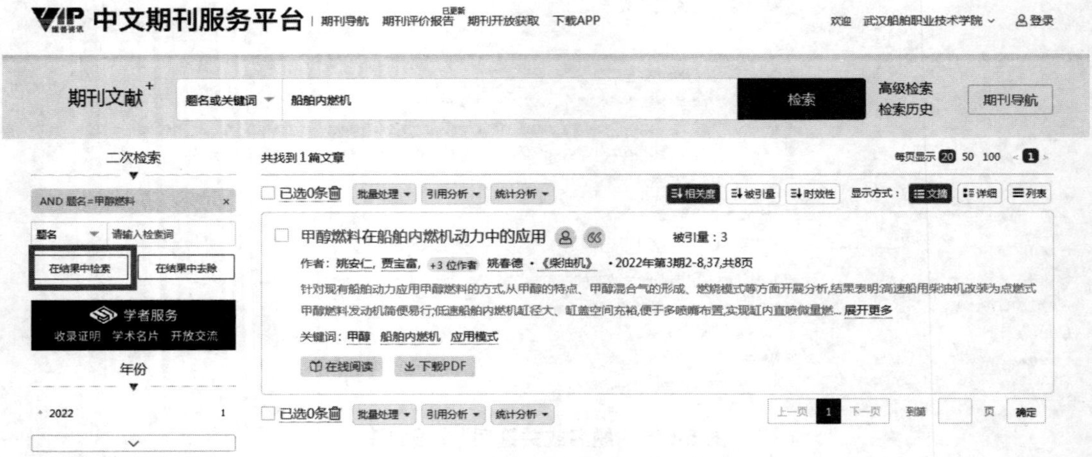

图 5-62　在结果中检索

3. 高级检索

维普中文期刊服务平台检索框的右侧有高级检索入口，单击“高级检索”按钮进入高级检索页面。高级检索支持多个检索字段和多个检索条件之间的逻辑组配检索，方便用户构建复杂的检索表达式。

在高级检索页面，用户可以根据自己的需要，选择想要检索的资源类型。系统通过以下检索条件，帮助用户提升检索的准确率，如图 5-63 所示。

图 5-63　高级检索的检索条件

（1）检索框。检索框中可支持“并且”（AND/and/*）、“或者”（OR/or/+）、“非”（NOT/not/-）三种简单逻辑运算。逻辑运算符“与”“或”“非”，前后须空一格。逻辑运算符优先级为：非 > 与 > 或，且可通过英文半角括号进一步提高优先级。表达式中，检索内容若包含 AND/and、NOT/not、OR/or、*、- 等运算符或特殊字符检索，须加半角引号单独处理，如“C++”。

（2）⊕或者⊖，表示添加或者减少检索条件。

（3）“与”“或”“非”，表示限定检索条件。

（4）主题、作者、作者单位等，表示检索的限定条件。

（5）年份表示收录年限从 1989 年至今，检索时可进行年限选择，如 2020—2024。

（6）更新时间表示限定一年内期刊论文更新时间，如一个月内、三个月内、半年内、一年内和当年内。

（7）期刊范围：可选全部期刊、北大核心期刊、EI 来源期刊、SCIE 来源期刊、CAS 来源期刊、CSCD 来源期刊、CSSCI 来源期刊。其中 EI 表示工程索引（Engineering Index，EI），CAS 表示美国化学文摘（Chemical Abstracts Service，CAS）。可以根据检索需要设定合适的范围以获得更加精准的数据。

(8)精确,表示系统对用户输入的检索词进行整体检索,不拆分。例如,输入“信息检索课程”,检索仅包含“信息检索课程”的文献。

(9)模糊,表示系统对用户输入的检索词进行拆分后再检索。例如,输入“信息检索课程”,不仅检索包含“信息检索”的文献,还检索包含“课程”的文献。

例如:检索“大数据背景下高校思想政治教育”的中文核心期刊论文。

第一步:分析检索题目,拆分检索词,选择检索词“大数据”“高校”“思想政治教育”。

第二步:进入维普中文期刊服务平台首页,选择“高级检索”,进入“高级检索”页面。

第三步:选择检索途径“题名或关键词”,依次在检索框中输入检索词“大数据”“高校”“思想政治教育”,期刊范围选择“北大核心期刊”,如图 5-64 所示。

图 5-64 “高级检索”页面

第四步:点击“检索”按钮,就可以检索到所需要的期刊论文,如图 5-65 所示。

图 5-65　检索到的期刊论文

4. 检索式检索

在检索框中直接输入逻辑运算符、字段标识等，点击“扩展检索条件”并对相关检索条件进行限制后点击“检索”按钮即可。

可以在检索框中使用布尔逻辑运算符对多个检索词进行组配检索。执行检索前，还可以选择时间、期刊来源、学科等检索条件对检索范围进行限定。每次调整检索策略并执行检索后，均会在检索区下方生成一个新的检索结果列表，方便用户对多个检索策略的结果进行比对分析。 使用检索条件限定，可以进一步缩小检索范围，获得更符合需求的检索结果。用户可以根据需要，选择合适的时间范围、学科范围、期刊范围等限制条件。

（1）逻辑运算符。

逻辑运算符见表 5-4。

表 5-4　逻辑运算符

逻辑关系	并且、与	或者	不包含、非
运算符	AND/and/*	OR/or/+	NOT/not/-

书写规则：逻辑运算符 AND、OR、NOT 可兼容大小写，逻辑运算符优先级为：( ) >NOT>AND>OR；所有运算符号必须在英文半角状态下输入，前后须空一格，英文半角引号表示精确检索，检索词不做分词处理，作为整个词组进行检索，以提高准确性。

（2）字段标识符。

字段标识符见表 5-5。

表 5-5 字段标识符

代码	字段	代码	字段
U	任意字段	S	机构
M	题名或关键词	J	刊名
K	关键词	F	第一作者
A	作者	T	题名
C	分类号	R	文摘

书写规则：字段标识符必须为大写字母，每种检索字段前，都须带有字段标识符，相同字段检索词可共用字段标识符，如 K=DNA＋脱氧核糖核酸。

如查找摘要中含有机械，并且关键词中含有 CAD 或 CAM，或者题名中含有“雷达”，但关键词不包含“模具”的文献，如图 5-66 所示。

图 5-66 检索式检索

四、检索结果

维普中文期刊服务平台检索结果页面左侧有关于检索词的年份、学科、期刊收录、主题、期刊、作者等，如图 5-67 所示。

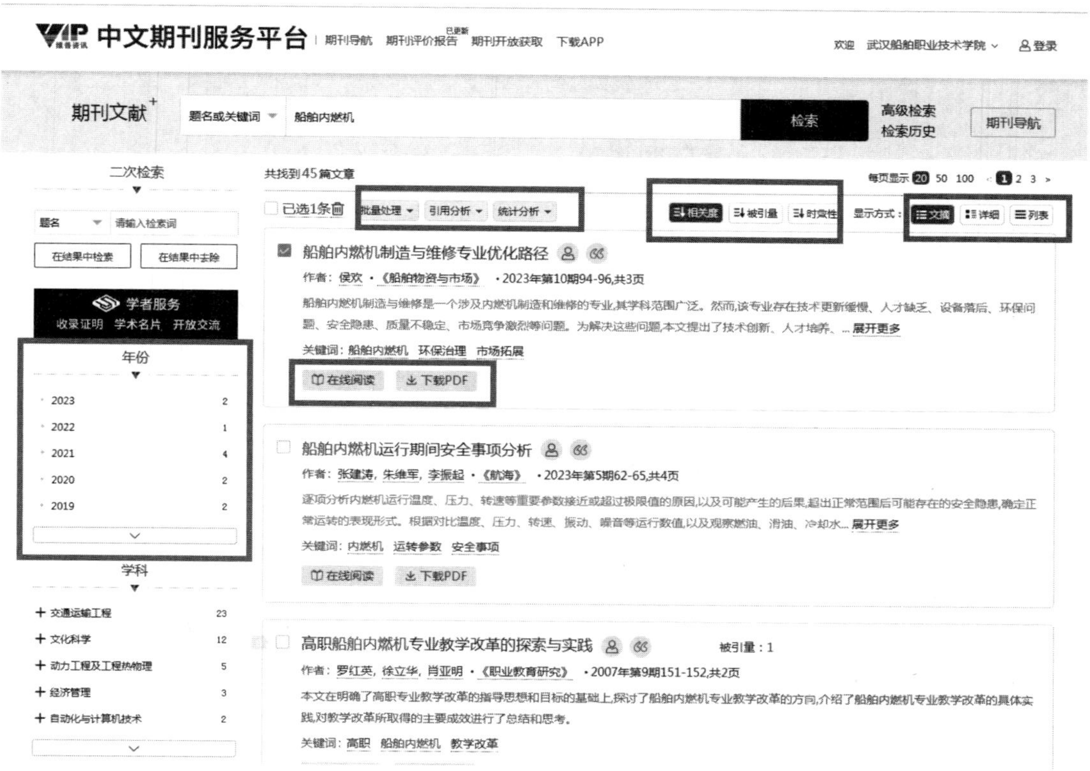

图 5-67　检索结果页面布局

维普中文期刊服务平台支持对检索结果的多维度排序，如按相关度、被引量、时效性排序；支持对文献的多种便捷操作，如对单篇期刊论文的在线阅读和下载 PDF，显示方式可以选择“文摘”“详细”和“列表”；支持对多篇期刊论文进行批量处理、引用分析和统计分析。

第五节　读秀知识库

一、读秀知识库简介

读秀知识库是由超星集团开发的，以海量图书文献资源为基础，可以对各类文献资源及其全文内容进行深度检索，并且提供原文传送服务的一个庞大的知识服务平台。读秀知识库现收录了 680 万种中文图书目录信息，343 万种中文图书可文献传递，可搜索超过 17.7 亿页图书。同时，读秀知识库里面的期刊可以为用户提供全面的超星期刊文章。通过读秀知识库学术搜索，读者能一站式搜索馆藏纸质图书、电子图书、电子期刊等全面、准确的学术资料。

二、读秀知识库登录

在浏览器中输入网址 www.duxiu.com，进入读秀知识库，凭机构用户登录账号、密码或

IP 自动登录，如图 5-68 所示。

图 5-68　读秀知识库首页

三、读秀知识库搜索

1. 读秀知识搜索

知识搜索频道是在图书资料的章节、内容中搜索包含检索词的知识点，为读者提供一种新的搜索体验，更有利于资料的搜集和查找。

如果要查找有关“船舶辅机”的资料和文章，可以进行如下操作。

第一步：在读秀知识库首页选择“知识”频道，输入“船舶辅机”点击“搜索”按钮，进入搜索结果页面，如图 5-69 所示。由于只输入一个检索词搜索到的结果太多，建议在检索框内输入多个检索词进行检索，以便快捷、精确地检索到结果。

图 5-69　输入检索词“船舶辅机”

第二步：浏览搜索结果页面，如图 5-70 所示，根据需要点击标题链接进入阅读页面，如图 5-71 所示。

图 5-70　浏览搜索结果页面

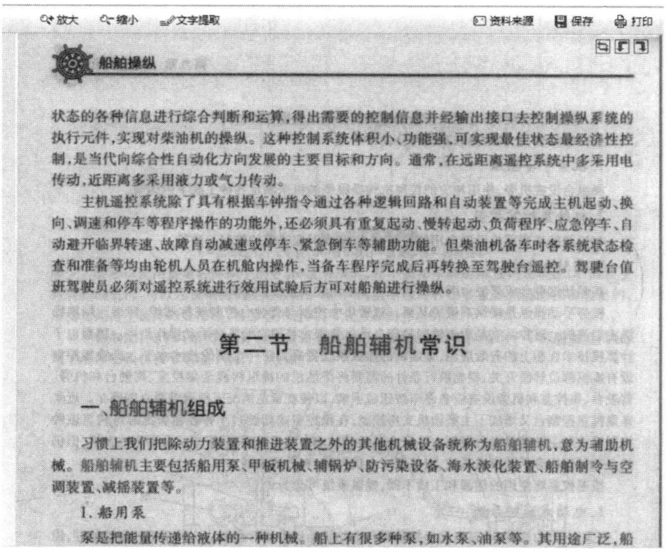

图 5-71　阅读页面

第三步：在阅读页面可对全文内容进行放大、缩小、文字提取、保存等操作，如图 5-72 所示。

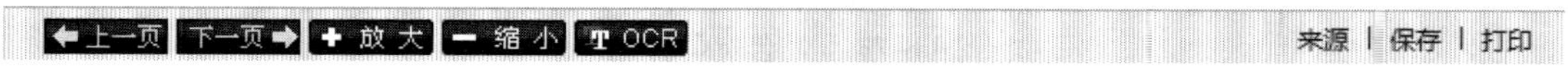

图 5-72　阅读页面相关操作

点击“OCR”（文字提取）按钮，出现选择框“文字提取”和“文字摘要”，如图 5-73 所示。

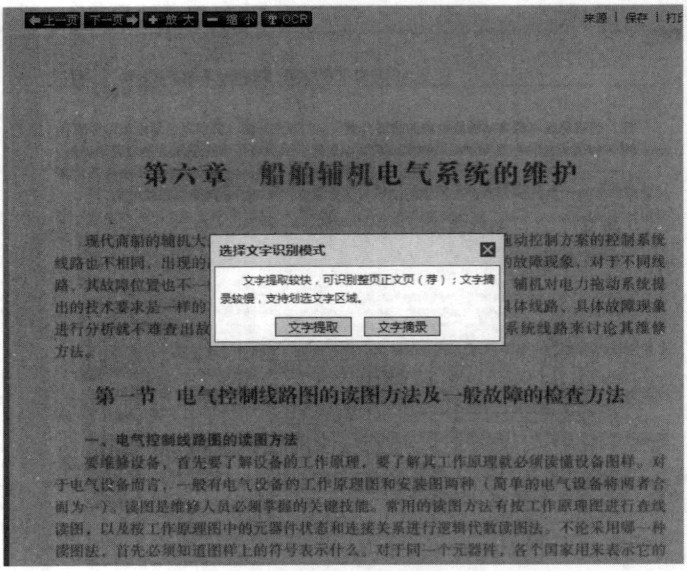

图 5-73 选择文字识别模式

点击“文字提取”按钮，在阅读页面点击鼠标左键，可将整页的文字转化为文本格式，然后进行复制、粘贴操作。也可以使用“文字摘录”按钮，按住鼠标左键，拖动鼠标，选择摘录区域，然后对所选文字进行复制、粘贴等操作，如图 5-74 所示。

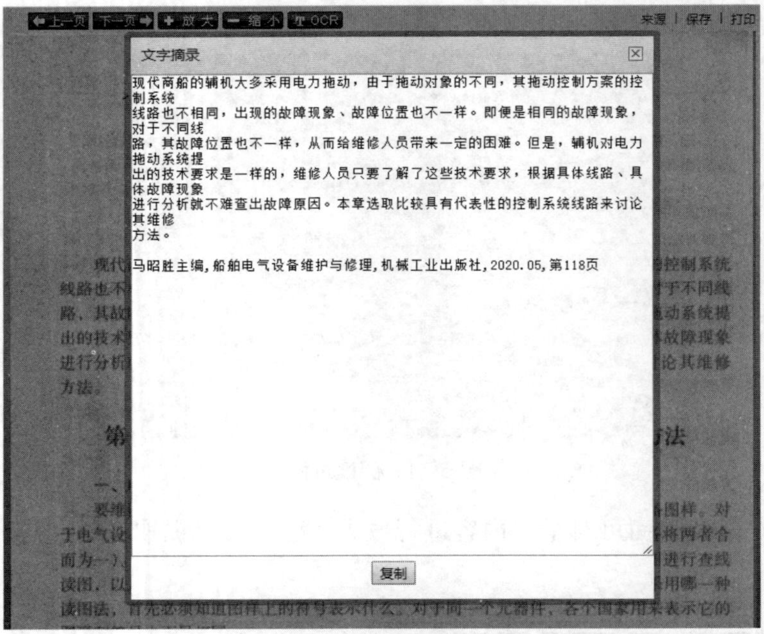

图 5-74 文字摘录模式

第四步：如果需要把资源下载到本地使用，可以点击阅读页面的“保存”按钮，或点击检索结果页面的“PDF 下载”按钮。

2. 读秀图书搜索

1)快速检索、高级检索和专业检索

(1)快速检索使用方法。

选择“图书”频道,检索框下方提供全部字段、书名、作者、主题词、丛书名、目次等检索字段,用户可以根据需要选择检索字段,并在检索框内输入检索词。完成之后点击“中文搜索”按钮搜索中文图书,如图 5-75 所示。

图 5-75 快速检索页面

(2)高级检索使用方法。

点击“图书”频道检索框右侧的“高级搜索”链接进入图书高级搜索页面。在这里提供书名、作者、主题词、出版社、ISBN、分类、中国分类号、年代等多个检索项,用户可根据需要填写一个或多个检索项,还可以对检索结果显示的条数进行选择,完成之后点击“高级搜索”按钮即可,如图 5-76 所示。

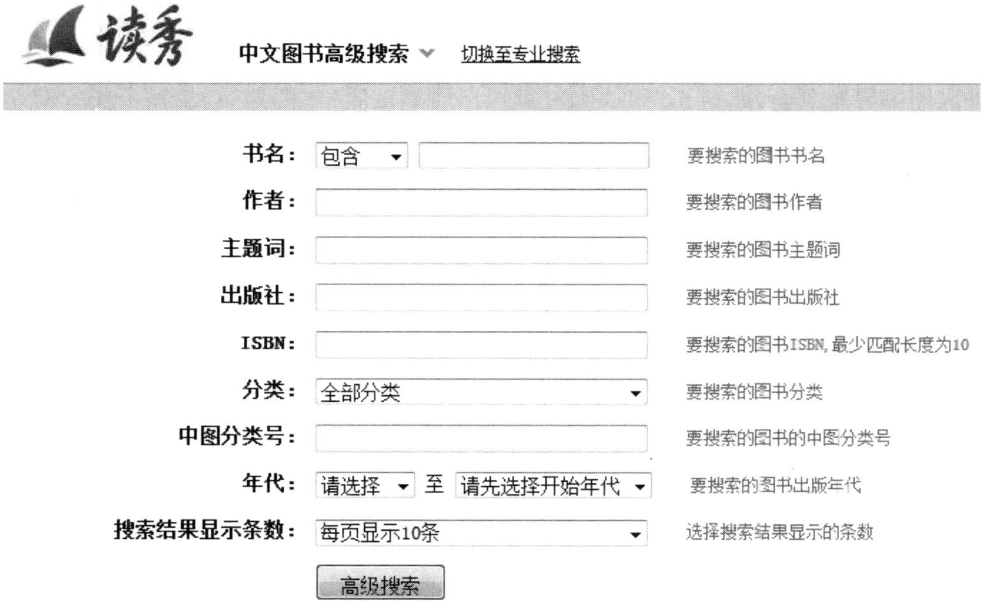

图 5-76 高级检索页面

(3)专业检索使用方法。

点击“图书”频道首页检索框右侧的“专业搜索”链接进入图书专业搜索页面，如图5-77所示，按照检索框下方的说明使用即可。

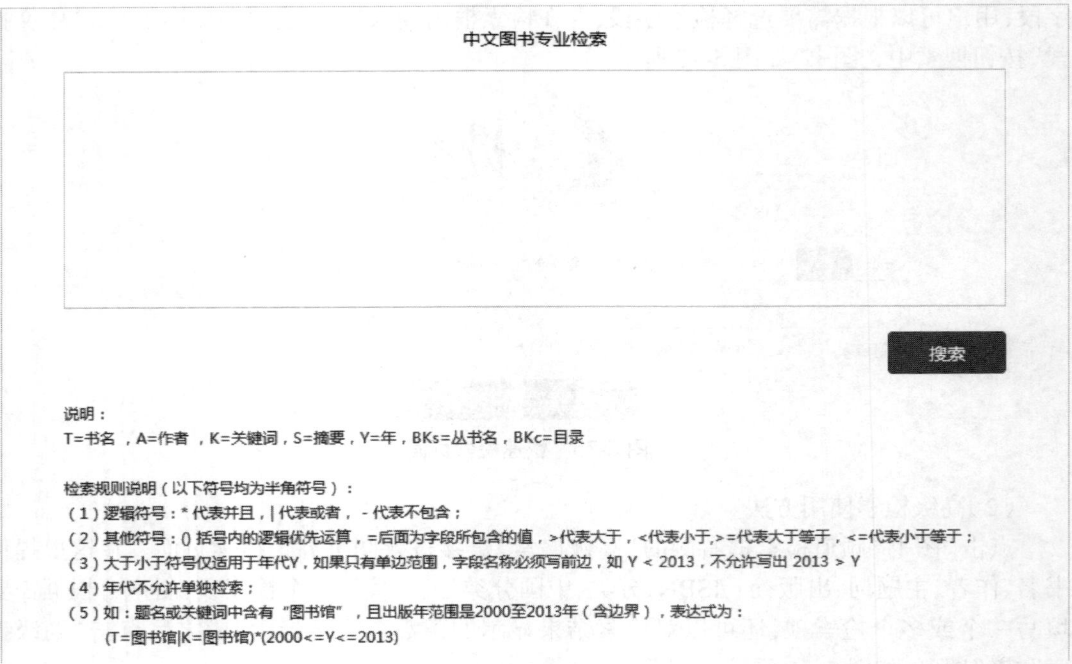

图 5-77　专业检索页面

2)分类导航

读秀知识库“图书”频道首页的检索框后方设置有图书“分类导航”链接，点击“分类导航”进入图书导航页面，如图5-78所示，在此可以看到按照《中图法》设置的分类导航。

3. 图书获取

图书检索结果页面采用三栏式设计，中间一栏就是检索到的图书列表，可通过以下步骤的操作获取想要的图书。

第一步：在检索到的众多图书中进一步筛选想要的图书。

可以在搜索框中再次输入关键词，点击“在结果中搜索”链接进行二次检索，也可以使用左侧的聚类按照类型、年代、学科、作者显示图书，还可以在右侧的排序列表中将图书按照时间降序、时间升序、访问量、个人收藏量、引用量、电子馆藏等进行排序，如图5-79所示。

图 5-78　图书导航页面

图 5-79　按照不同的条件筛选图书

例如，要进一步查找 2009 年出版的经济类的图书，并且希望按照时间降序排列，则依次点击“年代”下方的“2009”链接、“学科”下方的“经济”链接，在排序菜单中选择“时间降序”，就可以得到如图 5-80 所示的符合条件的检索结果列表。

图 5-80 检索结果列表

第二步,选择需要的图书。

如果在检索结果页面可以直接找到所需图书,则可以跳过第一步,直接进行第二步。如按照上述检索条件找到了图书《中国农村信息化发展报告 2009》,点击图书封面或书名链接,即可进入图书详细信息页面。

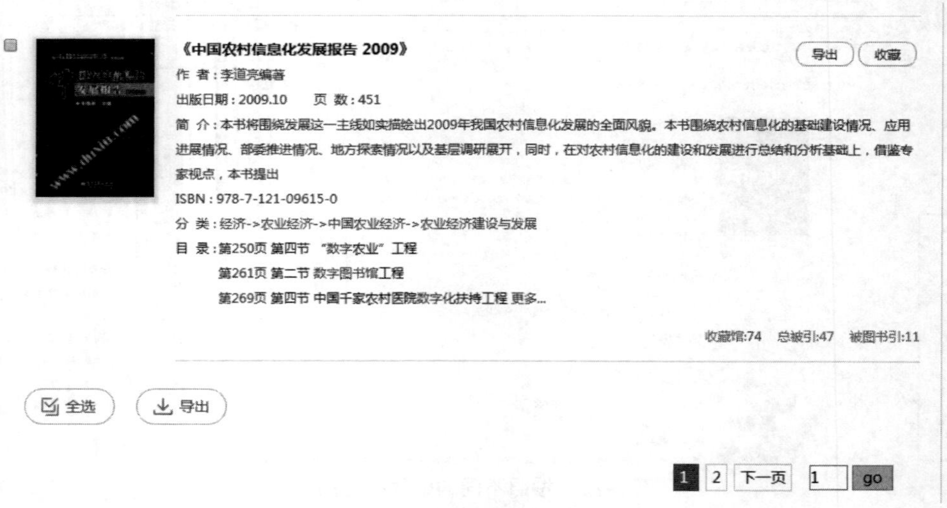

图 5-81 图书详细信息页面

第三步,查看图书详细信息。

在图书详细信息页面,可以看到图书详细信息——作者、出版发行、ISBN、主题词、中图法分类号等,如图 5-82 所示。读秀知识库还支持在线试读图书的书名页、版权页、前言页、目录页、正文部分页。

点击在线阅读中的相应链接,就可以进行试读,如图 5-83 所示。

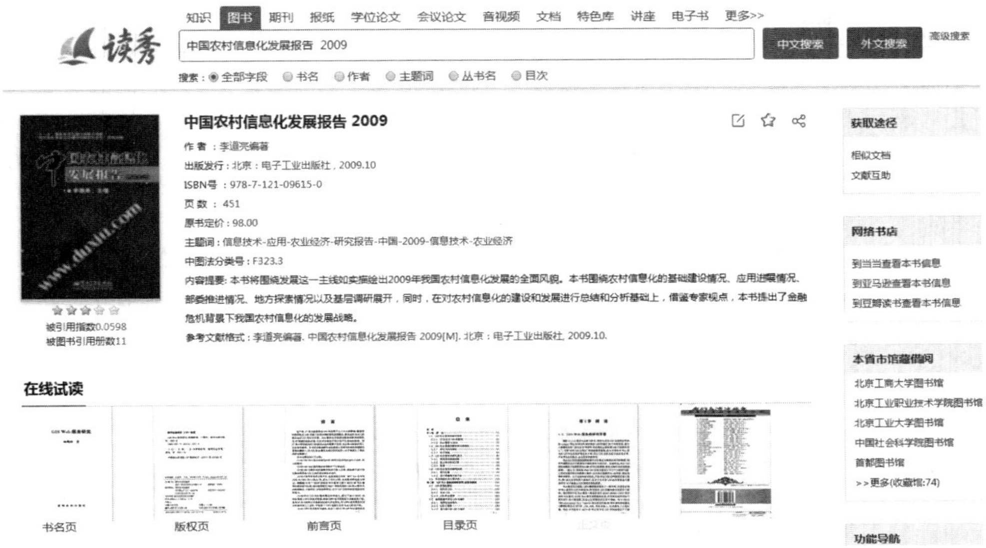

图 5-82　查看图书详细页

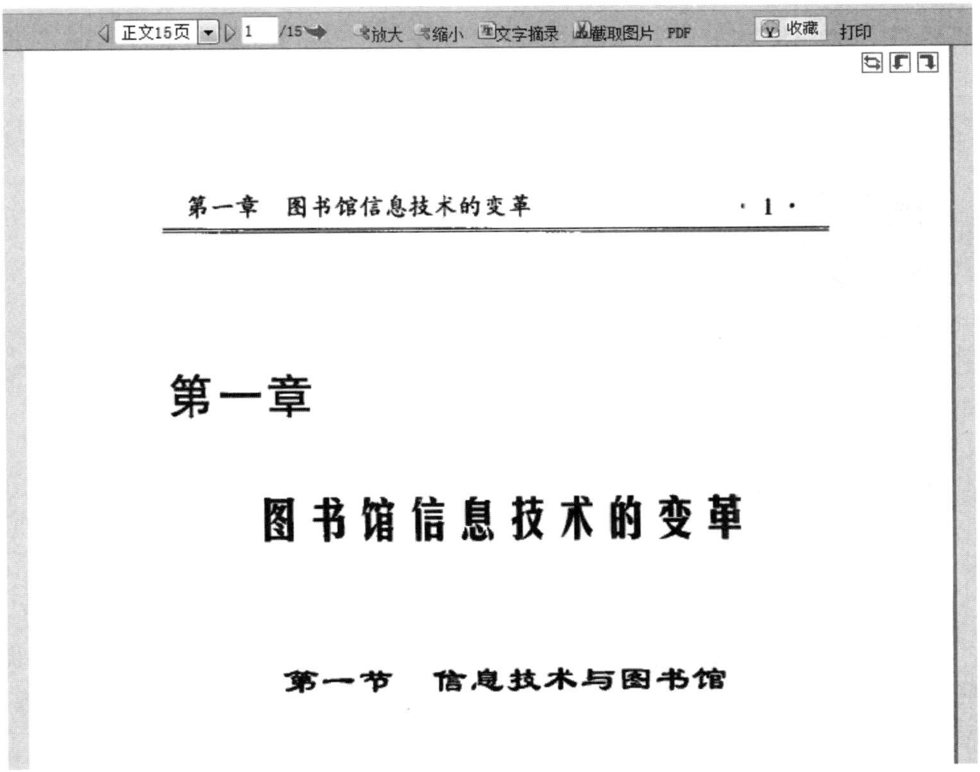

图 5-83　试读正文部分页

同时读秀知识库也支持通过输入多个关键词来查找图书，如输入“水文　预报”，如图 5-84 所示。

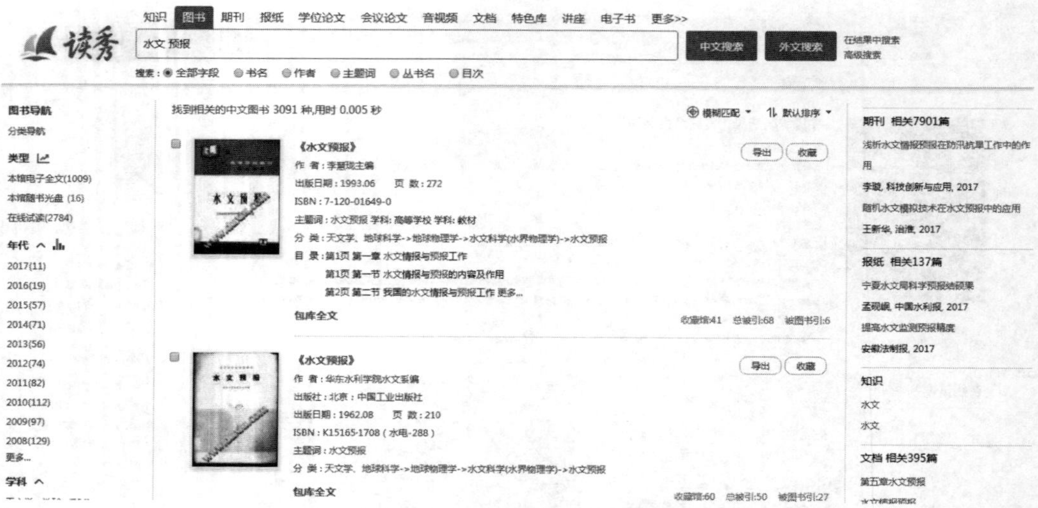

图 5-84 输入多个关键词查找图书

第四步，获取图书。

读秀知识库支持通过馆藏纸书借阅、阅读电子全文、图书馆文献传递、网上书店购买等多种渠道获取图书，还提供了推荐图书馆购买功能，如图 5-85 所示。

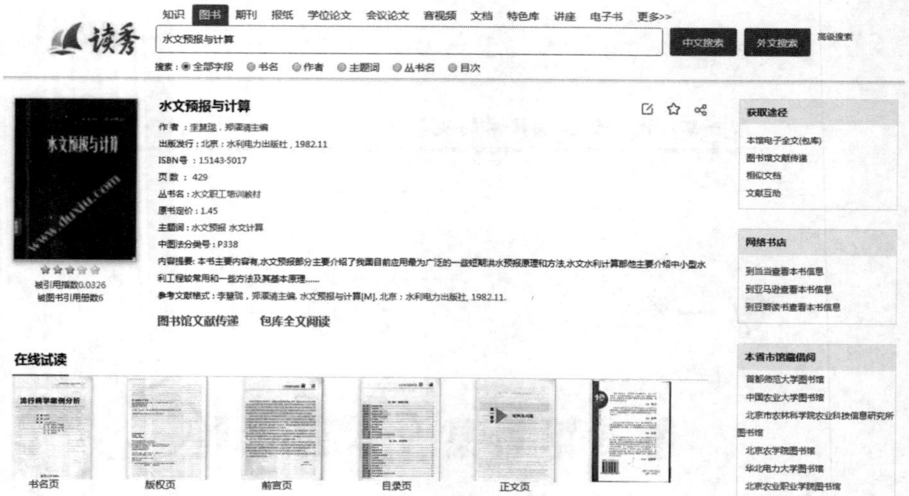

图 5-85 图书获取途径

点击“图书馆文献传递”链接，进入图书馆文献咨询服务中心。在这里填写想要获取图书的正文页码范围，并填写邮箱地址和验证码，然后点击“确认提交”按钮即可，如图 5-86 所示。登录邮箱，就可以看到申请的图书信息。

4. 读秀知识库更多搜索

除上面介绍的图书、知识搜索之外，读秀知识库还支持期刊、报纸、学位论文、会议论文、音视频、文档等搜索，如图 5-87 所示。

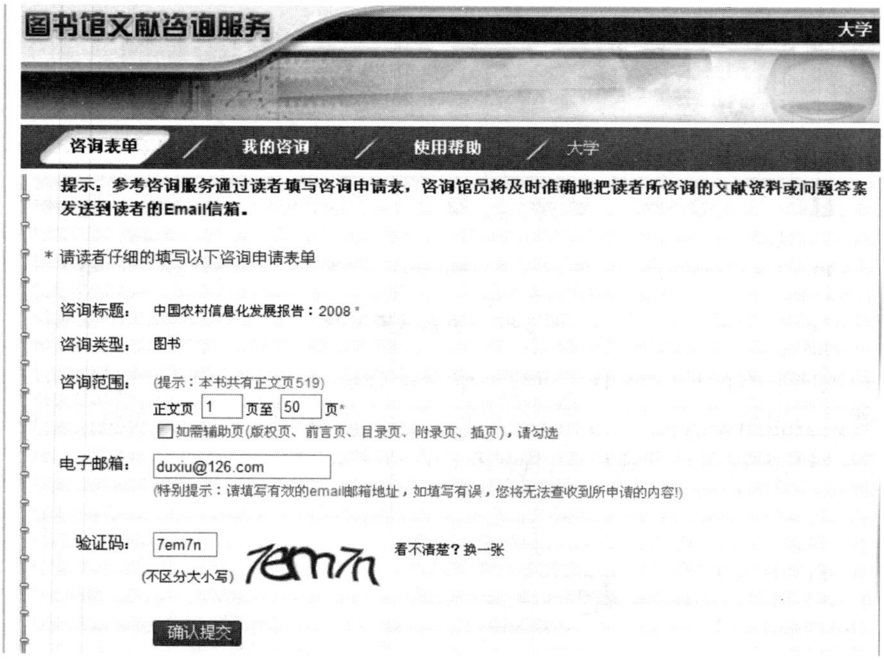

图 5-86 图书馆文献咨询服务页面

图 5-87 读秀知识库搜索类型

点击“更多”链接，可以看到更多搜索类型，如图 5-88 所示。这些搜索类型中都有丰富的资源，可以进一步进行检索、获取和利用。

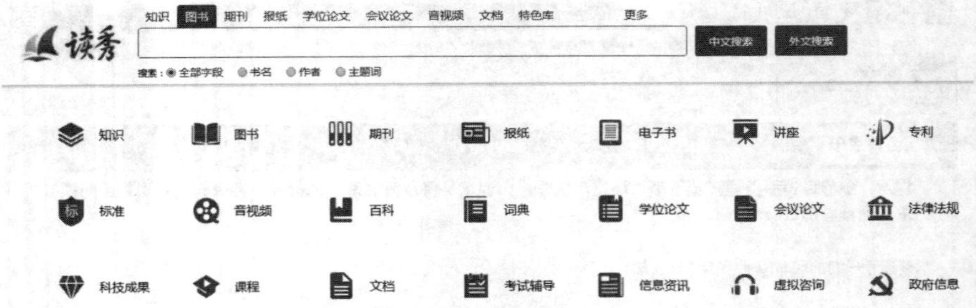

图 5-88 更多搜索类型

读秀知识库所有的检索结果页面都采用三栏显示，如图 5-89 所示，右侧一栏显示的就是其他搜索类型的相关信息，点击相关链接即可进入该检索结果页面，避免反复输入关键词查找的烦琐过程，实现了一站式检索，提供全面的学术知识信息。

图 5-89 检索结果页面采用三栏显示

综上，高校图书馆除了购买数字资源外，还结合自身资源或学校学科、专业设置的特点，利用相关的软件和技术，对已有的信息资源进行搜集整理、重新整合，形成本馆的特色数据库，如学科资源库、专业资源库、专题资源库、视频资源库等。有的图书馆因为地方志文献收藏得比较系统全面，就可以将地方志文献进行搜集整理，形成一个地方志文献数据库。有的图书馆因为家谱收藏得比较系统全面，就可以将家谱进行搜集整理，形成一个家谱数据库。

这类数据库的检索和利用方法与前面所讲到的几种数据库的使用方法基本类似，它也提供检索入口供用户检索使用，但一般图书馆自建的特色数据库在检索途径上可能就少一些，有的只有 1~2 种检索途径。

课后习题

（1）利用超星汇雅电子书检索系统检索有关“船舶内燃机”方面的图书，并写出检索步骤和检索结果。

（2）利用中国知网检索有关“船舶辅机”方面的文献信息，并写出检索步骤和检索结果。

（3）利用万方知识服务平台检索有关“船舶动力”方面的文献信息，并写出检索步骤和检索结果。

第六章　网络信息资源检索

第一节　Internet 基础

一、Internet 概述

信息高速公路和多媒体技术是 21 世纪信息社会化的基本特征。Internet 的发展实现了人们对未来信息高速公路的设想，可以说，Internet 就是信息高速公路的原型。

不同的 Internet 用户对 Internet 有不同的认识，还没有一个总结性的定义。一般认为 Internet 的定义应包含以下 3 方面的内容。

物理概念：Internet 是一个基于 TCP/IP（Transmission Control Protocol/Internet Protocol，传输控制协议 / 网际协议）通信协议的计算机网络。

人文环境：Internet 是一个网络用户的团体，网络用户使用和开发网络资源。

流通内容：Internet 是所有可被访问和利用的信息资源的集合。

近年来，Internet 快速发展，综观其历史，各种应用工具的开发和 Internet 本身极其丰富的资源无疑是 Internet 成功的重要因素。

Internet 使每个成员都可以自由地加入或退出，没有专门的权威机构管辖，只有一个由志愿人员组成的委员会（Internet Society，ISOC），其目的是通过 Internet 技术推动全球信息交换。Internet 没有专人制定标准，征求意见稿（Request for Comments，RFC）是由互联网工程任务组（IETF）发布的一系列备忘录，因此有很强的适应性。Internet 把创造应用工具的工具交给用户，以创造出更先进的应用工具。

二、Internet 的发展

Internet 来源于美国国防部高级计划研究署（Advanced Research Projects Agency，ARPA）于 1969 年开始的 ARPAnet 计划。该计划的目的是建立分布式的、存活力强的全国性信息网络。在全国性信息网络开发中逐步形成了 TCP/IP 标准协议，该协议即成为 UNIX 操作系统的标准通信模块。1982 年 ARPAnet 等几个计算机网合并为 Internet 的早期主干网。

与此同时，局域网和其他广域网的产生对 Internet 的进一步发展起了重要作用。其中最引人注目的是由美国国家科学基金会（National Science Foundation，NSF）建立的 NSF-NET。1984 年 NSF 在科学家和工程师的呼吁下决定赞助建立国家超级计算中心，至 1986 年建立了六大计算中心，并在全国建立了按地区划分的计算机广域网，实现了地区网络与超级计算中心各超级计算中心的互联。这样，当一个用户的计算机与某一地区网络相连后，其便可以使用任一超级计算中心的设施,还可以同网上任一用户通信,并获得网络提供的大量信息和数据。NSFNET不仅面向全美的大学和研究机构,而且允许非学术和研究领域的用户连接入网,因而吸引了一批又一批商业用户。以NSFNET为基础,美国国内外许多TCP/IP网络都陆续与NSFNET相连。这一成功使NSFNET于1990年6月彻底取代了ARPAnet成为Internet的主干网。NSFNET对Internet的最大贡献是使Internet对全社会开放。

Internet最初的宗旨是支持教育和科研活动。但是随着Internet规模的扩大,应用服务的发展,以及市场全球化需求的增长,到1991年,Internet正式允许商业用户入网,开始了商业化服务。在引入商业机制后,Internet准许以商业为目的的网络连入Internet,由此得以迅速发展。

Internet的发展难以全面预测,但有些方面是可以预见的:Internet主干网的通信速度将大幅度提高;有线、无线等多种通信方式将进一步广泛地融合;商业化应用将使Internet的覆盖范围迅速扩大;用户入网数会迅速增加;管理技术将进一步规范;技术设施将不断完善;界面将更加友好;资源将急剧膨胀。总之,Internet将从根本上改变人们的工作、生活方式。

三、Internet在中国的发展

1987年9月20日,钱天白教授发出中国第一封电子邮件“越过长城,通向世界”,从此拉开了中国人使用Internet的帷幕。中国于1988年实现了与欧洲和北美地区的电子邮件通信。1994年3月,中国作为第71个国家级网正式加入Internet,并建立了中国顶级域名服务器,实现了网上全部功能。1996年2月1日,《中华人民共和国计算机信息联网国际管理暂行规定》确定了我国的四大主干网络——中国公用计算机互联网(CHINANET)、中国科学技术计算机网(CSTNET)、中国教育和科研计算机网(CERNET)和中国公用经济信息通信网(GBNET)。

1)中国公用计算机互联网

CHINANET是1995年由国家邮电部投资建设的国家级网络,于1996年6月在全国正式开通。CHINANET是中国规模最大的互联网主干网,它是面向社会公开开放的、服务于社会公众的网络基础设施和信息资源的集合,主要提供商业服务,其用户包括个人用户和企业用户。随着国内各行业的各种信息资源开始在Internet上提供服务,CHINAMT的前景非常光明。

2)中国科学技术计算机网

CSTNET始建于1989年,于1994年4月首次实现了与国际互联网络的直接连接,它是在中关村地区教育与科研示范网NCFC和中国科学院计算机网络(CASNET)的基础上建设和发展起来的、覆盖全国范围的大型计算机网络,是我国最早建设并获国家承认具有国际出口的互联网之一。CSTNET是非营利、公益性的网络,也是国家知识创新工程的基础设施,它主要为科技界、科技管理部门、政府部门和高新技术企业服务。

3)中国教育和科研计算机网

CERNET从1993年开始规划,它是由国家投资,教育部负责管理,清华大学等高等院校承担建设与运营的全国性学术计算机互联网络。目前,加入CERNET的大学、中小学等教育和科研单位达1 000多家。CERNET主要面向教育和科研单位,提供接入和信息服务,其建有总容量达 800 Gbps 的全世界主要大学和著名学术组织的信息资源镜像系统,以及一批国内知名的学术网站,可向用户提供服务。另外, CERNET 还是我国开展现代远程教育的重要平台,以及开展下一代互联网研究的试验网络。

4)中国公用经济信息通信网

GBNET 也称为金桥网,是金桥工程的重要组成部分,它由原电子工业部所属的吉通公司主持建设,为国家宏观经济调控和决策服务。GBNET 在 1995 年投入运行,以光纤、卫星、微波等多种传播形式,形成覆盖全国的公用网,有力地促进了我国信息化事业的发展。

四、Internet 的几个基本概念

1. TCP/IP

Internet 是一个由不同类型、不同规模的计算机网络组成的巨大计算机网络,它是“网络之网络”,而维系 Internet 的基础就是 TCP/IP。

为了确保不同类型的计算机能协调工作,程序设计人员要使用标准的协议编写程序。所谓协议就是一组规则,用技术术语描述如何完成某件事情。TCP/IP 是指一个完整的数据通信协议集,它是一系列协议的代名词。TCP/IP 包括两个重要协议:传输控制协议 TCP 和网络协议 IP。

Internet 不是将一组完整的信息流连续不断地从一台主机传送到另一台主机的,而是将信息分割成数据包传送的。TCP 的功能就是将数据分割成若干小包,每个包标有序列号和接收方地址,同时还插入了一些特殊的控制信息,然后将这些包通过网络进行传送。IP 的功能就是将这些小包传输到远程主机,在另一端, TCP 接收这些包并检查。如果发现错误, TCP 就请求重发特定的包,一旦所有包都被正确接收, TCP 就根据序列号重新构造原来的信息。简而言之, TCP/IP 是一系列的协议,用于组织网络中计算机和通信设备上的信息传输与交换。

2 .IP 地址

为了在网络环境下实现计算机之间的通信,网络中的任何一台计算机都必须有一个唯一的地址,这个唯一的地址将保证数据传输准确无误。Internet 定义了两种方法用于标识网络上的计算机,它们分别是 Internet 地址(IP 地址)和域名系统。

其中 IP 地址由 32 位二进制数组成,包括两部分:网络 ID 号和主机 ID 号,前者标识网络,后者标识该网络上的一台主机。IP 地址由网络信息中心(Network Information Center, NIC)分配,用户可以从 NIC 申请一个 IP 地址。32 位的 IP 地址常用 4 个十进制数字表示,它们之间用“.”分隔,如 218 .197 .1.24。

3. 域名地址

为了使基于 IP 地址的计算机在通信时便于被用户识别和记忆, Internet 采用一种称为域名地址(Domain Name, DN)的层次命名方式。其域名一般有如下结构:

计算机主机名. 机构名. 网络名. 最高层域名

如 lib.wspc.edu.cn 就是一个域名地址。每个层称为域,各个层之间用“.”分隔,从左向右域层逐级上升。以上 edu 和 cn 都属顶层域名,cn 代表中国。

在 Internet 域名系统中,最高层系统的域称为顶层域(TLD), TLD 放在该系统的最后。

按机构划分的称为 generic TLD，按地理划分的称为 country TLD。表 6-1 是主要顶层域名列表。缺省值为美国。

表 6-1　主要顶层域名

域名	机构 / 国家	域名	机构 / 国家	域名	机构 / 国家
COM	商业组织	at	奥地利	fi	芬兰
EDU	教育机构	au	澳大利亚	il	以色列
NET	主要网络支持中心	ca	加拿大	it	意大利
ORG	其他机构	ch	瑞士	jp	日本
INT	国际组织和国际数据库	cn	中国	kr	韩国
GOV	政府机关（适用美国）	de	德国	se	瑞士
MIL	军方机构（适用美国）	es	西班牙	uk	英国

4. 统一资源定位器（URL）

URL 称为统一资源定位器，用来指示 Internet 上各种信息资源的位置及存取方法。URL 通常以协议名开头，后面是负责管理该站点的组织名称，后缀则标识该组织的类型。URL 的标准格式为：存取方式：// 主机名称 / 路径文件名，如 http：//www.sina.com。该网址提供如下信息：http 表示 Web 服务器使用 http 超文本传输协议，www 表示站点在 World Wide Web 上，sina 表示 Web 服务器位于新浪，com 表示商业组织。

5. 超文本（Hypertext）

超文本其实也是一种文本，只不过是一种非线性文本。通常人们使用的文本是线性文本，即从上到下、从左到右排列的文本，而超文本的内容是按照超级链接来组织的。在超文本中，读者如果需要有关某一个主题的信息，那么就可以通过鼠标点击超级链接，来跳转到其他网页或同一页的不同位置。

第二节　网络信息资源

网络信息资源是指可以通过网络获取的各种数字化信息资源的总称。这些信息以数字化的形式存储在互联网上的各种服务器中，资源提供方基于超文本传输协议（Hypertext Transfer Protocol，HTTP）、文件传输协议（File Transfer Protocol，FTP）等协议通过网络对外提供信息服务，用户可以利用计算机、智能手机等网络终端设备对这些信息进行获取或利用。

一、网络信息资源的特点

与传统的信息资源相比，网络信息资源有如下特点。

1. 存储数字化、形式多样化

与基于纸介质的印刷型信息资源不同，数字化存储是网络信息资源存储的基本形式，存储介质主要以磁介质为主。高密度、大容量的数字化存储不仅适合计算机的高速处理、低成本远距离传输,同时也方便用户查询和获取信息。尽管数字化的网络信息资源在物理层面都是以二进制表示的,但其外在表现形式复杂多样,具体包括文本、图形、图像、音频、视频、软件等。

2. 数量巨大、内容丰富

随着互联网的迅猛发展,网络信息资源在数量和内容方面都得到了长足发展。作为一个开放的信息平台,任何机构、任何人都可以将自己拥有的且愿意与他人共享的信息发布到网上,而倡导"人人都可以读写 Internet"的 Web2.0 的出现更是加速了这一进程。目前,网络信息资源内容几乎包括信息资源的所有方面,如科研、学术、教育、文化、产业、经济、金融、商业、体育、娱乐、旅游等。

3. 微观有序、宏观无序

从微观来看,从网络上获取的多数内容都经过不同程度的有序化,并存储在一个具体的系统中,从而呈现局部有序状态。但是,从宏观来看,由众多来源不同的微观有序系统组合而成的整个网络信息资源系统呈现无序分散状态,结构复杂,难以控制,缺乏稳定性。这种宏观无序状态降低了信息获取的效率,增加了信息获取的难度,因而掌握必要的信息获取方法和技巧十分必要。

4. 质量不齐、价值不一

由于缺乏统一的管理控制机制,来源不同的网络信息资源质量参差不齐,价值差别较大。专业网络内容服务商 ICP(Internet Content Provider)、图书馆、专业出版机构、政府机构等组织提供的网络信息资源质量较高,可信度较大,价值较高。一些小型网站尤其是个人网站上的信息质量很难保证,因此要注意对信息进行评价和鉴别。

5. 共享程度高、获取成本低

开放、平等、协作、分享是互联网精神的核心。网络环境下,时间和空间范围得到了很大程度的延伸和扩展,信息资源高度共享,用户获取信息资源的成本较低。一方面,在网络中,信息资源绝大部分是免费的,用户获取这部分信息资源的成本仅仅是自己的上网费用;另一方面,收费的网络信息资源的获取成本也比从其他获取渠道低得多。

二、网络信息资源类型

从不同的角度,根据不同的标准,网络信息资源可以划分为不同的类型。

1. 按照网络类型划分

1)局域网信息资源

局域网是指在某一区域内由多台计算机互联成的封闭型的计算机组,以实现信息资源共享。在互联网普及之前,局域网信息资源是网络信息资源的主要组成部分,其中最典型的代表就是局域网光盘数据库。目前,互联网十分普及,但是局域网信息资源仍然是网络信息资源的重要组成部分。出于安全、保密、知识产权等原因,有些信息资源并不适合基于互联网的传播,但又存在一定范围内共享的需要,所以在局域网内交流是较好的选择。

2)联机检索信息资源

联机检索是指用户借助通信线路,通过终端设备与检索系统联机所进行的文献与数据检索。这种计算机系统一般设有较多的数据库,而一个数据库包含大量的文献和数据,用户一般通过专线或者电话拨号等方式建立本地计算机与服务器的连接，从而完成信息资源的检索。Internet 普及之前，联机检索信息资源是网络信息资源的重要组成部分，比较知名的联机检索系统有 Dialog、STN 等。随着 Internet 的普及，联机检索系统的主机负荷重、通信成本高、可扩展性差等局限性日益明显，逐渐退出历史舞台。

3）互联网信息资源

互联网是以相互交流信息资源为目的，基于一些共同的协议，并通过许多路由器和通信线路联结而成的一个集合信息资源并实现资源共享的综合平台。作为网络形式的一种，互联网与网络并不等同，因此，从严格意义上讲互联网信息资源与网络信息资源并不是同一个概念，前者只是后者的一个子集。不过由于互联网信息资源在整个网络资源中所占的比例越来越大，其逐渐成为一个主要组成部分，有些文献对两者并不做严格区分，本书介绍的网络信息资源主要是指互联网信息资源。

随着智能手机等手持终端设备的普及和移动互联网的迅速发展，移动互联网资源逐渐成为互联网信息资源的重要组成部分。

2. 按照网络传输协议或技术划分

1）WWW（World Wide Web）信息资源

WWW 信息资源，是指基于 HTTP 传输，采用超文本、超媒体等技术，集文本、图形、图像、音频、视频等于一体，以网页形式存在于互联网上的信息资源。20 世纪 90 年代以来，WWW 信息资源发展迅速，目前已经成为网络信息资源的主流。

2）FTP 信息资源

FTP 信息资源是指基于 FTP 传输，以文件方式存在于网络上的信息资源。FTP 是实现文件共享的主要手段之一，用户可以通过 FTP 客户端程序访问 FTP 服务器，实现文件的下载或者上传。互联网中存在大量的 FTP 服务器，这些 FTP 服务器中又保存有丰富的文件资源，因此 FTP 信息资源是网络信息资源的一个重要组成部分。

3）流媒体信息资源

流媒体信息资源是指基于流媒体技术协议传输的网络信息资源。流媒体指在数据网络上按时间先后顺序传输和播放的连续音频、视频数据流，在播放前并不下载整个文件，只将部分内容缓存，使流媒体数据流边传送边播放，这样就节省了下载等待时间和存储空间。目前常用的流媒体协议主要有 RTP、RTCP、RTSP、RSVP。流媒体技术在一定程度上突破了网络带宽对多媒体信息传输的限制，因此广泛运用于网络直播、网络广告、视频点播、远程教育、远程医疗、视频会议、企业培训、电子商务等多个领域。流媒体信息资源也逐渐成为一种重要的网络信息资源。

4）P2P 信息资源

P2P 信息资源是指基于 P2P 传输模式的信息资源。P2P 一般认为是 Peer to Peer（对等传输）的简称，也有一种观点认为是 Point to Point（点对点）的简称。P2P 是指不通过中枢服务器而在个人计算机之间实现文件交换和共享的一种新模式。与 C/S 模式不同，P2P 模式下，没有提供信息的服务器与接收信息的客户机之分，每台计算机都可以从多个点下载信息资源，同时也向多个点上传信息资源，参与的人越多下载速度越快，尤其适合大文件的传输和共享。目前能通过 thunder（迅雷）、magnet（磁力链接）等协议获取的信息资源大多属于

P2P 信息资源。

5）其他信息资源

从传输协议的角度分析，除了上述几种信息资源，还有一些基于其他协议传输的网络信息资源，如 Telnet 信息资源、Gopher 信息资源、新闻组信息资源、邮件组信息资源等，多流行于互联网发展的初期。随着互联网的发展，这类信息资源在整个网络信息资源中所占的比重越来越小，逐渐被淘汰。

3. 按信息交流方式划分

1）正式出版信息

正式出版信息是指受到一定的知识产权保护，信息质量可靠，利用率较高的知识性、分析性网络信息资源。正式出版的网络信息资源包括电子书、电子期刊、电子报纸、搜索引擎、网络导航、检索数据库、网络述评、在线字（辞）典、在线百科全书、在线参考数据库等。

2）半正式出版信息

半正式出版信息是指受到一定产权保护的但没有纳入正式出版系统的信息。这部分信息资源可以从各种学术团体和教育机构、企业和商业部门、国际组织和政府机构、行业协会等单位的网站上获取。

3）非正式出版信息

非正式出版信息是指数量大，流动性、随意性较强的，质量难以保证和控制的动态性信息。由于互联网的开放性，任何组织和个人都有机会成为网络信息资源的内容制造者，特别是随着 Web2.0 的发展，微信、微博、微视频、博客、维基、P2P 下载、社区、分享服务等新型网络服务相继出现，非正式出版信息资源急剧增加。

另外，按照具体形式，网络信息资源可以分为文本、图形、图像、音频、视频、动画、软件等；按照是否收费，网络信息资源可以分为收费资源和免费资源等。需要说明的是，由于网络信息资源自身的复杂性，任何一种分类方式都很难对网络信息资源做出精确的分类，有的分类方式不能完全包含所有的网络信息资源，有的分类方式在包含内容上有交叉重复，还有的分类方式不成体系化。

第三节　搜索引擎

一、搜索引擎概述

搜索引擎是指根据一定的策略，运用特定的计算机程序对互联网上的信息进行搜集、处理，并将处理后的信息存储在数据库中，通过交互界面为用户提供检索服务的系统。从用户的角度看，搜索引擎提供一个包含搜索框的页面，在搜索框输入检索词，通过浏览器提交给搜索引擎后，搜索引擎会返回与检索内容相关的信息列表，用户通过单击信息列表中的超链接可以直接打开原始网页。

搜索引擎的起源可以追溯到 1990 年由加拿大蒙特利尔大学学生阿兰·埃姆塔吉（Alan Emtage）开发的 Archie，当时 Web 还未出现，Archie 用于检索分散在各 FTP 服务器上的文件，但其工作原理与现在的搜索引擎很接近，即依靠脚本程序自动搜索网上的文件，然后对相关信息进行索引，供用户以特定方式查询。1993 年，“万维网漫游者”（World Wide Web Wanderer）的出现为搜索引擎的快速发展提供了动力，这是 Matthew Gray 开发的利用 HTML 网页之间的链接关系来检测互联网规模和捕获网页 URL（Uniform Resource Locator，统一资源定位符，俗称“网址”）的“机器人”（Robot）程序，也称为网络蜘蛛（Spider）。第一个成功的搜索引擎是 1994 年 4 月由华盛顿大学研究生布赖恩·平克顿（Brain Pinkerton）开发的 WebCrawler。同年 4 月，斯坦福大学研究生大卫·费罗（David Filo）和美籍华人杨致远（JerryYang）共同创办了雅虎（Yahoo!）。1994 年，Lycos 出现；1995 年，Infoseek、Open Text、SavwySearch、AltaVista、MetaCrawler 和 Excite 问世；1996 年，HotBot 和 LookSmart 诞生；1997 年，Nothern Light 出现；1998 年，Google 和 Invisible Web 诞生；1999 年，Fast Search 问世。2009 年 5 月 28 日，微软（Microsoft）正式上线原名为 Kumo 的搜索引擎 Bing，中文名“必应”，用于取代之前的 Live Search（取代 MSN Search）。1997 年 5 月广州网易计算机系统有限公司开发网易 Yeah 搜索引擎；同年 10 月，北京大学计算机系网络与分布式系统研究室开发的天网正式在 CERNET 上提供服务；1998 年 2 月留美博士张朝阳创立的爱特信公司推出搜狐（Sohu）搜索引擎；1999 年，李彦宏在美国硅谷创建百度（Baidu），百度目前已经成为全球最大的中文搜索引擎。2002 年、2003 年与 2006 年，中搜、搜索客（Cseek）与奇虎 360 分别创立；2007 年，网易公司推出有道搜索；2014 年，由《人民日报》等七大新闻单位联合打造的中国搜索上线。

2004 年以来，针对通用搜索引擎搜索学术信息的局限，很多搜索引擎开始推出免费的学术搜索引擎。2004 年 11 月，Google 公司发布谷歌学术（Google Scholar）Beta 版，2006 年 1 月扩展到中文学术文献领域。微软研究院于 2009 年 11 月发布微软学术搜索（Microsoft Academic Search）Beta 版。2014 年 6 月，百度公司上线“百度学术搜索”（百度学术）。2014 年 8 月，360 公司推出学术搜索“360 好搜”。另外，有些数据库商基于自己的数据库资源和网上公共资源推出学术搜索引擎，如超星推出的“读秀学术搜索”、CNKI 的 CNKI 学术搜索（CNKI Scholar）、万方数据打造的“中国学术搜索网”等。此外，有些图书情报机构也推出免费的学术搜索引擎，如中国国家图书馆推出的“文津搜索”等。

二、搜索引擎的组成和工作原理

如图 6-1 所示，搜索引擎一般由搜索器、索引器、检索器、用户接口和索引库五部分组成，前四个部分实际上是分别承担不同功能的计算机程序，索引库是存储索引信息的数据库。

搜索引擎的工作原理是：搜索引擎通过搜索器对互联网进行漫游和遍历，发现和搜集信息；索引器负责从搜索器搜索到的信息中抽取索引项并建立索引表，形成索引库；检索器根据用户的查询条件在索引库中进行检索，并对检索结果进行相关处理后通过用户接口返回给用户；用户接口为用户提供交互界面。

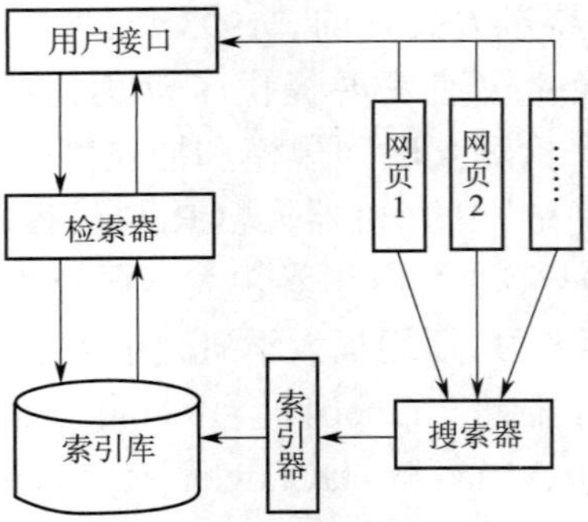

图 6-1 搜索引擎的组成

1. 搜索器

搜索器实际上是信息抓取程序,常被称为网络机器人或者网络蜘蛛,其功能是在互联网中遍历、发现和搜集信息。搜索器不仅可以抓取静态网页信息,还可以抓取如 DOC、PDF、XlS、PPT、MP3 等特定类型的文件,甚至可以抓取动态网页后台的数据库内容。为了提高搜索引擎收录的信息规模和质量,搜索引擎不但要不停地运行以尽可能多、尽可能快地抓取互联网上的新信息,而且还要尽可能频繁地更新已经搜集过的旧信息以避免链接失效。因此,商业搜索引擎的搜索器一般是由众多高性能服务器一起工作,采用分布式和并行处理技术,以提高工作效率。由于网络信息资源规模庞大、更新速度很快,功能再强大的搜索器也不可能搜集到互联网上所有的信息,因此搜索器在抓取网页时要采用一定的搜索策略。

2. 索引器

索引器是被搜索器抓取来的为网页建立索引的程序。搜索引擎的搜索器抓取到互联网上的信息后,需要做一系列的处理才能提供检索服务,其中最主要的是建立索引,这部分工作由索引器完成。

在建立索引之前,要对搜索器抓取的信息进行分析,其主要作用是为信息索引做准备。索引器通过基于停用词表的过滤技术、基于同义词表的转换技术等文档分析技术对信息进行预处理,完成特定词屏蔽、单复数的转换、词缀去除、同义词转换等工作,对中文等连续书写的语言来说,还涉及词语切分。对信息的分析往往与具体的语言以及系统的索引模型密切相关。

作为搜索引擎工作过程中最关键的一步,建立索引是指从分析后的信息中抽取索引项,形成索引表,并存储在索引数据库中。索引项分为外部特征索引项和内容特征索引项两种。外部特征索引项与文档的语义内容无关,如作者名、URL、更新时间、编码、长度、链接流行度、信息类型等;内容特征索引项用来反映信息内容,如关键词、文本全文、权重、相关度等。搜索引擎的质量在很大程度上取决于索引的质量,而索引的质量取决于索引模型。一个好的索引模型应该易于实现和维护、检索速度快、空间需求低。搜索引擎普遍借鉴了传统信息检索中的索引模型,包括倒排文档、矢量空间模型、概率模型等。为了提高索引和检索的效率,搜索引擎通过索引数据库完成对索引信息的存储。

3. 检索器

对搜索引擎而言,信息搜集和建立索引都是为了提供检索服务。搜索引擎提供的检索服务包括用户接口和检索器两个方面。用户在客户端通过用户接口将检索条件提供给搜索引擎并获取检索结果列表,而整个检索过程的核心部分则由检索器在服务器端完成。检索器基于集合理论模型、代数模型、概率模型和混合模型等相关信息检索模型,根据用户的检索条件在索引数据库中快速查出匹配的检索结果集合,进行检索结果与检索条件的相关度评价,对将要输出的检索结果进行排序,并进行相关反馈。目前由于多数商业搜索引擎采用竞价排名的商业模式,检索相关度并不是检索结果排序的唯一指标。

4. 用户接口

搜索引擎的用户接口是指搜索引擎为用户提供的可视化条件输入和结果输出界面,其作用是搭建用户和搜索引擎之间沟通的桥梁。为方便用户使用,搜索引擎的用户接口在设计过程中一般基于人机交互的理论和方法,以适应人类的思维和使用习惯。用户接口的条件输入界面一般力求简洁,如百度等知名搜索引擎的首页,最醒目的是供用户输入检索词的文本框。用户可以输入简单的检索词或者检索词的组合完成信息的检索,当然用户也可以在这个文本框中输入符合搜索引擎语法规范的高级语法,完成如逻辑运算、域名范围、出现位置、结果类型、时间信息、长度信息等查询,提高检索效率。另外,多数搜索引擎为用户提供高级检索界面,用户可以通过图形化条件提示实现上述高级检索语法等功能。在检索结果输出界面中,搜索引擎通过一个包含文档标题、摘要、原始信息超链接、文本快照超链接、索引时间等信息的线性列表将检索结果提供给用户,用户需要逐个浏览以找出所需要的内容。多数搜索引擎会在结果界面中给用户提供一些反馈信息,如检索词错误纠正、相关检索词、检索耗时、检索结果总数量等信息。

5. 索引库

索引库是计算机数据库,主要功能是存储索引器处理后的结构化信息,如关键词、摘要、网页地址、标题、网页文本信息等,同时接收检索器的检索指令。基于搜索速度和服务器负载平衡考虑,一般大型搜索引擎会在各地部署很多索引库。

三、搜索引擎的类型

按照不同的标准,可以把搜索引擎分为不同的类别。

1. 按照检索范围划分

按照检索范围划分,搜索引擎可以分为综合搜索引擎和垂直搜索引擎。

(1)综合搜索引擎是指在资源收录的范围、类型等方面没有做明确限制的搜索引擎。这类搜索引擎收录范围包括整个互联网,资源类型涉及网页、视频、音频、图像、文件等所有常见资源类型。比较知名的综合搜索引擎有百度、搜狗、360 搜索、必应等。

(2)垂直搜索引擎是指资源收录范围限制在某一特定领域或特定类型的专业搜索引擎。与综合搜索引擎相比,垂直搜索引擎数据来源更明确,数据标引的针对性更强,提供的检索服务更精准;在具体的场景下,可以提升检索的效率和质量。

除了专门的垂直搜索引擎,综合搜索引擎也陆续推出了各自的垂直搜索功能,百度、搜狗等综合搜索引擎大多有音乐搜索、图片搜索、地图搜索、新闻搜索等垂直搜索产品。

除了综合搜索引擎和垂直搜索引擎,还有一种常见的搜索系统,即站内搜索。站内搜索比较常见,如 CNKI、今日头条、抖音、哔哩哔哩、淘宝、京东、中国大学 MOOC、爱课程等信息资源系统几乎都提供站内搜索功能。由于不跨平台，只搜自己站内的资源，所以站内搜索查准率比较高。

2. 按照工作机制划分

1）独立搜索引擎

独立搜索引擎是指独立拥有搜索器、索引器、索引数据库、检索器、用户接口，其工作不依赖其他搜索引擎的搜索引擎，比较常见的如百度等搜索引擎都属于独立搜索引擎。其所谓的"独立"，主要是相对于元搜索引擎和集成搜索引擎而言的。

2）元搜索引擎

元搜索引擎是指通过一个统一的用户界面帮助用户在多个搜索引擎中实现检索，并对检索结果进行优化处理的搜索引擎。"元"意为"总的""超越"，元搜索引擎是对多个独立搜索引擎的整合、调用、控制和优化利用。在元搜索工作过程中，被调用的搜索引擎称为源搜索引擎或独立搜索引擎，即通常意义上的搜索引擎。

元搜索引擎一般由用户接口、检索代理和结果优化三部分组成。用户通过浏览器访问元搜索引擎网站（即用户接口），用户接口将接收的用户检索条件转交给检索代理。检索代理先把检索条件进行转换以适应不同的源搜索引擎，然后分别进行检索提交，源搜索引擎执行元搜索引擎检索请求后将检索结果以应答形式传送给元搜索引擎，元搜索引擎通过结果优化模块将从多个源搜索引擎获得的检索结果进行合并、去重、排序等优化，并通过用户接口提供给用户。

元搜索引擎通过一个统一的用户界面帮助用户实现对多个搜索引擎的检索，并对检索结果进行整合和优化处理。与独立搜索引擎相比，元搜索引擎不需要通过采集器抓取网页，也没有庞大的索引数据库。元搜索引擎通过用户接口接收用户的检索请求，然后将用户请求转交给多个独立的搜索引擎并从独立搜索引擎获取检索结果，然后将从多个独立搜索引擎获取的检索结果直接或进行相关优化处理后返回给用户。尽管元搜索引擎具有独立搜索引擎不具备的优势，但其搜索结果不仅受制于自身的搜索技术更受制于为其提供搜索结果的源搜索引擎，其发展和应用并不乐观，不少元搜索引擎曾经昙花一现，目前留下来的并不多。

四、常用搜索引擎

1. 百度

百度于2000年1月在北京中关村创立。2000年5月，百度首次为门户网站——硅谷动力提供搜索技术服务，之后迅速占领中国搜索引擎市场，成为最主要的搜索技术提供商。2001年8月，百度发布Baidu.com搜索引擎Beta版，从后台服务转向独立提供搜索服务，并且在中国首创了竞价排名商业模式。2001年10月22日百度搜索引擎正式发布。百度搜索引擎是全球最大的中文搜索引擎。百度网址：http://www.baidu.com。"百度"二字，来自南宋词人辛弃疾《青玉案·元夕》词句"众里寻他千百度"，象征着百度对搜索技术的执着追求。

百度主要提供网页搜索、新闻搜索、图片搜索、视频搜索、学术搜索等搜索功能，并推出百度百科、百度知道、百度文库、百度地图、百度翻译等产品。随着移动互联网技术的发展和智能手机的普及,百度推出了手机版百度 APP。

案例 6-1:利用文心一言查找视频制作软件

百度文心一言是一个人工智能模型,任何人都可以通过输入指令进行互动,通过提出问题或要求,高效地获取信息、知识和灵感。文心一言有五大能力:文学创作、商业文案创作、数理逻辑推算、中文理解、多模态生成。2023 年 10 月 17 日,在百度世界大会 2023 上,文心大模型 4.0 正式发布。目前可以免费体验文心一言 3.5 版本。文心一言生成内容如图 6-2 所示。

第一步:搜索百度文心一言网站,进入该网站。

第二步:百度文心一言需要注册才能使用,可以用百度账号登录。

第三步:在百度文心一言检索框内输入指令“用什么软件做一个视频”,点击“确定”后可以看到推荐结果。

第四步:对推荐软件逐一分析,从中选择一款适合自己的视频制作软件。

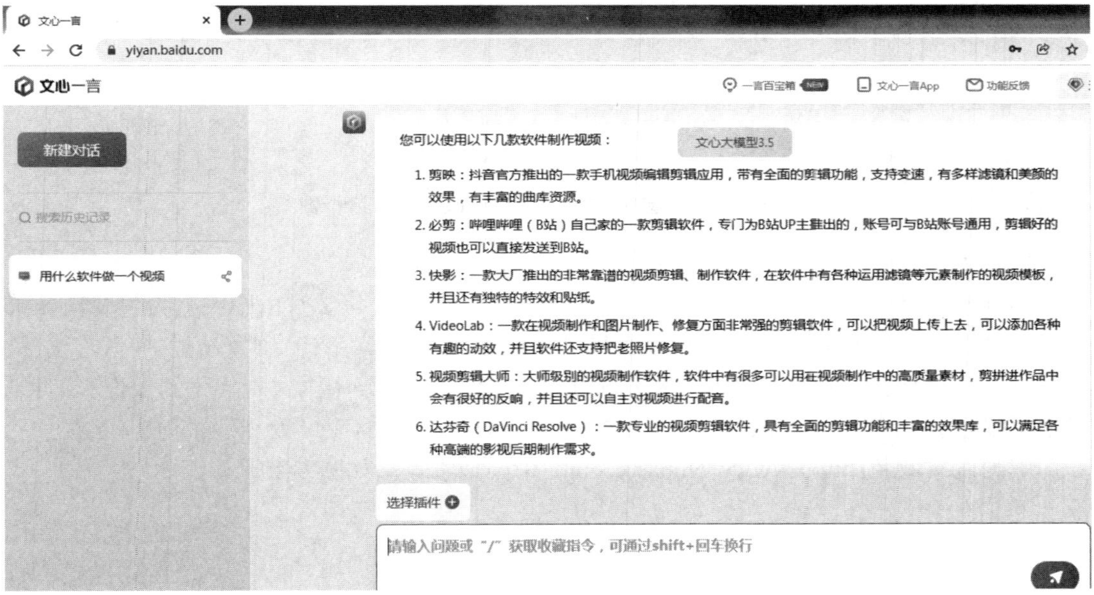

图 6-2　文心一言生成内容

案例 6-2:讯飞星火、文心一言和 chatgpt,谁的热度高

百度指数是以百度海量网民行为数据为基础的数据分析平台。因为网民在使用百度搜索时,搜索的时间、IP 所在地(地点)、使用关键词等行为数据会被百度搜索引擎记录下来,形成搜索大数据,同时结合其他各种来源数据,形成百度指数数据。讯飞星火、文心一言和 chatgpt 是三种由人工智能技术驱动的自然语言处理工具,可以使用百度指数了解这三种人工智能工具谁的热度更高。

第一步:搜索百度指数网站,进入该网站。

第二步:百度指数需要注册才能使用,可以用百度账号登录。

第三步：在百度指数检索框内分别输入关键词：讯飞星火、文心一言和 chatgpt。点击“确定”后可以看到搜索结果，如图 6-3 所示。

第四步：对搜索指数进行分析，显然在 2023 年 11 月 27 日至 2023 年 12 月 26 日文心一言相比讯飞星火和 chatgpt 热度更高。

第五步：还可以利用需求图谱和人群画像进行分析。

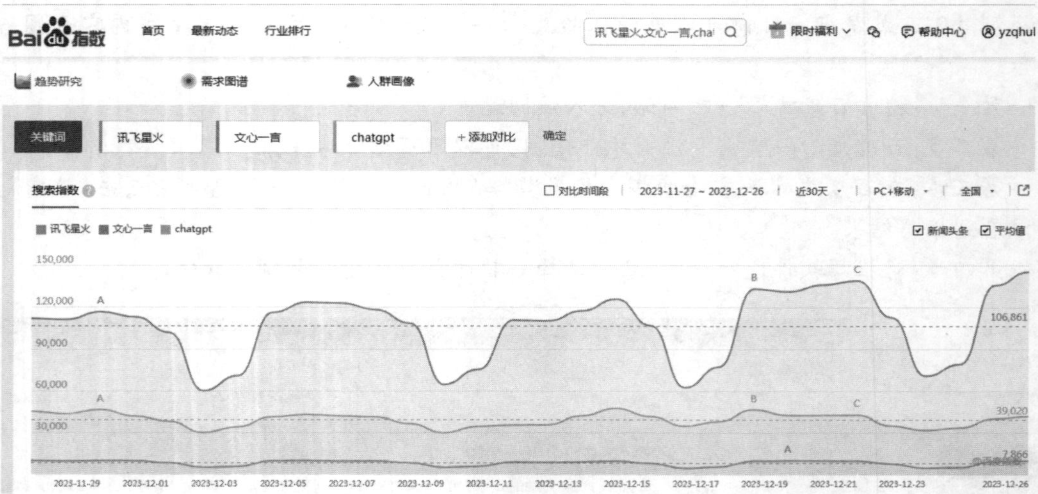

图 6-3 讯飞星火、文心一言和 chatgpt 百度指数

2. 中国搜索

中国搜索是由新华社主管主办的国家搜索平台，于 2014 年 2 月由中央七大主要新闻单位联合设立。作为中央新闻网站、国家高新技术企业，中国搜索坚持“国家站位、搜索定位、科学品位、市场地位”，致力于以中国观点、中国算法，重组服务于中国式现代化的数据和信息。由中国搜索承建的“中国好故事”外宣公共平台，全方位展现可信、可爱、可敬的中国形象。

中国搜索域名：https://www.chinaso.com。中国搜索首页如图 6-4 所示。

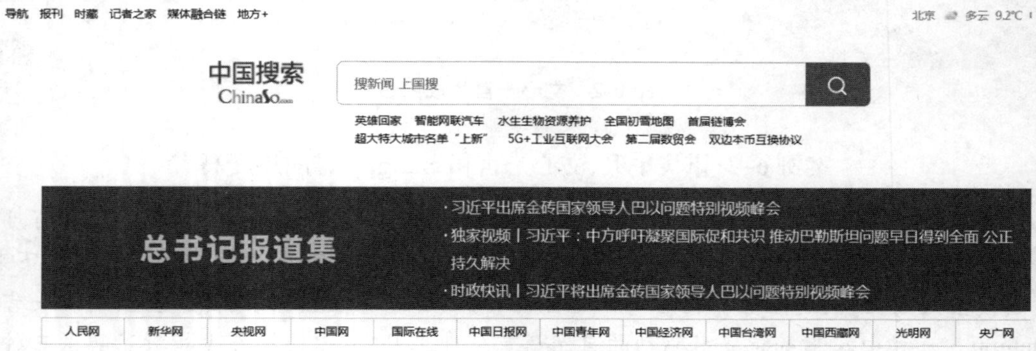

图 6-4 中国搜索首页

案例 6–3:搜新闻,用中国搜索

中国搜索内容来源于中央媒体、地方媒体、商业媒体和电子报,搜索结果是新闻单位原创性新闻,相比其他搜索引擎,新闻内容质量更高,更具有权威性、真实性、可靠性。

第一步:进入中国搜索网站。

第二步:在检索框内输入关键词“职教出海”。点击“搜索”按钮后可以看到 7 830 条搜索结果,如图 6-5 所示。

第三步:在搜索结果里选择自己需要的新闻内容。

图 6-5 搜索“职教出海”

3. 搜狗

搜狗于 2004 年 8 月 3 日上线。搜狗以搜索技术为核心,致力于对中文互联网信息的深度挖掘。在运营搜索引擎业务的同时,搜狗也推出输入法、浏览器等业务。与其他搜索引擎类似,搜狗支持高级搜索语法,也有高级搜索界面。搜狗的垂直搜索,不仅有图片搜索、视频搜索,还可以专搜知乎、微信。搜狗域名:http://www.sogou.com。搜狗首页如图 6-6 所示。

图 6-6 搜狗首页

案例 6-4:用搜狗微信搜索“职教本科”微信公众平台内容

搜狗微信是搜狗在 2014 年 6 月 9 日推出的一款针对微信公众平台的搜索工具。搜狗微信支持搜索微信公众号和微信文章。

第一步:进入搜狗搜索网站,选择搜狗微信。

第二步:在检索框内输入关键词“职教本科”。

第三步:点击“搜文章”后可以看到搜索结果,如图 6-7 所示。

图 6-7 搜索微信文章

4. Bing

Bing，中文名为必应，是一款由微软公司推出的用以取代 Live Search 的搜索引擎，于2009 年 5 月 28 日发布，简体中文版于 2009 年 6 月 1 日开放访问。其后，微软推出了 Bing 的移动版本，手机和其他移动设备用户可登录 m.bing.com 享受移动搜索服务。微软方面声称，此款搜索引擎以全新姿态面世，将带来新革命。Bing 的名称取自一位百岁老人的姓氏，中文名称必应有"有求必应"的寓意。

Bing 简体中文版除提供网页搜索外，还提供图片搜索、视频搜索、资讯搜索、地图搜索等垂直搜索服务，Bing 英文版中还有旅游、历史、购物等垂直搜索服务。对于某些检索词，Bing 会对检索结果进行分类。Bing 域名：http://www.bing.com。Bing 首页如图 6-8 所示。Bing 推出了必应学术，用于搜索 Internet 上的中英文学术论文、学术网站、课件等学术资源。

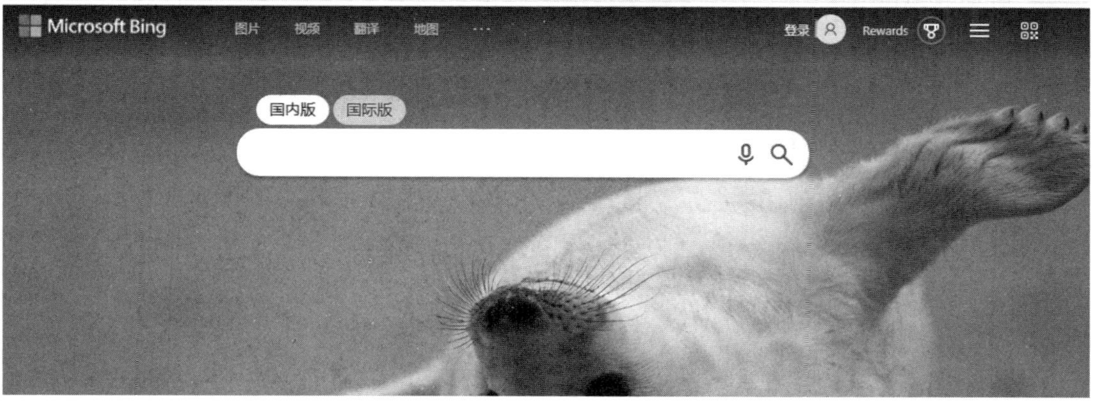

图 6-8　Bing 首页

案例 6-5：用必应学术搜索 2018 年至 2022 年"信息检索"方面的内容

第一步：进入 Bing 网站首页，选择"学术"，如图 6-9 所示。

图 6-9　必应学术

第二步:在“学术”检索框内输入关键词“信息检索”,时间限定选择2018年至2022年。

第三步:点击搜索图标后可以看到搜索结果,如图6-10所示。搜索结果按时间倒序、时间正序和引用数等相关性进行排序。

图6-10 “信息检索”搜索结果

五、搜索引擎的检索功能

1. 布尔逻辑检索

百度支持常用的基本检索技术,可以采用逻辑运算符来扩大和缩小搜索范围。

1)逻辑与

逻辑与运算符为空格或“+”,检索语法是“A　B”或“A+B”,用于缩小搜索范围。用百度查询时不需要使用“AND”,只要空格或“+”即可。因为百度会把关键词之间的空格或“+”识别为“AND”,提供符合全部查询条件的网页。

例如:想了解亚洲经济危机信息,只需在搜索框中输入“亚洲　经济危机”,如图6-11所示。

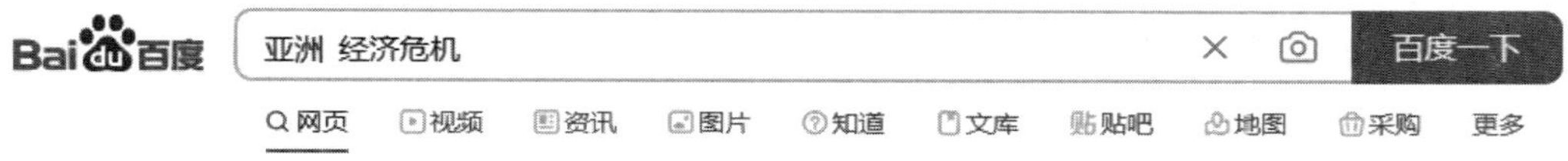

图 6-11　逻辑与

提示:虽然搜索引擎可以自动将不同的词语拆分后再搜索,但是最好在不同词语之间输入空格,尤其是在查询词比较复杂时,这样得到的结果会更准确。

2)逻辑或

逻辑或运算符为“ |”,“ |”前后都要空格,检索语法是“A | B”,用于扩大检索范围。

例如:想了解亚洲经济危机或者欧洲经济危机的信息,只需在搜索框中输入“亚洲经济危机 | 欧洲经济危机”,如图 6-12 所示。

图 6-12　逻辑或

3)逻辑非

逻辑非运算符为“-”,减号前必须留一空格,减号后无空格,检索语法是“A-B”,用于缩小检索范围,排除某一内容。如果用户想除去包含特定关键词的网页,可以用减号语法。

例如:想了解经济危机而排除欧洲经济危机信息,只需在搜索框中输入“经济危机 - 欧洲”,如图 6-13 所示。

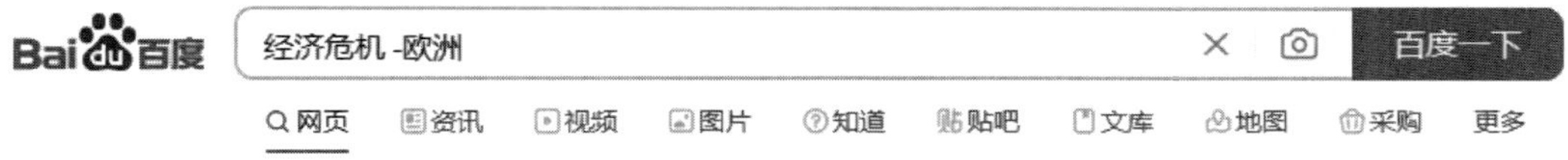

图 6-13　逻辑非

2. 高级搜索语法

1) intitle

intitle 是指关键词在网页标题中。网页标题通常是对网页内容提纲挈领式的归纳。把查询内容范围限定在网页标题中,有时能获得良好的效果。使用的方式是把查询内容中特别关键的部分,用“intitle:”引起来。

例如,找圆明园的历史,检索式为“历史　intitle:圆明园”。注意“intitle: ”和后面的关键词之间不要有空格,如图 6-14 所示。

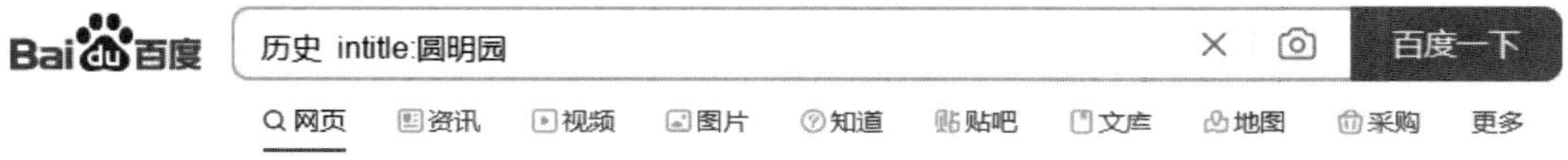

图 6-14　intitle 语法

2）filetype

filetype 对搜索内容做文件格式限制，使用方法是在“filetype：”后跟文件格式。“filetype：”可以跟以下文件格式：DOC、XLS、PPT、PDF、TXT、ALL。其中，ALL 表示搜索所有文件类型。

例如：想搜索含有关键词英语四级的 PDF 文档，检索式为“英语四级 filetype：PDF”，如图 6-15 所示。

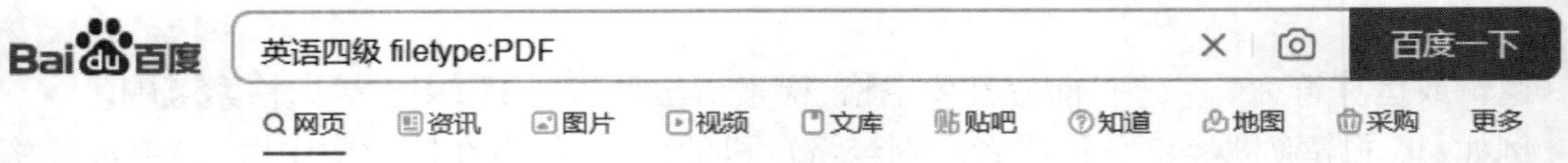

图 6-15　filetype 语法

3）site

site 用于限定搜索目标范围。如果用户已经知道某个站点中有自己要找的东西，则可以把搜索范围限定在这个站点中，以提高查询效率。使用的方式是在查询内容的后面加上“site：站点域名”。

例如，在武汉船舶职业技术学院网站搜索船舶工程技术内容，输入检索式“船舶工程技术 site：wspc.edu.cn”，搜索结果为在武汉船舶职业技术学院网站 www. wspc.edu.cn 上含有关键字“船舶工程技术”的网页。注意“site：”后面跟的站点域名不要带“http：// www”。另外，“site：”和站点名之间不要带空格，如图 6-16 所示。

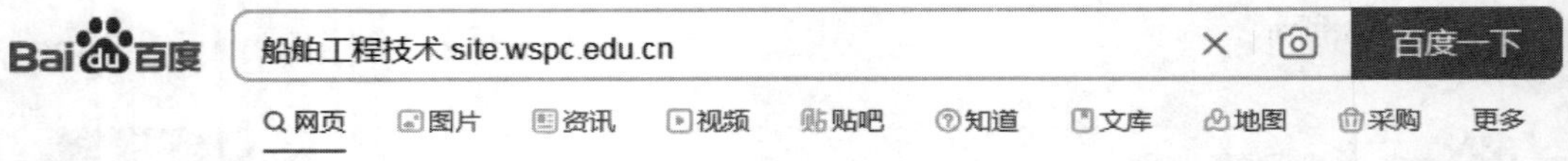

图 6-16　site 语法

4）inurl

inurl 拆开来就是 in 和 url，它的作用是限定在 URL（Uniform Resource Locator，统一资源定位器）中搜索，就是地址栏里的内容。使用方法是在“inurl：”后跟关键词。

例如搜索船舶方面的新闻，输入检索式“船舶 inurl：news”，如图 6-17 所示。

图 6-17　inurl 语法

3. 其他检索技术

1）书名号

书名号是百度独有的一个特殊查询语法。在其他搜索引擎中，书名号会被忽略，而在百度中，中文书名号是可被查询的。加上书名号的查询词，有两个特殊功能：一是书名号会出现在搜索结果中；二是被书名号扩起来的内容，不会被拆分。很多文艺作品的名字出现在网页里的时候会加上书名号，比如歌剧、戏曲、电影、相声等。这类作品的名字一般都很普通，像话剧《雷雨》《日出》，电影《英雄》《绿茶》，如果不加书名号，直接用作品名字当作关键词，那么搜索到的无效结果会很多。例如：搜索“英雄”就会搜索出来英雄钢笔，搜索“绿茶”就会有绿茶的种植方法，等等。这个时候给关键词加上书名号会提高搜索结果的精准度，如图6-18所示。

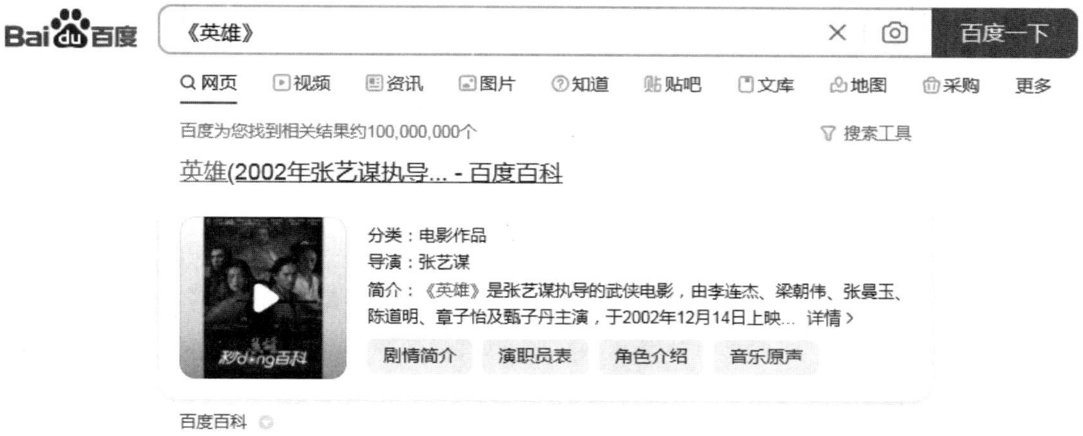

图 6-18　书名号的应用

2）双引号

例如，想搜索含有“黄鹤楼游玩攻略”字样的网页，就要将上述7个字加双引号，这样搜索出来的结果就是精确含有“黄鹤楼游玩攻略”这7个连续字的网页，如图6-19所示。

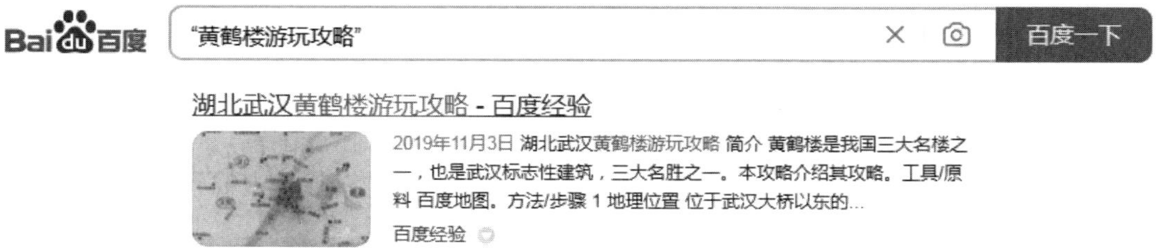

图 6-19　双引号的应用

六、搜索引擎的检索策略

搜索引擎的检索策略是指利用搜索引擎进行信息检索的全面规划，主要涉及分析检索需求、选择搜索引擎及其具体功能、确定检索表达式、修正检索表达式等。

1. 分析检索需求

分析检索需求是信息检索的前提，在进行信息检索之前仔细分析自己的检索需求是必要的。不同的检索系统适合不同的检索需求，对搜索引擎检索而言，分析检索需求的一个重要任务是考虑搜索引擎对检索需求的适配性。尽管搜索引擎不可能满足所有检索需求，但是在检索思路不明确的情况下，搜索引擎应该是检索系统的首选。通过搜索引擎，即使不能直接找到目标信息，往往也能找到相关的检索思路，有利于进一步检索。例如，搜索引擎可能无法直接让用户看到某一本书的全文信息，但是通过搜索引擎可以获取相关线索和思路，根据这些线索和思路，再通过 OPAC 检索图书馆的馆藏信息，也可以通过超星汇雅电子书数据库等进行检索。

2. 选择搜索引擎及其具体功能

在确定使用搜索引擎检索的前提下，我们仍要在多个搜索引擎中做出选择。目前，搜索引擎繁多，每个搜索引擎都各有特色，适合不同的检索需求。例如，目前国内最大的中文搜索引擎百度适合多数中文检索需求，全球最大的搜索引擎 Google 适合多数外文信息检索需求，某些垂直搜索引擎适合特殊类型的检索需求。在搜索引擎的具体选择上，我们一方面要考虑搜索引擎的特色和性能，另一方面要结合自己的检索习惯。

确定搜索引擎后，我们还要考虑搜索引擎的具体检索功能。使用搜索引擎的简单检索，还是使用高级检索语法或者高级检索界面，需要综合考量具体的检索需求和具体的搜索引擎。一般而言，使用搜索引擎的简单检索功能就能完成多数常见的检索任务，使用高级检索语法或者高级检索界面能满足特殊的检索需求，或者提高检索效率。

3. 确定检索表达式

检索表达式的确定是使用搜索引擎检索的一个关键步骤。检索表达式选取的合适与否直接关系到检索效果的好坏。作为在搜索引擎检索框中输入的文字和符号，检索表达式并没有一个固定的格式，但考虑到检索的效率，在分析检索需求的基础上，使用“主 + 辅 + 限定”结构检索表达式能取得较好的检索效果。“主 + 辅 + 限定”结构检索表达式是指由主题词、辅助词、语法限定组成的检索表达式。

1)主题词

主题词表达某种明确概念，可以表达任何主题，不限于名词。在确定主题词时要遵循以下基本原则。

首先，表述准确。尽管搜索引擎会对用户提交的检索表达式进行拆分、去词或者错别字纠正等必要的预处理，但并非所有的检索表达式错误都能得到搜索引擎的纠正或提示。由表述不准确的主题词组成的检索表达式会对搜索引擎产生误导，降低查准率和查全率，甚至得到完全不相关的结果。例如，要查找 2023 年国内十大新闻事件，主题词可以是“2023 年国内十大新闻事件”，但如果手误输入的是“2023 年国外十大新闻事件”，检索结果肯定是完全不相关的，而且搜索引擎不会给出任何错误提示，因为搜索引擎只会对明显不符合逻辑的检索表达式进行错误提示。

其次，与主题相关。目前，绝大多数搜索引擎并不能很好地处理自然语言，在通过搜索引擎进行检索时，不要直接把自己的想法输入搜索引擎的检索框，而应该提炼成简练且与检索需求密切相关的主题词。例如，某大学一年级学生，想找一些有关信息素养方面的精品在线开放课程信息资源，他没做任何提炼就直接输入“大学一年级信息素养方面的精品在线开放课程信息资源”，尽管很完整地体现了检索意图，但是效果并不好。并不是所有信息素养课程都是针对大学一年级的，因此“ 大学一年级” 实际上与主题无关，而且会使搜索引擎过滤掉大量不含“大学一年级”但非常有价值的信息。同样，“信息资源”也与主题无关，会导致漏检，因为尽管有关信息素养的精品在线开放课程属于信息资源，但“信息资源”这四个字并不一定出现在这个网站上。另外，“方面的”属于没有检索意义的词，会对检索结果产生干扰。实际上，就这个检索需求而言，主题词有两个，即“信息素养”和“精品在线开放课程”，因此，即使仅用主题词组成的检索表达式“信息素养精品在线开放课程”也能取得较好的检索效果，中间的空格表示布尔逻辑与，要求检索结果中必须出现“信息素养”和“精品在线开放课程”两个词，但不要求两个词连着出现。这样的主题词不仅与主题密切关联，而且简练。

最后，考虑主题词的等同词、上位词、下位词和同类词。引起等同词的原因有很多，如缩写和全称、学名和俗名、简繁体、不同语言说法、不同时代说法、别称等。例如，“管理信息系统”“Management Information System”和“MIS”属于等同词，前两者体现了同一个概念在不同语言中的表达，“MIS”作为缩写，在相关中英文网页中的应用也很普遍。上位词，指概念上外延更广的主题词。例如，“花”是“鲜花”的上位词，“音乐”是“MP3”的上位词，等等。下位词，是指概念上内涵更窄的主题词。例如，“天气”的下位词包括“北京天气”“武汉天气”等。同类词，是指与主题词具有某种相同属性的词。与主题词有同一个上位词的，都是同类词。例如，“玫瑰花”和“桃花”有一个共同的上位词“花”，因此这两个词属于同类词。在检索效果不佳时，适当考虑使用原主题词的等同词、上位词、下位词和同类词，有时能得到满意的检索结果。

2）辅助词

辅助词是指除主题词以外，符合检索需求的结果网页中可能存在的文字，而这些文字大多与检索需求没有直接关系，一般配合主题词起排除作用。检索表达式中的辅助词主要是根据网页的特征进行选择的。很多类型的网页都有某种相似的特征，根据网页的特征选择检索表达式，往往能得到比较好的检索效果。例如：小说网页，通常都有一个目录页，小说名称一般出现在目录网页的标题中，而页面上通常有“目录”两个字；软件下载的网页，通常软件名称在网页正文和网页标题中，正文中有下载链接，并且会出现“下载”这个词；有关购物的网页，一般会出现“购物车”“报价”等词汇。根据这些不同的特征，可以有针对性地设定检索表达式。例如：检索《天龙八部》这部小说的网页，检索表达式可以是“目录 天龙八部”；检索“Photoshop”这个软件，检索表达式可以是“下载 Photoshop”；检索充电宝的购物网页，检索表达式可以是“充电宝 购物车”或者“充电宝 报价”；等等。上述检索实例中，通过恰当合理地使用辅助词起到过滤作用，进而提高检索效率，这种意识和能力需要在长期的检索过程中提高。

3）语法限定

语法限定是指使用搜索引擎提供的高级检索语法对检索结果所做的限制，以提高检索效率。语法限定主要涉及对关键词（即主题词和辅助词）的限定和对目标网页的限定两类。其中，对关键词的限定包括关键词出现位置的限定（intitle、inurl 等）、关键词之间位置关系的限定等；对目标网页的限定包括网页来源站点的限定（site）、网页语言限定、网页索引时间限定、文件格式限定（filetype）等。

需要说明的是，一个检索表达式中至少有一个主题词；辅助词和语法限定可有可无，若使用,可以有一个也可以有多个。例如,检索并下载“photoshop”这个软件,不同的检索表达式可能有不同的检索效果,见表6-2。

表6-2 检索并下载“photoshop”软件的检索表达式

检索表达式成分	检索表达式实例	说明
主题词	photoshop	仅包含一个主题词
主+辅	photoshop 下载	辅助词“下载”起过滤作用
主+语法限定	intitle:photoshop	把主题词的位置限定在标题中
主+辅+语法限定	Photoshop 下载 site:edu.cn	把目标网页来源限定在教育网内

4. 修正检索表达式

首次确定的检索表达式并不总是最优的,在实际检索时,我们往往需要根据搜索引擎返回的检索结果反复对检索表达式进行修正,直到得到满意的检索结果。若放宽检索条件以提高查全率,就会降低查准率,可能会出现大量相关度较低的结果;反之,若收紧检索条件以提高查准率,就会降低查全率,甚至得不到任何结果。因此,要正确分析误检、漏检原因,及时调整检索表达式。如果返回结果很多、误检率较高,原因可能是主题词不具体、主题词具有多义性、对关键词的限制不够等。在这种情况下,对检索表达式的修正方法有:提高关键词的专指度,选用下位词或专指性较强的词;减少同义词与同族相关词;增加限制条件,采用逻辑与运算符增加主题词;采用逻辑非运算符,排除无关结果;采用引号进行精确匹配;使用 filetype、site、intitle、inurl 等限定语法;进行二次检索;等等。

如果返回结果过少,或者根本没有返回结果,可能的原因有主题词太多、主题词不规范、主题词不准确、拼写错误、限制过多等。在这种情况下,对检索表达式的修正方法有:降低关键词的专指度,选用上位词或相关词检索;选用同义词采用逻辑或运算符;减少逻辑与运算;去除某些限制语法;去掉引号等。

第四节 实用网络资源检索

1. 中国大百科全书(第三版)网络版

中国大百科全书(第三版)网络版网址是 https://www.zgbk.com。中国大百科全书(第三版)网络版首页如图6-20所示。《中国大百科全书》是中国第一部大型综合性百科全书,由中国大百科全书总编辑委员会组织编纂,中国大百科全书出版社出版。1978年,中国大百科全书总编辑委员会和中国大百科全书出版社先后组织2万余名专家学者,取精用宏,历时15载,于1993年8月编纂成《中国大百科全书》。2009年8月,《中国大百科全书》(第二版)出版。《中国大百科全书(第三版)》是新时代我国的一项重大文化工程,既出版传统的纸质版,又与时俱进推出便捷易查的网络版。网络版涵盖13大学科门类、94个一级执行学科,共50万个条目。纸质版按学科分卷出版,从网络版中甄选、重组条目,形成各学科的科学核心体系框架,是具有完备参见、索引体系的专业性大型工具书。目前,网络版首批发布21万条,纸质版已出版5卷。

图 6-20　中国大百科全书（第三版）网络版首页

2. 术语在线

术语在线网址是 https://www.termonline.cn。术语在线首页如图 6-21 所示。术语在线是由全国科学技术名词审定委员会主办的规范术语知识服务平台，是规范术语的数据中心、应用中心和服务中心，支撑科技发展，促进学术交流。术语在线包含全国科学技术名词审定委员会发布的规范名词数据库、名词对照数据库，以及工具书数据库等资源，累计有 50 万余条规范术语，范围覆盖自然科学、工程与技术科学、医学与生命科学、人文社会科学、军事科学等学科领域。

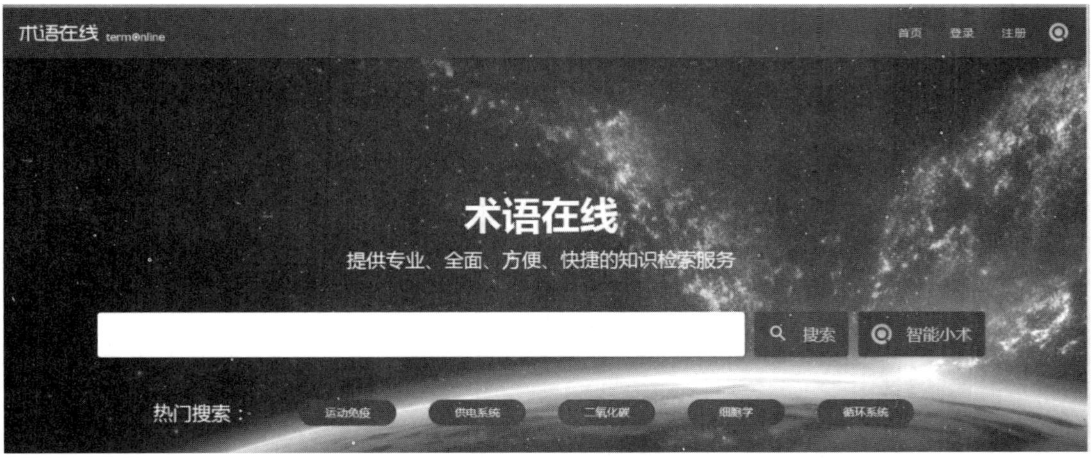

图 6-21　术语在线首页

3. CNKI 翻译助手

CNKI 翻译助手网址是 https://dict.cnki.net/indexCNKI。CNKI 翻译助手首页如图 6-22 所示。CNKI 翻译助手是由中国知网开发制作的大型在线辅助翻译系统。2010 年左右，CNKI 推出了专门面向学术领域个人用户的中、英双语在线翻译工具——CNKI 翻译助手。不同于一般的英汉互译工具，CNKI 翻译助手是依托 CNKI 海量学术双语平行语料库（学术文献、工具书、主题词表等）和 CNKI 专业文献机器翻译技术，专门面向学术领域客户端用户打造的中、英双语在线翻译工具。CNKI 翻译助手能够提供学科领域内较全面、较专业的词汇翻译和(长、短)文本翻译服务,以及与词汇、短语翻译结果相关的基于学术成果的事实性翻译证据——双语例句、英文例句、相关文摘和相似文献。

图 6-22 CNKI 翻译助手首页

课后习题

(1)在网上检索湖北恩施大峡谷的有关概况,并写出检索步骤和检索式。

(2)在网上检索有关"船舶原理"方面最新的图书书名、作者、出版社,并写出检索步骤和检索式。

(3)能在网上检索到被誉为"中国的保尔·柯察金"的吴运铎的文献资料吗?简述之。

第七章　特种信息资源检索

人们通常把除图书、期刊之外的出版物称作特种文献。特种文献包括专利文献、标准文献、学位论文、会议文献和科技报告等。它们的出版周期不固定，内容不同于图书和期刊，有的不公开出版（如学位论文）。特种文献属于一次信息，具有较高的学术价值，但同时又存在检索难、索取原始文献难的情况。随着 Internet 的出现，现在很多特种文献都可以通过网络进行检索，极大地方便了人们对这类文献的利用。本书的特种信息资源就是指特种文献。

第一节　专利文献检索

一、专利的基本概念

1. 专利权

专利（Patent）是专利权的简称，是国家按专利法授予申请人在一定时期内对其发明创造成果享有独占、使用和处理的权利。专利的概念包含三层意思。

第一，从法律角度理解，是指专利权人对发明创造享有的专利权，即国家依法在一定时期内授予发明创造者或者其权利继受者独占使用其发明创造的权利。专利权具有独占的排他性，受法律的保护。非专利权人要想使用他人的专利技术，必须依法征得专利权人的授权或许可并支付一定的费用，否则就是侵权，要负法律责任。

第二，从技术角度理解，是指受到专利法保护的发明创造，是被国家认可并在公开的基础上受法律保护的专有技术。

第三，从文献角度理解，是指专利局颁发的确认申请人对其发明创造享有专利权的专利证书，或指记载发明创造内容的专利文献，指的是具体的物质文件。

2. 专利权的特点

专利权作为一种无形财产权，与有形财产权相比，具有专有性、地域性和时间性三大特点。

1）专有性

发明创造的专利权是唯一的、垄断的、排他的。

2）地域性

各国专利法是独立的，因此专利权只在批准国管辖的境内有效，在其他国家不发生法律效力。因此，一件发明若要在许多国家或地区得到法律保护，必须分别在这些国家或地区申请专利。地域性的特点使专利的保护有了国际专利合作条约（PCT）、优先权、边境保护等制度。

3）时效性

时效性是指专利权具有一定的期限。各国专利法对专利权的有效保护期限都有自己的规定，计算保护期限的起始时间也各不相同。《中华人民共和国专利法》第四十二条规定："发明专利权的期限为二十年，实用新型专利权的期限为十年，外观设计专利权的期限为十五年，均自申请日起计算。"

3. 专利的类型

我国于 1985 年颁布实施了第一部专利法——《中华人民共和国专利法》，2020 年 10 月 17 日第十三届全国人民代表大会常务委员会第二十二次会议《关于修改〈中华人民共和国专利法〉的决定》对其进行第四次修正。我国的专利类型如下。

1）发明专利

发明专利是指对产品、方法或者其改进所提出的新的技术方案。例如：电话。

2）实用新型专利

实用新型专利是指对产品的形状、构造或者其结合所提出的适于实用的新的技术方案。例如：壁式电话。

3）外观设计专利

外观设计专利是指对产品的整体或者局部的形状、图案或者其结合以及色彩与形状、图案的结合所做出的富有美感并适于工业应用的新设计。例如：把电话做成卡通外观和动物外观。

4. 专利文献的特点

1）数量巨大，内容广博

专利文献数量巨大，全世界每年公布的专利说明书为 100 万余件，占世界每年 400 万件科技出版物的 1/4。世界知识产权组织的统计表明，世界上每年发明创造的 90%~95% 能在专利文献中查到。专利文献内容涉及所有应用技术领域，从日常生活用品到复杂的高精尖技术，无所不包，从纽扣、扳手、雨伞、玩具到飞机、雷达、核反应堆、海洋波浪发电装置、宇宙服的压力平衡器、火箭点燃装置等。

2）内容新颖，报道迅速

专利文献的新颖性主要体现在两个方面：一是由于经济与技术领域内的激烈竞争，以及专利法中所遵循的先申请原则，促使各国的发明者都急于申请专利，以防同行抢先申请专利；二是世界上大多数实行专利制度的国家的专利法都规定，申请专利的发明创造，必须具有新颖性。因此，经专利局实质审查批准出版的专利说明书，内容在当时来说是最新的。

3）内容详尽、具体

各国专利法都有规定，专利说明书的撰写必须十分详尽。国际专利合作条约对撰写专利说明书做了明确的规定。其要求是：专利说明书可公开的发明内容务必完整、清楚，以同技术领域的内行人能实施为标准。因此，专利文献较之其他科技文献，在技术内容的叙述上往往更为具体、详尽。

4）格式规范，语言严谨

为便于国际交流，各国的专利说明书一般都采用国际统一的格式出版印刷，说明书中的著录项目都标以国际统一的识别代码，说明书的尺寸也基本相同，文字上力求简练、明确、严谨。

5）大量重复报道

据统计，全世界每年大约出版100万件专利文献，只有三分之一是新发明，其他三分之二均为重复报道。其原因主要是专利的地域性的限制和各国家专利所具有的独立性。一项发明若想在多个国家获得专利权，必须分别向这些国家提出申请，这就造成一项发明在多国公布。另外，实行早期公开延迟审查的国家，对同一发明创造从申请到批准往往多次公布，也造成专利文献的大量重复。

二、国际专利分类法（IPC）

随着专利制度的国际化，为了便于更好地利用各国专利文献，逐步产生了国际上通用的国际专利分类法（International Patent Classification，IPC），其是目前世界上广泛使用的一种专利分类系统。目前，世界上主要的专利分类体系可归纳为4种，即《国际专利分类表》《美国专利分类表》《英国专利分类表》和英国德温特出版公司编制的分类体系。当今，许多国家普遍采用的分类表是《国际专利分类表》，只有英美等少数国家仍在采用自己的专利分类表，但在说明书及相应的检索工具的著录中都附有国际专利分类号。

《国际专利分类表》准备工作最早始于20世纪50年代初。1954年12月，欧洲理事会16个成员国在巴黎签订了《关于发明专利国际分类法欧洲协定》。根据此协定，1968年诞生了第一版《国际专利分类表》。IPC分别用英、法两种文字出版，为了改进分类系统和适应技术的不断发展，《国际专利分类表》每五年修订一次，因此各版分类表都有一个特定的有效期。

IPC共分8个部、22个分部、128个大类、640个小类，小类之下还分有大组和小组，类目总数达69 000多个。由于定期修订，所以在使用《国际专利分类表》时，要用与所查专利年代相应的版本。如检索2009年的专利文献要使用第八版《国际专利分类表》，而检索1999年的专利文献就要使用第六版《国际专利分类表》。

IPC采用部、大类、小类、大组、小组5个等级进行分类。

（1）部（Section）。IPC共分8个部，每个部都有部名及部号，8个部号分别用大写字母A、B、C、D、E、F、G、H表示，每个部又包含若干个分部。分部只有分部名而没有分部号，它只在分类表中作为情报性分类标题出现。

（2）大类（Class）。每个大类都有类名和类号，大类号由部类号加上两位阿拉伯数字组成。

（3）小类（Sub-Class）。每个小类都有类名和类号，小类号由大类号加上一个大写英文字母组成。

（4）大组（Group）。大组（又称为主组）号由小类号加上一个1~3位阿拉伯数字（必定是奇数），然后加上一条斜线“/”，再加上两个零组成。

（5）小组（Sub-Group）。小组（又称为分组）号是由小类号加上一个1~3位的阿拉伯数字后加上一条斜线“/”，再加上2~4位阿拉伯数字（100除外）组成。

一个完整的IPC分类号应由部、大类、小类、大组、小组5个等级的符号依次组成，如图7-1所示。

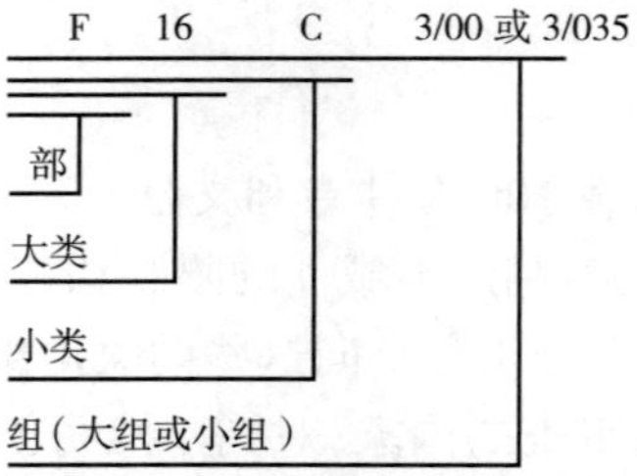

图 7-1 IPC 分类号示例

三、专利文献数据库

中国建立了专门的专利网站，将知识产权信息资源放在网上供用户免费检索，使专利的发布、传播和检索更加方便，同时有利于开发和利用专利信息资源。国内主要提供专利全文服务的数据库系统和网站如下。

1. 中国专利全文数据库（知网版）

中国专利全文数据库（知网版）包含发明公开、发明授权、外观设计和实用新型 4 个子库，准确地反映了中国最新的专利发明。专利相关的文献、成果等信息来源于 CNKI 各大数据库。用户可以通过申请号、申请日、公开号、公开日、专利名称、关键词、分类号、申请人、发明人、优先权等检索项进行检索，并一次性下载专利说明书全文。数据来自国家知识产权局知识产权出版社。CNKI 中国专利全文数据库首页如图 7-2 所示。

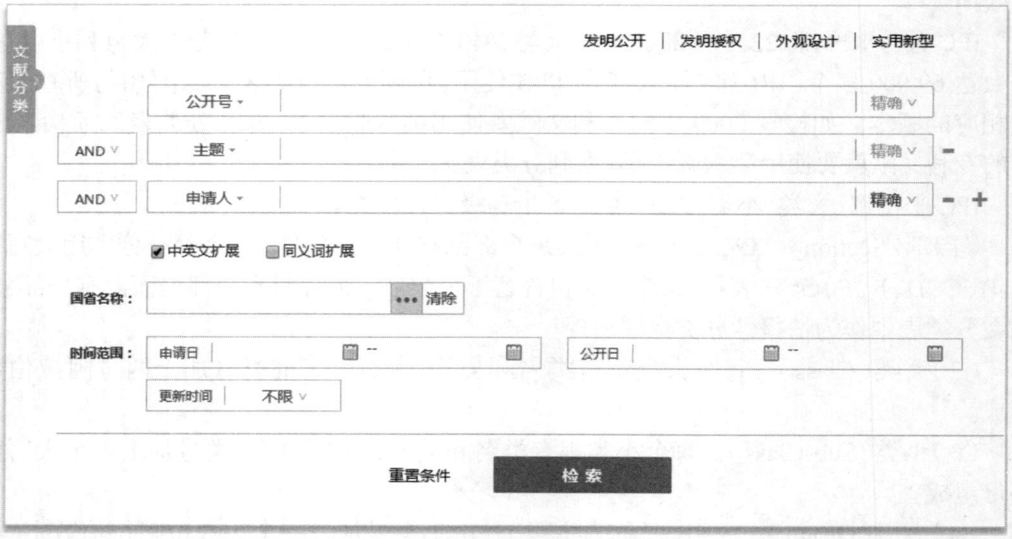

图 7-2 CNKI 中国专利全文数据库首页

与通常的专利数据库相比，中国专利全文数据库（知网版）的每项专利都集成了与该专利相关的最新文献、科技成果、标准等信息，可以完整地展现该项专利产生的背景、最新发展动态、相关领域的发展趋势，可以浏览发明人与发明机构更多的论述以及在各种出版物上发表的文献。

按照种类不同，专利可分为发明公开、发明授权、外观设计和实用新型4个类型，其中发明公开、发明授权和实用新型采用IPC分类和CNKI 168学科分类，外观设计采用国际外观设计分类和CNKI 168学科分类。收录年限为1985年至今。截至2023年10月，中国专利全文数据库（知网版）共计收录专利4 990万余项。

案例7-1：检索船舶伴流管的专利

（1）在浏览器中输入www.cnki.net，登录中国知网网站首页。

（2）在中国知网首页的“单库”中选择“专利”，进入CNKI中国专利全文数据库。

（3）在默认检索页输入检索条件，主题为“船舶伴流管”，如图7-3所示。

图7-3 CNKI中国专利全文数据库检索

（4）点击“检索”按钮，可以检索到1篇关于船舶伴流管的专利，如图7-4所示。

图7-4 检索结果

2. 国家知识产权局

国家知识产权局网站(https://www.cnipa.gov.cn)是由国家知识产权局建立的政府性官方网站,如图 7-5 所示。该网站提供多种与专利相关的信息服务,涉及专利申请、专利审查、专利保护、专利代理、PCT 介绍、集成电路布图设计、文献服务、图书期刊、专利信息产品、专利培训、专利知识与专利工作问题等方面,并建立了与知识产权相关政府网站、地方知识产权局网站、知识产权服务网站、国外知识产权网站、知识产权司法网站的链接,是用户通过 Internet 查找专利信息的重要途径。

图 7-5 国家知识产权局网站

国家知识产权局的专利数据库可以检索 1985 年以来公布的全部中国专利信息,包括发明、实用新型和外观设计三种专利的著录项目及摘要,并可浏览专利说明书的全文及外观设计图形。

该数据库高级检索提供了关键词、申请号、公开号等多个检索途径,检索时可以根据具体情况和实际需要选择使用或组合使用,同时也可以选择专利的类型。检索界面提供了比较详尽的使用说明,另外在鼠标接近各检索项时会自动出现简要说明和检索示例,即使对检索不熟悉,也能仿照示例开始检索。

中国专利文献编号体系包括六种专利文献编号。

(1)申请号:国家知识产权局受理一件专利申请时给予该专利申请的一个标识号码。它是确定发明创造申请受理的标志。

(2)专利号:在授予专利权时给予该专利的一个标识号码。

(3)公开号:对发明专利申请公开说明书的编号。

(4)审定号:对发明专利申请审定说明书的编号。

（5）公告号：包括对实用新型专利申请说明书的编号和对公告的外观设计专利申请的编号。

（6）授权公告号：包括对发明专利说明书的编号，对实用新型专利说明书的编号和对公告的外观设计专利的编号。

案例 7–2：检索关于智能网联汽车测试方面的中国有效实用新型专利

（1）在国家知识产权局网站找到“专利检索”，进入专利检索与分析页面，或者直接输入网址 https：//pss-system.cponline.cnipa.gov.cn/conventionalSearch 进入专利检索与分析页面，如图 7-6 所示。

图 7-6　专利检索与分析页面

（2）输入账号和密码登录，可以免费注册。

（3）在默认检索页，输入检索式“智能网联汽车 and 测试”。数据范围选择“中国”，点击“检索”按钮，如图 7-7 所示。

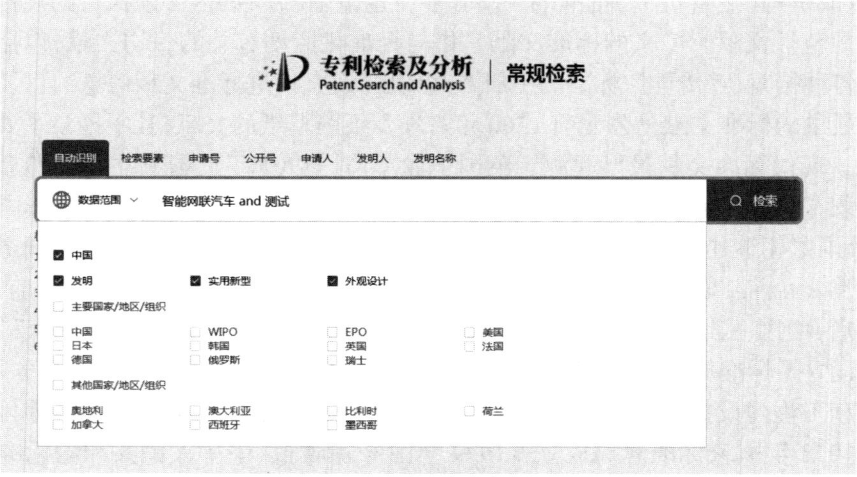

图 7-7　输入检索式“智能网联汽车 and 测试”

(4)在检索结果页面再次选择“实用新型”“有效”，进行二次检索，就可以检索到智能网联汽车测试方面的中国有效实用新型专利，如图 7-8 所示。

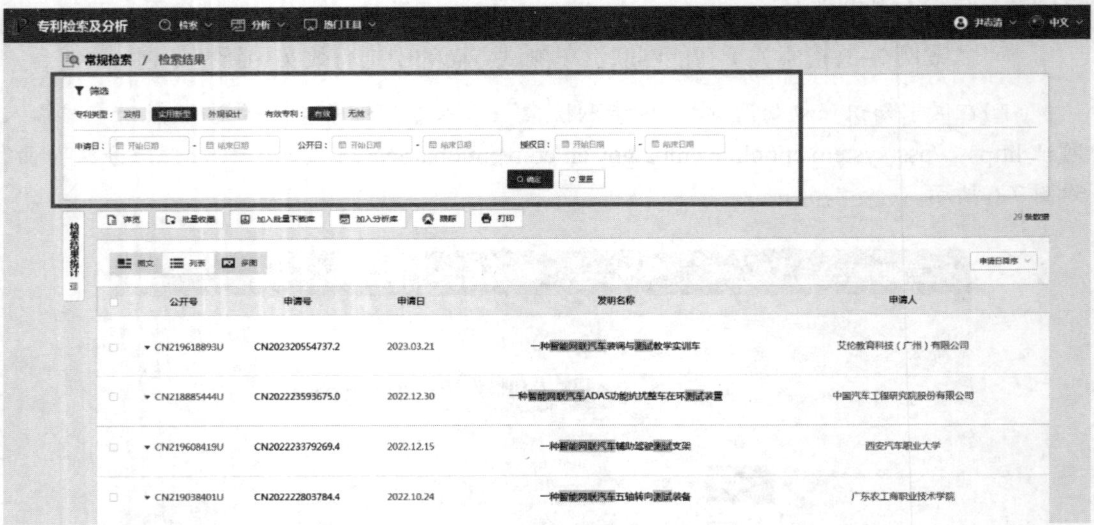

图 7-8　二次检索结果

第二节　标准文献检索

一、标准概述

《标准化工作指南第 1 部分：标准化和相关活动的通用术语》（GB/T20000.1—2014）中对标准的定义如下：通过标准化活动，按照规定的程序经协商一致制定，为各种活动或其结果提供规则、指南或特性，供共同使用和重复使用的文件。狭义的标准文献是指按规定程序制定，经权威机构（主管机关）批准的一整套在特定范围（领域）内必须执行的规格、规则、技术要求等规范性文献。广义的标准文献是指与标准化活动有关的一切文献，包括标准形成过程中的各种档案，宣传推广标准的手册及其他出版物，报道标准文献信息的目录索引等。

现存最早的标准文献是公元前 1500 年古埃及纸莎草纸的文献，其中抄录了处方标准及计量方法。现代标准文献最早起源于英国工业革命。1901 年英国成立了世界上第一个国家标准组织“英国标准学会”，同年世界上第一批现代标准文献问世。此后，美国、德国、法国、日本等国家相继建立了全国性标准化机构，并出版了各自的标准文献。中国最早的标准可以追溯到公元前 2700 年黄帝建立的度量衡制度。在中华人民共和国成立以前，由于经济技术的落后，中国一直没有自己的技术标准，而是采用外国标准。1957 年国家科学技术委员会内部设立了标准局，1958 年我国首次颁布了 128 项国家标准。1962 年国务院颁布《工农业产品和工程建设技术标准管理办法》，作为中国标准化的重要文件，是标准化工作的政策依据。1978 年国家标准总局成立，1979 年国务院颁布《中华人民共和国标准化管理条例》。1988 年 12 月 29 日中华人民共和国第七届全国人民代表大会常务委员会第五次会议通过了《中华人民共和国标准化法》，该法于 1989 年 4 月 1 日起开始实施。最新版本的《中华人民共和国标准化法》由中华人民共和国第十二届全国人民代表大会常务委员会第三十次会议于 2017 年 11 月 4 日修订通过，自 2018 年 1 月 1 日起施行。《中华人民共和国标准化法》是中华人民共和国的一项重要法律，其规定了我国标准化工作的方针、政策、任务和标准化体制等，是国家推行标准化，实施标准化管理和监督的重要依据。1990 年 4 月 6 日由国务院批准制定的《中华人民共和国标准化法实施条例》发布，该条例自发布之日起实施。《中华人民共和国标准化法》的实施，使我国的标准化工作走上正轨，并为发展社会主义商品经济，促进技术进步，改善产品质量，提高社会经济效益，维护国家和人民的利益，适应社会主义现代化建设和发展需要，解决经济体制和政治体制深入改革等问题做出了贡献。

1. 标准文献的特点

与一般技术文献相比，标准文献有着自己独特的风格和体制，其主要特点如下。

①每个国家对标准的制定和审批程序都有专门的规定，并有固定的代号，标准格式整齐划一。

②标准是从事生产、设计、管理、产品检验、商品流通、科学研究的共同依据，在一定条件下具有某种法律效力，有一定的约束力。

③时效性强，只以某时间阶段的科技发展水平为基础，随着经济发展和科学技术水平的提高，标准须不断修订、补充、替代或废止。

④一个标准一般只解决一个问题，文字要准确简练。

⑤不同种类和级别的标准在不同范围内贯彻执行。

⑥标准文献具有其自身的检索系统。

无论是国际标准还是各国标准，一个完整的标准编号通常为“标准代号 + 顺序号 + 批准年代”。

2. 标准文献的作用

标准文献有着自己独特的风格和体制，其作用也具有鲜明的特点。

①通过标准文献可了解各国经济政策、技术政策、生产水平、资源状况和标准水平。

②在科研、工程设计、工业生产、企业管理、技术转让、商品流通中，采用标准化的概念、术语、符号、公式、量值、频率等有助于克服技术交流的障碍。

③国内外先进的标准可作为推广研究、改进新产品、提高工艺和技术水平的依据。

④标准文献是鉴定工程质量、校验产品、控制指标和统一试验方法的技术依据。

⑤可以简化设计流程、缩短时间、节省人力，减少不必要的试验、计算，能够保证质量，降低成本。

⑥进口设备可按标准文献进行装备、维修以及配置某些零件。

⑦有利于企业或生产机构经营管理活动的统一化、制度化、科学化和文明化。

3. 标准的类型

标准类型的划分方法有多种，这里介绍其中主要的几种。

1）按适用地区和有效范围划分

（1）国际标准。

国际标准是指由国际标准化组织通过的标准，也包括参与标准化活动的国际团体通过的标准。如国际标准化组织标准和国际电工委员会标准等。

国际标准化组织，其全称是 International Organization for Standardization，简称 ISO。ISO 是世界上最大的非政府性标准化专门机构，它在国际标准化中占主导地位。ISO 的主要活动是制定国际标准，协调世界范围内的标准化工作，组织各成员国和技术委员会进行情报交流，以及与其他国际性组织进行合作，共同研究有关标准化问题。ISO 的目的和宗旨是：在世界范围内促进标准化工作的开展，推动国际物资交流和互助，并扩大在知识、科学、技术和经济方面的合作。随着国际贸易的发展和对国际标准的要求日益提高，ISO 的作用也日趋重要，世界上许多国家对 ISO 也越来越重视。

（2）区域标准。

区域标准是指世界某一区域标准化团体通过的标准，也包括参与标准化活动的区域团体通过的标准。欧洲标准（缩写为 EN）是由三个欧洲标准组织之一——欧洲标准化委员会（CEN）、欧洲电工标准化委员会（CENELEC）或欧洲电信标准协会（ETSI）批准的技术标准。所有 EN 均由相关方通过透明、公开和协商一致的过程设计和创建。

（3）国家标准。

国家标准是根据全国统一的需要，由国家标准化主管机构批准、发布的标准，是对全国经济技术发展有重大意义，需要在全国范围内统一技术要求制定的标准，如中国的国家标准 GB、美国标准 ANSI 等。

2）按成熟程度划分

（1）强制性标准。

强制性标准是国家通过法律的形式，明确要求对于一些标准所规定的技术内容和要求必须执行，不允许以任何理由或方式加以违反、变更的标准。其包括强制性国家标准、行业标准和地方标准。对违反强制性标准的，国家将依法追究当事人法律责任。《中华人民共和国标准化法》规定，强制性标准就是技术法规。

（2）推荐性标准。

推荐性标准又称非强制性标准或自愿性标准，是指在生产、交换、使用等方面，通过经济手段或市场调节而自愿采用的一类标准。这类标准，不具有强制性，任何单位均有权决定是否采用，违反这类标准，不构成经济或法律方面的责任。应当指出的是，推荐性标准一经接受并采用，或各方商定同意纳入经济合同中，就成为各方必须共同遵守的技术依据，具有法律上的约束性。

（3）试行标准。

由于标准中的某些数据、试验方法等不够成熟，需要试用一段时间后重新审查，根据各方面的意见以确定是否可以修订成为正式标准，或者应予取消，这类标准称为试行标准。

3）按内容性质划分

（1）技术标准。

技术标准包括基础标准、方法标准、产品标准、安全卫生标准、环保标准等。技术标准是对产品和工程建设质量、规格、技术要求、生产过程、工艺规范、检验方法和计量方法所做的技术规定，是组织现代生产、进行科学管理的重要技术文献。

（2）管理标准。

管理标准包括基础管理、经济管理、生产管理、技术管理、质量管理、物资管理、安全卫生、环保及行政管理标准。

（3）工作标准。

工作标准包括基础工作、工作质量、工作程序、工作方法等。

4. 标准文献的表现形式

标准文献除了以标准命名外，还常以规范、规程、建议等名称出现。国外标准文献常以standard（标准）、specification（规格、规范）、rule（规则）、instruction（规则）、practice（工艺）、bulletin（公报）等命名。

二、标准文献数据库

标准文献的检索通常有两种方式：一种是通过印刷版的标准文献检索工具来查找标准目录和摘要，再利用各图书馆收藏的标准文献获取全文；另一种是从众多的网站上检索所需要的相关标准（标准数据库），有些网站还能免费获取全文。很多网站提供了标准查找和标准全文下载的服务，如全国标准信息公共服务平台（https：//std.samr.gov.cn）等。目前，大多数标准文献均可以通过网络查找，而且通过网络获取标准文献已被大部分用户所认可，但是网络获取标准文献全文大部分需要付费，且提供标准文献网站的检索方式都比较简单。本文主要介绍提供中外文标准文献的网站。

1.CNKI 标准数据总库

CNKI 标准数据总库包括国家标准全文、行业标准全文以及国内外标准题录数据库，共计 60 万余项。CNKI 标准数据总库首页如图 7-9 所示。其中国家标准全文数据库收录了由中国标准出版社出版的、国家标准化管理委员会发布的所有国家标准；行业标准全文数据库收录了现行、废止、被代替、即将实施的行业标准；国内外标准题录数据库收录了中国以及世界上先进国家、标准化组织制定与发布的标准题录数据，共计 49 万余项（截至 2023 年 10 月）。

国家标准全文数据库收录了由国家标准化管理委员会发布的、中国标准出版社出版的国家标准，以及中国计划出版社出版的工程建设类国家标准，占国家标准总量的 90% 以上。标准的内容来源于中国标准出版社和中国计划出版社，相关的文献、专利、科技成果等信息来源于 CNKI 各大数据库。用户可以通过标准号、标准名称、发布单位、起草人、发布日期、实施日期、中国标准分类号、国际标准分类号等检索项进行检索。

中国行业标准全文数据库收录了现行、废止、被代替以及即将实施的行业标准，全部标准均获得权利人的合法授权。相关的链接文献、专利、科技成果等信息来源于 CNKI 各大数据库。用户可以通过全文、标准号、标准名称、起草单位、起草人、发布单位、发布日期、中国标准分类号、国际标准分类号等检索项进行检索。

国内外标准题录数据库是国内数据量较大、收录相对完整的标准数据库，分为《中国标准题录数据库》（SCSD）和《国外标准题录数据库》（SOSD）。《中国标准题录数据库》收录了所有的中国国家标准（GB）、国家建设标准（GBJ）、中国行业标准的题录摘要数据，共计 11 万余项；《国外标准题录数据库》收录了世界范围内重要标准，如国际标准（ISO）、国际电工标准（IEC）、欧洲标准（EN）、德国标准（DIN）、英国标准（BS）、法国标准（NF）、日本工业标准（JIS）、美国标准（ANSI）、美国部分学协会标准（如 ASTM、IEEE、UL、ASME）等 18 个国家的标准题录摘要数据，共计 38 万余项。用户可以通过标准号、标准名称、关键词、发布单位、起草单位、发布日期等检索项进行检索。

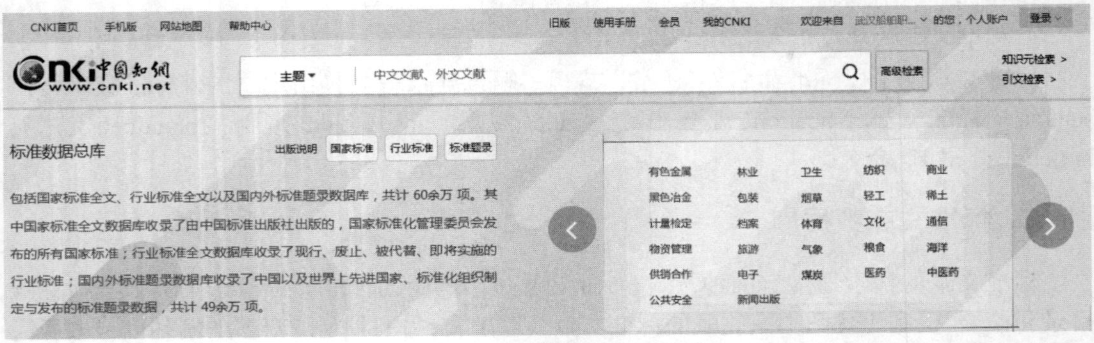

图 7-9　CNKI 标准数据总库首页

案例 7–3：检索航海电磁罗盘方面的标准

（1）在浏览器中输入 www.cnki.net，登录中国知网网站首页。

（2）在中国知网首页“单库”中选择“标准”，进入 CNKI 标准数据总库。

（3）在默认检索页，选择高级检索，输入检索词“航海”和“电磁罗盘”，如图 7-10 所示。

图 7-10　CNKI 标准数据总库检索

（4）点击“检索”按钮，可看到 7 篇航海用电磁罗盘方面的标准文献，如图 7-11 所示。

图 7-11　检索结果

2. 国家标准全文公开系统

全国标准信息公共服务平台（https://openstd.samr.gov.cn/bzgk/gb/index）是国家标准委员会发布的公益类标准信息公共服务平台，其服务对象是政府机构、国内企事业单位和社会公众，目标是成为国家标准、国际标准、国外标准、行业标准、地方标准、企业标准和团体标准等标准化信息资源的统一入口，为用户提供"一站式"服务。在全国标准信息公共服务平台内可以查询强制性国家标准、推荐性国家标准和指导性技术文件的全文。

案例 7–4：检索有关快递包装方面的强制性国家标准

（1）在浏览器中输入 https://openstd.samr.gov.cn/bzgk/gb/index，登录全国标准信息公共服务平台首页。

（2）在全国标准信息公共服务平台首页，选择"高级检索"，如图 7-12 所示。

图 7-12　全国标准信息公共服务平台首页

（3）在“高级检索”页面，标准类别选择“强制性国家标准”，输入检索词“快递包装”，点击“检索”按钮，就可以检索到有关快递包装方面的强制性国家标准，如图 7-13 所示。

图 7-13　高级检索页面

第三节　学位论文检索

一、学位论文

学位论文是作者为获得某种学位而撰写的研究报告或科学论文，是高等专科教育后本科教育以上高等级学校或研究机构的毕业生作为评定各级学位而撰写的论文。学位论文一般分为学士学位论文、硕士学位论文、博士学位论文三个层次。硕士、博士学位论文的内容专业性强，学术水平高，有较高的学术价值，其中博士学位论文质量最高，内容可靠、翔实、具体，参考文献丰富，信息量极大，独创性强，并且多涉及最新研究领域和成果。学位论文代表不同的学识水平，是重要的文献情报源之一。

依据研究方法，学位论文可分为描述型、实验型、理论型三类；按照研究领域不同，学位论文又可分为人文科学学术论文、自然科学学术论文与工程技术学术论文三大类，这三类论文的文本结构具有共性，而且均具有长期使用和参考的价值。学位论文一般不在刊物上公开发表或出版，只由各学位授予单位收藏。我国于 1979 年恢复实行学位制度。1984 年国务院学位委员会办公室以文件形式指定中国社会科学院文献情报中心、中国科技情报所和国家图书馆（原北京图书馆）为学位论文收藏单位，分别收藏文科硕士学位论文、理工科硕士学位论文和博士学位论文。

学位论文全文数据库通常属于综合性数据库的子数据库，本书将介绍 CNKI 学位论文库（中国博士学位论文全文数据库和中国优秀硕士学位论文全文数据库）、万方中国学位论文全文数据库。

二、学位论文数据库

1. CNKI 学位论文库

CNKI 学位论文库包括中国博士学位论文全文数据库和中国优秀硕士学位论文全文数据库，是目前国内资源完备、质量上乘、连续动态更新的中国硕士、博士学位论文全文数据库。本库出版 520 余家博士培养单位的博士学位论文 54 万余篇，800 余家硕士培养单位的硕士学位论文 566 万余篇，最早回溯至 1984 年，覆盖基础科学、工程技术、农业、医学、哲学、人文、社会科学等各个领域。

中国博士学位论文全文数据库，简称 CDFD，是国内内容全面、质量上乘、数据规范、出版迅速、实用便捷的博士学位论文全文数据库。该库出版内容覆盖基础科学、工程技术、农业、医学、哲学、人文、社会科学等各个领域，目前收录来自 520 余家培养单位的博士学位论文 54 万余篇，收录全国“985 工程”“211 工程”等重点高校，中国科学院、社会科学院等研究院所的博士学位论文。产品分为基础科学、工程科技Ⅰ、工程科技Ⅱ、农业科技、医药卫生科技、哲学与人文科学、社会科学Ⅰ、社会科学Ⅱ、信息科技、经济与管理科学十大专辑。十大专辑下分为 168 个专题。收录年限为 1984 年至今。

中国优秀硕士学位论文全文数据库，简称 CMFD，是国内内容全面、质量上乘、数据规范、出版迅速、实用便捷的硕士学位论文全文数据库。该库出版内容覆盖基础科学、工程技术、农业、哲学、医学、哲学、人文、社会科学等各个领域，目前收录来自 800 余家培养单位的优秀硕士学位论文 566 万余篇，重点收录“985 工程”“211 工程”等重点高校，中国科学院、社会科学院等研究院所的优秀硕士学位论文、重要特色学科（如通信学、军事学、中医药学等专业）的优秀硕士论文。产品分为基础科学、工程科技Ⅰ、工程科技Ⅱ、农业科技、医药卫生科技、哲学与人文科学、社会科学Ⅰ、社会科学Ⅱ、信息科技、经济与管理科学十大专辑。十大专辑下分为 168 个专题。收录年限为 1984 年至今。

CNKI 学位论文库的检索类型和方法与 CNKI 中国期刊全文数据库相同，其提供简单检索、高级检索、专业检索、句子检索等四种面向不同需要的检索方式。高级检索项如下。

（1）检索项，即需要在文献的哪些部分进行查找，如主题、题名、作者、导师、学位授予单位、关键词、摘要、目录、全文、参考文献、中图分类号等。

（2）逻辑关系，若一个检索题目需要用两个关键词来限制，则可选择“AND”“OR”或“NOT”逻辑运算关系；若一个检索课题需要用两个以上的关键词来限制，则点击检索项前的“⊞”图标可以增加逻辑检索行，点击“⊟”图标可以减少逻辑检索行。

（3）时间范围，在检索中可以限定检索文献的出版时间，默认为不限定出版时间。

（4）精确和模糊检索，CNKI 还提供了精确和模糊检索，可控制该检索项的关键词的匹配方式。精确检索是指检索结果完全等同或包含检索字 / 词；模糊检索是指检索结果包含

检索字 / 词或检索词中的词素。

（5）优秀论文级别，分为全国、省级、校级优秀学位论文，默认情况是“不限”。

（6）其他条件，包括双一流、一流学校、一流学科、基金文献等。

经过以上选择控制条件和输入检索词后，最后点击“检索”按钮，即完成检索。

案例 7–5：检索船舶柴油机冷却水方面的学位论文信息

（1）在浏览器中输入 www.cnki.net，登录中国知网网站首页。

（2）在中国知网首页“单库”中选择“学位论文”，进入 CNKI 学位论文库，如图 7-14 所示。

图 7-14 学位论文选择

（3）在默认检索页中输入检索条件，如图 7-15 所示。

图 7-15 检索条件输入

（4）点击“检索”按钮，就可检索到35篇有关船舶柴油机冷却水方面的学位论文，如图7-16所示。

图7-16 检索结果

2. 万方中国学位论文全文数据库

中国学位论文全文数据库（China Dissertations Database），收录始于1980年，年增学位论文35万余篇，涵盖基础科学、理学、工业技术、人文科学、社会科学、医药卫生、农业科学、交通运输、航空航天和环境科学等各学科领域。

万方中国学位论文全文数据库的检索与利用方式如下。

1）分类浏览

万方中国学位论文全文数据库可以按照学科、专业、授予单位进行分类浏览。学科分类浏览分为：马克思主义、列宁主义、毛泽东思想、邓小平理论，哲学、宗教，社会科学总论，政治、法律，军事，经济，文化、科学、教育、体育，语言、文字，文学，艺术，历史、地理，自然科学总论，数理科学和化学，天文学、地球科学，生物科学，医药、卫生，农业科学，工业技术，交通运输，航空、航天，环境科学、安全科学，综合性图书22个大类。专业分类浏览分为：哲学、经济学、法学、教育学、文学、历史学、理学、工学、农学、医学、军事学、管理学12个大类。授予单位按地理位置进行分类浏览。

例如：点击分类名“交通运输”，选择“水路运输”下的“船舶工程”，可检索到学位论文15 099篇，如图7-17所示。

图 7-17　分类浏览

2）检索

万方中国学位论文全文数据库的单库检索需要在万方数据平台（https：//www.wanfang-data.com.cn/）中选择“中国学位论文全文数据库”，如图 7-18 所示。

图 7-18　中国学位论文全文数据库

检索区域功能如下。

（1）选择检索控制。首先勾选“限定论文年度”，然后根据需要选择起止年份。

（2）选择分类信息。在分类下拉列表框中选择具体分类进行检索。

（3）选择检索字段。点击检索项的下拉列表，选择按具体字段进行检索。字段包括作者、授予单位、馆藏号、导师姓名、中国分类号、作者专业、授予学位、关键词和论文标题。

（4）逻辑运算符。用于确定两个检索关键词之间的关系。选项有“AND”“OR”“NOT”。

万方中国学位论文全文数据库检索实例如下。

某高职材料工程学院学生为毕业设计查询相关学位论文。初步设计方向为摩擦焊接，采用有限元研究分析方法，需要这方面的硕博论文全文资料。

课题分析：考虑到该课题比较具体，万方中国学位论文全文数据库的分类检索相对简单，因此不采用分类检索方法，直接在组合检索框中输入检索词进行检索，首次提炼的检索词为“摩擦焊”与“有限元”，检索字段为“主题”。

检索步骤如下。

第一步，在万方数据库首页选择“中国学位论文全文数据库”。

第二步，选择“高级检索”，如图 7-19 所示。

图 7-19　进入高级检索页面

第三步，在检索框中选择“主题”检索途径。分别输入“摩擦焊”和“有限元”，逻辑关系选择“与”，如图 7-20 所示。

图 7-20　在高级检索页面输入检索条件

第三步，发表时间选择“2019 年至今”，检索结果如图 7-21 所示，共 230 条记录。

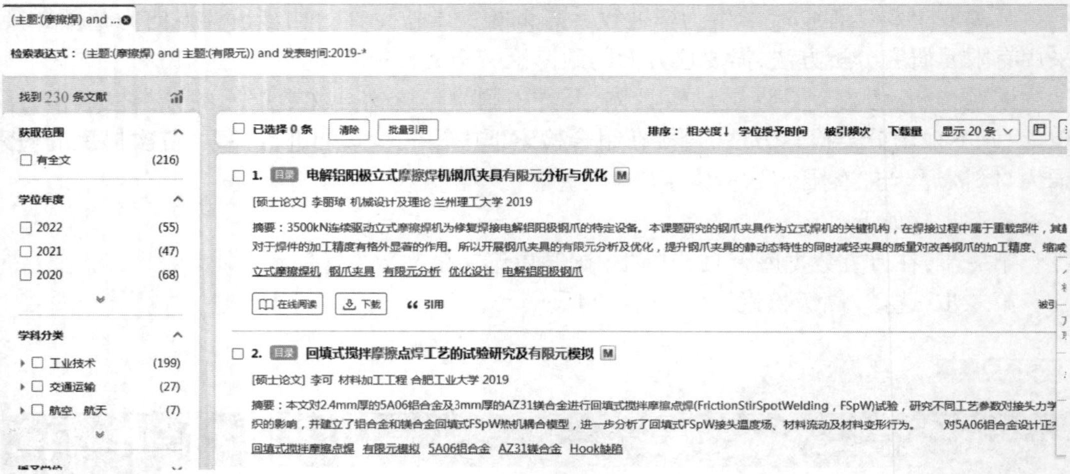

图 7-21 检索结果

3)检索结果处理

万方中国学位论文全文数据库检索结果显示区域显示本次检索结果，可以按相关度、学位授予时间、被引频次、下载量进行排序，同时包括总的检索结果记录数和结果列表。每条检索结果记录包括论文标题、论文作者、年度、作者单位、学科、内容摘要、关键词等内容，并且每条检索结果下面都有在线阅读和下载的链接，可以通过点击“在线阅读”“下载”链接浏览或下载全文。

第四节 会议文献检索

一、会议文献概述

会议是国内外学术交流的重要形式，许多科研人员通过参加会议进行信息交流。许多创新的想法、概念和理论往往在各种会议中首先出现。因此，参加国内外会议，直接面对面地向该领域的权威专家讨教是获取最新、最可靠信息的最佳方法之一。尤其是对于交叉学科或新领域的课题的研究，捷径就是与有经验的人交流。

会议文献是指在各种专业学术会议上交流或发表的论文和报告，具有学术性强、内容新颖、质量高等特点，许多重大发现往往在学术会议上公开。据美国科学信息研究所统计，全世界每年召开的学术会议约 1 万场次，正式发行的各种专业会议文献 5 000 多种。学术会议按其组织形式和规模可分为以下五大类：国际性会议、地区性会议、全国性会议、学会或协会会议和同行业联合会议。会议文献一般具有以下特点：出版发行较快；可靠性强；首次公布新成果、新理论和新方法；可以成为集中了解一个研究领域或研究主题动态的信息源；多数以会议录的形式出现；等等。

会议文献按会议召开时间先后可分为三种。

(1)会前文献。

会前文献是指在会议进行之前预先印发给与会代表的论文、论文摘要或论文目录。会前文献具体有四种：会议论文预印本、会议论文摘要、议程和发言提要、会议近期通信或预告。部分会议只出版预印本，会后不再出版会议录，40% 的会前文献不对外出版。

（2）会间文献。

会间文献是指会议产生的临时性材料、交流论文及报告等，包括开幕词、讲演词、闭幕词、讨论记录、会议简报、决议等。

（3）会后文献。

会后文献主要指会议结束后正式发表的会议论文集。会后文献有许多不同的名称，如会议录、会议论文集、学术讨论论文集、会议论文汇编、会议记录、会议报告集、会议出版物等。

会议文献的出版形式主要有下列四种。

（1）图书。

大多数会议文献是以图书形式出版的，称为会议录或会议论文集。会议论文集通常经过作者的补充和修改，内容完整。会议录以会议召开的届次或年份加上会议名称来命名。

（2）期刊论文。

有不少会议文献发表在期刊上，大多发表在其相关学会的刊物上，如美国的《机械工程师学会会刊》和《美国电气工程师学会会刊》等经常刊登会议文献。会议文献一般以特辑、专刊、增刊、专栏等形式发表。

（3）科技报告。

有些会议文献以科技报告的形式出版，如美国四大报告（AD 报告、PB 报告、DOE 报告、NASA 报告）中常编入会议文献，且都有会议文献的专门编号。

（4）视听资料。

国外有些学术会议直接将开会期间的录音、录像、视听资料在会后发售，以便快速报告。

二、会议文献数据库

1. CNKI 会议论文库

CNKI 会议论文库包括中国重要会议论文全文数据库和国际会议论文全文数据库。其重点收录 1999 年以来，中国科学技术协会系统及国家二级以上的学会、协会，高校、科研院所，政府机关举办的重要会议以及在国内召开的国际会议上发表的文献，部分重点会议文献回溯至 1953 年。目前，CNKI 会议论文库已收录国内会议、国际会议论文集 2 万余本，累计文献总量 371 万余篇。

中国重要会议论文全文数据库收录了国内重要会议主办单位或论文汇编单位书面授权，投稿到中国知网进行数字出版的会议论文，是《中国学术期刊（光盘版）》电子杂志社有限公司编辑出版的国家级连续电子出版物。其重点收录 1999 年以来，中国科学技术协会、社科联系统及省级以上的学会、协会，高校、科研机构，政府机关举办的重要会议上发表的文献。其中，全国性会议文献超过总量的 80%，部分连续召开的重要会议论文可回溯至 1953 年。目前，中国重要会议论文全文数据库已收录出版 2 万余场国内重要会议投稿的论文，累计文献总量 276 万余篇。产品分为十大专辑：基础科学、工程科技Ⅰ、工程科技Ⅱ、农业科技、医药卫生科技、哲学与人文科学、社会科学Ⅰ、社会科学Ⅱ、信息科技、经济与管理科学。十大专辑下分为168个专题。

国际会议论文全文数据库收录了国内外重要会议主办单位或论文汇编单位书面授权并推荐到中国知网进行数字出版的重要国际会议论文，是由《中国学术期刊（光盘版）》电子杂志社有限公司编辑出版的国家级连续电子出版物专辑。其重点收录1999年以来，中国科学技术协会系统及其他重要会议主办单位举办的在国内或国外召开的国际会议上发表的文献，部分重点会议文献回溯至1981年。目前，国际会议论文全文数据库已收录出版国际学术会议论文集8 270余本，累计文献总量95万余篇。产品分为十大专辑：基础科学、工程科技Ⅰ、工程科技Ⅱ、农业科技、医药卫生科技、哲学与人文科学、社会科学Ⅰ、社会科学Ⅱ、信息科技、经济与管理科学。十大专辑下分为168个专题。

CNKI国内外重要会议论文全文数据库的检索类型和方法与CNKI中国期刊全文数据库相同，提供了简单检索、高级检索、专业检索、句子检索等四种面向不同需要的检索方式。其高级检索项如下。

（1）检索项：需要在文献的哪些部分进行查找，如主题、会议名称、主办单位、论文集名称等检索。

（2）逻辑关系：输入检索词，若一个检索题目需要用两个关键词来限制，则可选择"AND"、"OR"或"NOT"的逻辑运算关系，在第二个检索框中输入另一个关键词；若一个检索课题需要用两个以上的关键词来限制，则点击检索项前的"⊞"图标可以增加逻辑检索行，点击"⊟"图标可以减少逻辑检索行。

（3）时间范围：在检索中可以限定检索文献的出版时间，默认为不限定出版时间。

（4）精确和模糊检索：CNKI还提供了精确和模糊检索，可控制该检索项的关键词的匹配方式。精确检索指检索结果完全等同或包含检索字 / 词；模糊检索指检索结果包含检索字 / 词或检索词中的词素。

（5）会议级别：国际会议、全国会议和地方会议。默认条件是"全部"。

经过选择限制条件和输入检索词后，点击"检索"按钮，即完成检索。

检索2012年我国船舶或者航海方面的会议文献的全文信息。

（1）在浏览器中输入www.cnki.net，登录中国知网网站首页。

（2）在中国知网首页"单库"中选择"会议"，进入CNKI会议论文库。

（3）在默认检索页中输入检索条件，如图7-22所示。

（4）点击"检索"按钮，可检索到我国船舶或者航海方面的会议文献，如图7-23所示。

图 7-22　输入检索条件

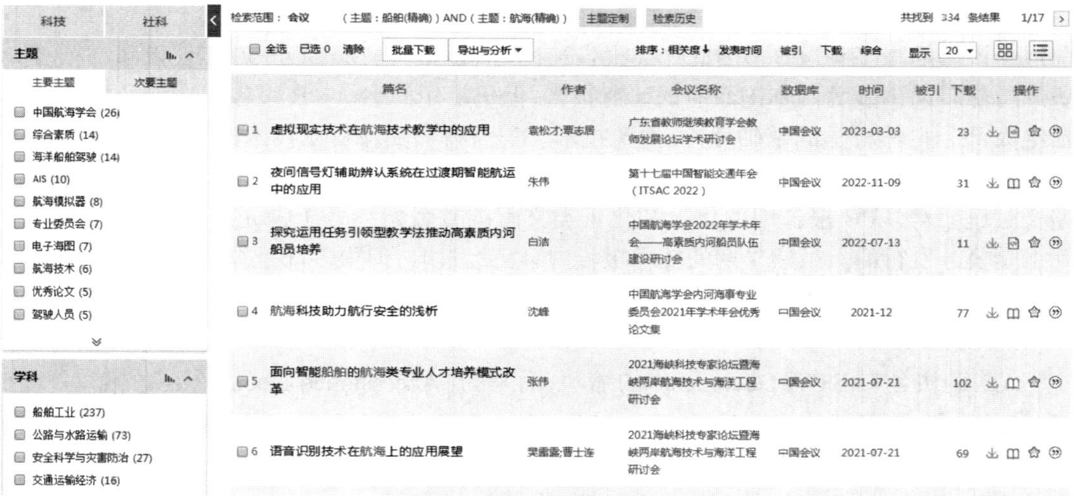

图 7-23　会议文献检索结果

2. 万方中国学术会议文献数据库

万方中国学术会议文献数据库(China Conference Proceedings Database)中的会议资源包括中文会议和外文会议。中文会议收录始于 1982 年,年收录约 2 000 场重要学术会议,年增 10 万篇论文,每月更新。外文会议主要来源于国家科技图书文献中心(NSTL)外文文献数据库,收录了 1985 年以来世界各主要学会、协会、出版机构出版的学术会议论文共计 1 100 万篇全文(部分文献有少量回溯),每年增加论文 20 万余篇,每月更新。

万方中国会议论文全文数据库与万方中国学位论文全文数据库是相同的电子平台,浏览和检索方法基本相同,这里不再赘述。

第五节 科技报告检索

一、科技报告类型及特点

科技报告是科技人员为了描述所从事科研、设计、工程、试验和鉴定等活动的过程、进展和结果,按照规定的标准格式编写的特种文献,是对科学技术研究结果的报告或研究进展的记录。它可以是研究成果的总结,也可以是科技进展情况的实际记录。许多最新的研究成果, 尤其是对尖端科技的最新探索往往出现在科技报告中。

二、国际四大科技报告

1.PB 报告

PB 报告是美国政府研究报告中发行最早的一种。第二次世界大战后,美国政府为了系统整理和利用战利品,于 1946 年成立了商业部出版局,由该局负责搜集、整理和报道从德、日、意等国得到的大量保密性科技文献。商业部出版局依次为每份报告编上序号,并在序号前冠上该局缩写字头"PB",因此这类报告被称为 PB 报告。20 世纪 50 年代以来,商业部出版局虽然转向出版美国本国政府的研究报告,但仍沿用此名。 PB 报告内容涉及面很广,包括绝大部分自然科学的基础理论、生产技术、工艺材料、尖端科学技术的科研领域。就文献类型而言,PB 报告包含专题研究报告、学术论文、会议文献、专利说明书、标准资料、手册、专题文献题录等。PB 报告中的化学和化工类文献的数量始终处于领先地位。 PB 报告在国际上是公开发行的。虽然早期的技术报告内容已经过时,但很多都是军事方面的,对民用有一定的持久性参考价值。

2. AD 报告

AD 最初是"ASTIA Document"的缩写,后来为"Accessioned Documents"的缩写。ASTIA 是美国武装部队技术信息局(Armed Services Technical Information Agency)的简称。该局于 1951 年由美国国会图书馆科技信息组和文献服务中心合并而成,隶属于美国国防部。1963 年 3 月,该局改组为美国国防科学技术信息文献中心(Defense Documentation Center for Scientific and Technical Information, DDC)。凡国防系统研究所及其合同研制单位的技术报告,均由该文献中心统一整理、分类,编入 AD 报告。AD 报告分为两部分。一部分是不保密的报告,交给商业部技术服务局(OTS)公开发行。最初商业部技术服务局在这种 AD 报告上加编一个 PB 号再公布,后来直接用 AD 号公布,不再加编 PB 号。另一部分是保密的报告,这类报告只有在解密后才可公开发表。 AD 报告的密级分为机密(Secret)、秘密(Confidential)、内部控制发行(Restricted or Limited)和公开发行(Unclassified)。各种密级一开始是混合编号,后来是分别编号。 AD 报告涉及的范围很广,几乎包括自然科学和工程技术的各个领域。1965 年以前, AD 报告按学科分成 33 大类。1965 年 7 月至今, AD 报告一直使用美国科学技术信息委员会(CO SATI)的分类法。

3. DOE 报告

DOE 是"Department of Energy"(美国能源部)的简称,凡该部所属系统提供的报告均称 DOE 报告。DOE 报告的前身是 AEC 报告和 ERDA 报告。AEC 是美国原子能委员会的简称，它于 1974 年 10 月撤销，在此以前由该委员会所属机构或合同单位提供的科技报告均称为 AEC 报告。1975 年 1 月能源研究与发展署（ERDA）和核管理委员会（NRC）成立。能源研究与发展署寿命很短，于 1977 年 10 月又改组为美国能源部（DOE）。从 1978 年 7 月起，此类报告统称为 DOE 报告，并按 DOE 报告编码。

4. NASA 报告

NASA 是“National Aeronautics and Space Administration”（美国航空航天局）的简称。美国航空航天局搜集的科技资料统称为 NASA 报告。该局的前身是美国国家航空咨询委员会（NACA），NASA 报告的前身是 NACA 报告。NASA 的技术报告是非保密文献，技术内容比较完整。技术札记是技术报告的补充，但内容与技术报告并不重复。技术备忘录主要是保密文献，考虑技术有持久性的参考价值，因此在解除保密后，以技术报告或技术札记形式公开出版。

三、科技报告数据库

1. 国家科技报告服务系统

国家科技报告服务系统（https：//www.nstrs.cn/index）是由中国科学技术信息研究所发布，向社会公众无偿提供科技报告摘要浏览服务，向专业人员提供在线全文浏览服务，向各级科研管理人员提供统计分析服务的一个国家级科技报告服务系统。国家科技报告服务系统首页如图 7-24 所示。国家科技报告服务系统面向社会公众开放，且用户不需要注册就可使用。社会公众通过检索科技报告摘要和基本信息，即可了解国家科技投入所产出科技报告的基本情况。国家科技报告服务系统收录有科学技术部（国家重大科学仪器设备开发专项、国家重点研发计划、国家国际科技合作专项、国家科技重大专项、国家重大科学研究计划、国家高技术研究发展计划、国家重点基础研究发展计划、国家科技支撑计划、国家科学技术奖励项目）和国家自然科学基金委员会科技报告，截至 2023 年 12 月底，国家科技报告服务系统共计收录科技报告 45 万篇。

案例 7-6：检索物流云计算方面的科技报告

1. 在浏览器中输入 https://www.nstrs.cn/index，进入国家科技报告服务系统首页。

2. 点击“社会公众”链接，进入社会公众页面，如图 7-25 所示。

3. 检索途径保持默认的“报告名称”，输入检索词“物流”，点击“检索”按钮。

4. 在报告检索页面，检索途径保持默认的“报告名称”，输入检索词“云计算”，勾选“在结果中检索”再点击“检索”按钮，如图 7-26 所示，就可以检索到物流云计算方面的科技报告。

图 7-24 国家科技报告服务系统首页

图 7-25 社会公众页面

图 7-26　报告检索页面

2. 中国科技项目创新成果鉴定意见数据库（知网版）

中国科技项目创新成果鉴定意见数据库（知网版）收录正式登记的中国科技成果，按行业、成果级别、学科领域分类。每条成果信息包含成果概况、立项、评价，知识产权状况及成果应用，成果完成单位、完成人等基本信息，并包含该成果的鉴定数据（推广应用前景与措施、主要技术文件目录及来源、测试报告和鉴定意见等内容）。中国科技项目创新成果鉴定意见数据库（知网版）高级检索页面如图 7-27 所示。目前，该数据库共计收录 108 万余项成果，年更新约 4.8 万项，收录年度集中于 1978 年至今，部分回溯至 1920 年。

中国科技项目创新成果鉴定意见数据库（知网版）核心数据为登记成果数据，具备正规的政府采集渠道，权威、准确，其数据来源于中国化工信息中心。该数据库收录专家组对该项成果的推广应用前景与措施、主要技术文件目录及来源、测试报告和鉴定意见等内容的鉴定数据。与通常的科技成果数据库相比，中国科技项目创新成果鉴定意见数据库（知网版）的每项成果都包含与该成果相关的最新文献、科技成果、标准等信息，可以完整地展现该项成果产生的背景、最新发展动态、相关领域的发展趋势。该数据库按照《中图法》（第四版）和《学科分类与代码》（GB/T 13745—2009）进行学科分类。

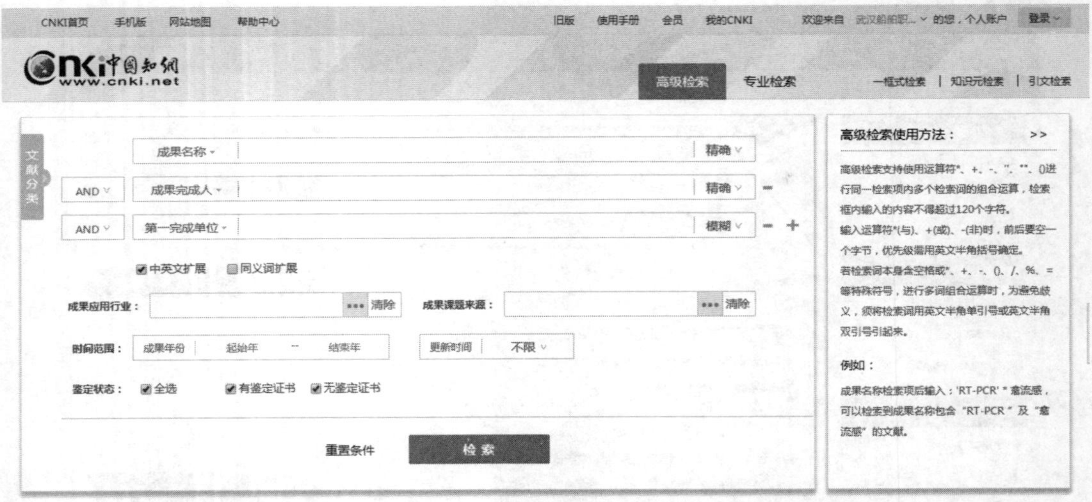

图 7-27 中国科技项目创新成果鉴定意见数据库(知网版)高级检索页面

3. 万方中外科技报告数据库

万方中外科技报告数据库包括中文科技报告和外文科技报告，如图 7-28 所示。中文科技报告收录始于 1966 年，数据来源于科技部，共计 10 万余份。外文科技报告收录始于 1958 年，涵盖国际四大科技报告(AD 报告、DE 报告、NASA 报告、PB 报告)，共计 110 万余份。

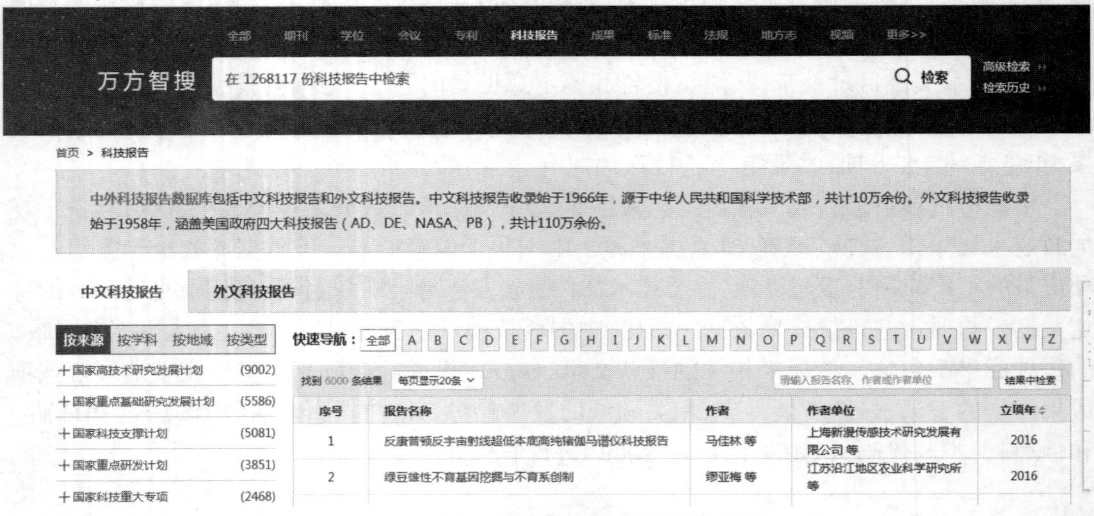

图 7-28 万方中外科技报告数据库页面

课后习题

（1）检索电子商务方面的专利。

（2）检索船舶救生设备方面的标准。

（3）查找 2023 年电气自动化方面的学位论文。

（4）检索 2023 年航海方面的会议论文。

第八章 信息检索综合实训

一、实训基本信息

【实训目的】培养学生的信息检索能力，使学生能够利用多种检索工具、多种检索途径、多种检索方式来检索、获取和利用信息。

【实训内容】根据学生未来就业岗位的工作内容，设计工作任务，即就某一主题进行综合检索。如某毕业生就职于一家船舶制造企业，该企业希望开发船舶柴油机市场，经理要求刚上岗的毕业生检索、整理有关船舶柴油机相关信息，并撰写检索报告。该毕业生接到任务后利用三项任务完成综合信息检索：任务一，利用 OPAC 检索馆藏图书书目；任务二，利用专业数据库检索电子资源；任务三，利用网络搜索引擎检索信息。

【实训地点】电子阅览室。

【实训时间】2 课时。

【实训对象】学生。

二、实训前准备

【知识准备】学生要具备基本的计算机操作能力，并且掌握信息检索的基础知识，了解信息检索的基础理论、计算机检索技术、网络检索技术等理论知识。

【物质准备】电子阅览室计算机能与校园网和 Internet 相连，电子资源数据库和图书馆自动化集成管理系统正常运行。

三、实训流程

任务一　利用 OPAC 检索馆藏图书书目。

任务二　利用专业数据库检索电子资源。

任务三　利用网络搜索引擎检索信息。

四、实训评估（Evaluation）

填写信息检索项目评分表，见表 8-1。

表 8-1　信息检索项目评分表

学号	学生姓名	任务一（20 分）	任务二（60 分）	任务三（20 分）	总分

续表

学号	学生姓名	任务一（20 分）	任务二（60 分）	任务三（20 分）	总分

五、后续任务

撰写信息检索实训项目报告。总结实训中的经验和不足，并对这类实训项目提出建议。

任务一　利用 OPAC 检索馆藏图书书目

【实训内容】

利用 OPAC（Online Public Access Catalogue，联机公共目录查询系统）检索馆藏图书就是在检索终端上检索馆藏书目，利用计算机来选书，选好后再进入图书馆有目标地借阅所需图书。现在国内外有很多 OPAC 检索系统，如 Aleph、Alma、INNOPAC、Sierra、图星、汇文、Interlib 和 ILAS 等。本任务以 ILAS Ⅲ OPAC 的“书目查询”功能为例予以说明。

【实训说明】

ILAS Ⅲ知识门户检索平台可以利用书名、作者、分类号、ISBN、索书号、出版社、任意词等七个字段检索馆藏图书。

【实训步骤】

（1）在 IE 浏览器地址栏内输入校园网主页地址，点击“图书馆”链接，进入图书馆主页。

（2）在图书馆主页点击“OPAC 检索”，进入 ILAS Ⅲ知识门户检索平台，利用书名、作者、分类号、ISBN、索书号、出版社、任意词等七个字段检索馆藏图书。在这里可以设置检索的限制条件。例如：每页显示的记录数，可以选择 10、20、50；检索结果排序选项，可以按出版日期、出版社等排序；检索结果排序方式，可以按升序和降序等排序。ILAS Ⅲ知识门户检索平台检索页面如图 8-1 所示。当多个检索词联合查询时，以空格隔开，如“船舶 内燃机”，这样可以缩小检索范围。

图 8-1 ILAS Ⅲ知识门户检索平台检索页面

(3)点击“我的图书馆登录”,进入我的图书馆页面,如图 8-2 所示。

图 8-2 我的图书馆页面

(4)填写用户名、密码,就可以登录到“我的图书馆”。“我的图书馆”包含个人功能管理、个人信息管理、我的荐购、我的咨询、我的预约、我的预借、我的评论、我的书架等模块。

下面以书名检索有关“船舶柴油机”方面的图书。

(1)在 ILAS Ⅲ知识门户检索平台主页,填写检索项:查找途径选择 “书名”;在方框中输入检索式“船舶 柴油机”;其他条件为默认设置,点击“检索”按钮,如图 8-3 所示。

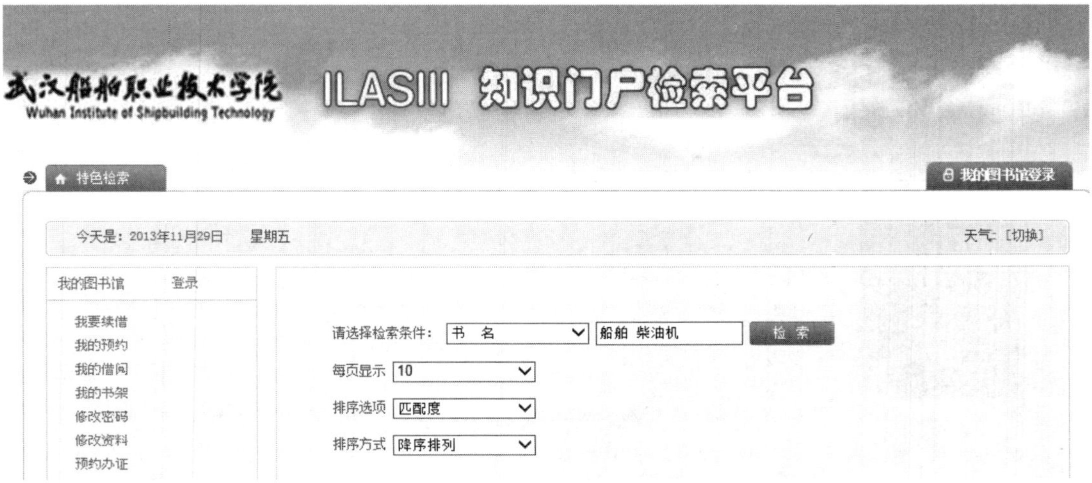

图 8-3　填写检索项

（2）每页显示命中的 10 条图书信息，对这些图书的目录进行浏览、选择（利用“翻页键”翻页），如图 8-4 所示。

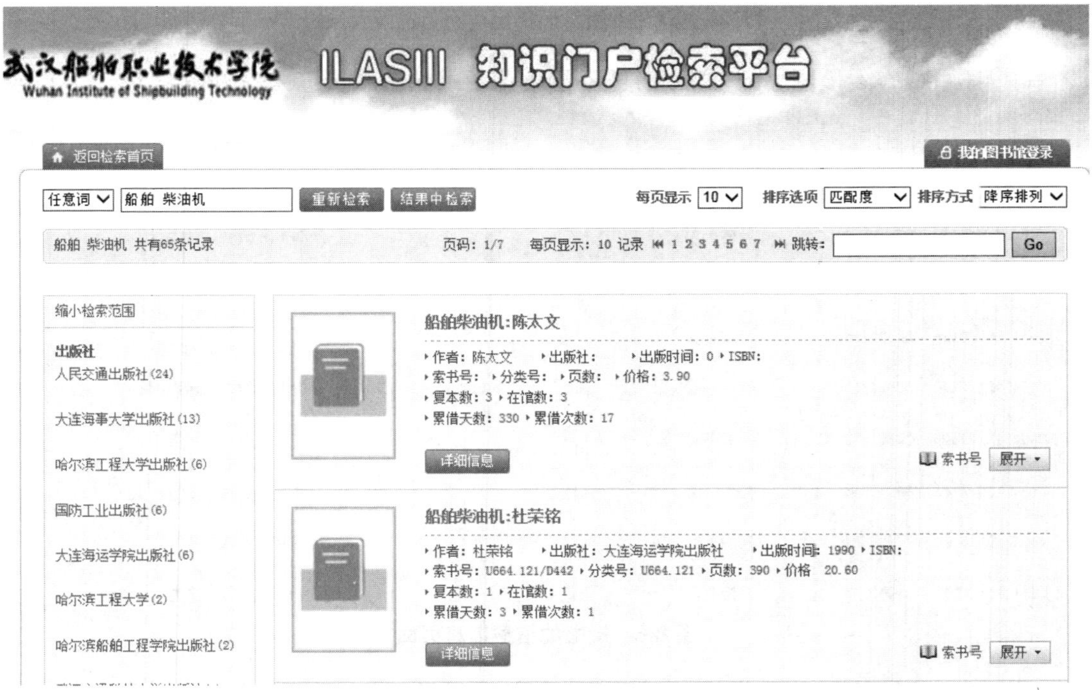

图 8-4　浏览、选择命中的图书目录

（3）选好了某种图书，要查看它的详细信息，只要点击该书目录下的“详细信息”即可，并抄下书名、作者、出版社、索取号等，如图 8-5 所示。

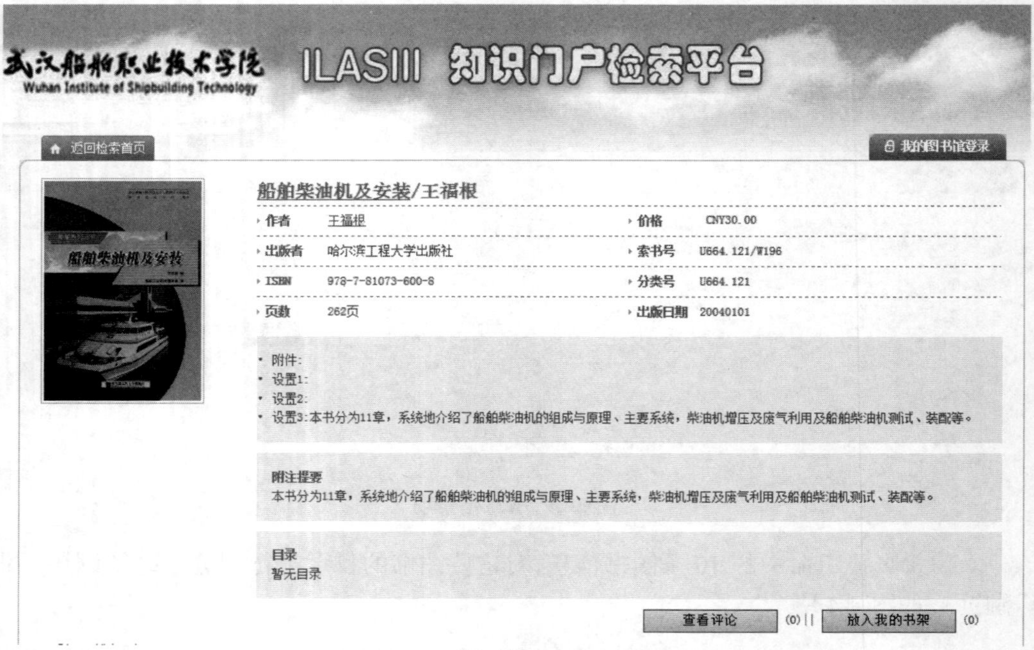

图 8-5 图书的详细信息页面

（4）还可以查看该图书的“馆藏信息”，了解该图书的馆藏状态，如图 8-6 所示。

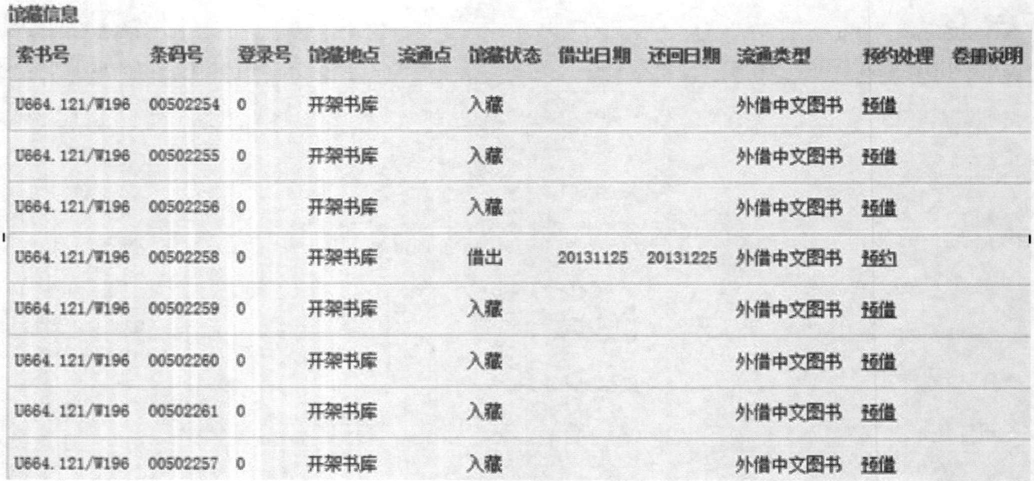

馆藏信息

索书号	条码号	登录号	馆藏地点	流通点	馆藏状态	借出日期	还回日期	流通类型	预约处理	卷册说明
U664.121/W196	00502254	0	开架书库		入藏			外借中文图书	预借	
U664.121/W196	00502255	0	开架书库		入藏			外借中文图书	预借	
U664.121/W196	00502256	0	开架书库		入藏			外借中文图书	预借	
U664.121/W196	00502258	0	开架书库		借出	20131125	20131225	外借中文图书	预约	
U664.121/W196	00502259	0	开架书库		入藏			外借中文图书	预借	
U664.121/W196	00502260	0	开架书库		入藏			外借中文图书	预借	
U664.121/W196	00502261	0	开架书库		入藏			外借中文图书	预借	
U664.121/W196	00502257	0	开架书库		入藏			外借中文图书	预借	

图 8-6 图书的馆藏信息页面

同样，可以利用作者、分类号、ISBN、索书号、出版社、任意词等七个字段检索馆藏图书书目。由于 ILAS Ⅲ检索的是馆藏纸质图书，所以通过索书号就可去图书馆找书了。

任务二　利用专业数据库检索电子资源

【实训内容】

电子资源以其内容丰富、使用方便等优点，近年来已成为高职高专图书馆信息资源建设的重点，也是广大师生查找和利用文献信息的主要阵地。本任务将为大家重点介绍超星汇雅电子图书、万方数据知识服务平台和中国知网（CNKI）等常用专业数据库检索电子资源的方法，其他未介绍到的专业数据库，其功能和使用方法基本与本章介绍的专业文献数据库相似，大家可以参照使用。

【实训说明】

利用专业数据库多途径检索、阅读、下载和利用电子资源。

【实训步骤】

活动一：电子图书的检索与利用（以超星汇雅电子书为例）

1. 进入超星汇雅电子书首页

在IE浏览器地址栏内输入学院主页地址，进入校园网。点击“图书馆”链接，进入图书馆主页；点击“超星汇雅电子书”，进入超星汇雅电子书首页，如图8-7所示。

图8-7　超星汇雅电子书首页

2. 阅读器的下载与安装

阅读器是阅读各类电子文献的载体。阅读器种类很多，如Adobe Reader阅读器、SS-Reader阅读器、CAJViewer阅读器等。在使用阅读器浏览文献信息前，先要下载和安装阅读器。下面以超星阅读器下载和安装为例进行介绍，其他阅读器可参照使用。

（1）进入“客户端下载”页面，点击“立即下载”，如图8-8所示，在弹出的文件下载窗口中选择“将该程序保存到磁盘”，然后选择下载文件保存的目录并单击“保存”按钮。

图 8-8 客户端下载页面

(2)超星阅览器安装程序下载完毕后,进入保存超星阅览器的目录并双击安装程序进入自动安装向导。自动安装向导会引导您完成超星阅览器的安装。安装完成后在桌面上会出现“超星阅读器 5”图标,如图 8-9 所示。

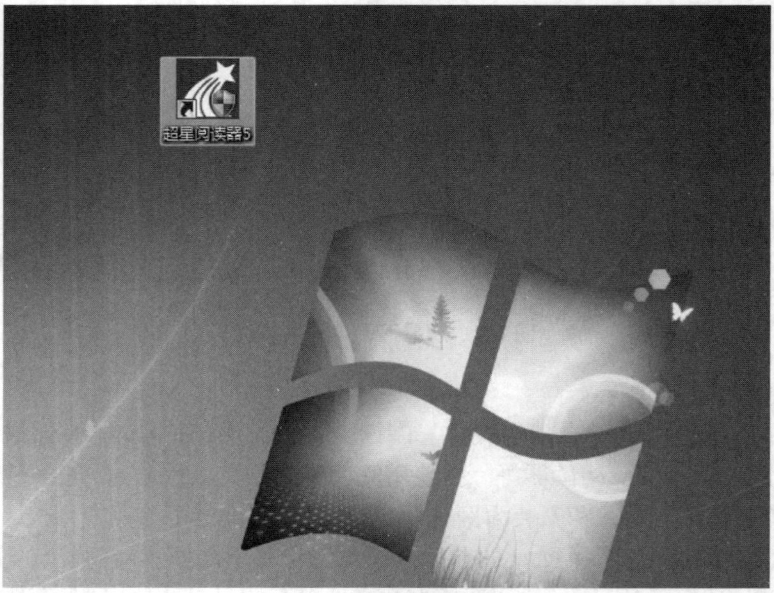

图 8-9 超星阅读器 5 图标

3. 电子图书的检索与阅读

超星数字图书馆的检索途径包括全部字段、书名、作者、主题词和分类。下面以“书名”检索“船舶柴油机”。

（1）首先进入图书馆主页的“超星汇雅电子书”。

（2）在超星数字图书馆的检索框内输入“船舶 柴油机”，点击“检索”按钮，如图 8-10 所示。

图 8-10 输入检索词

（3）检索出所需的 41 种电子图书，如图 8-11 所示。

图 8-11 检索出的电子图书

（4）选择第一本电子图书《船舶柴油机使用与维护》，阅读文件格式可选择“EPUB 阅读”“PDF 阅读”“图像阅读”，如图 8-12 所示。

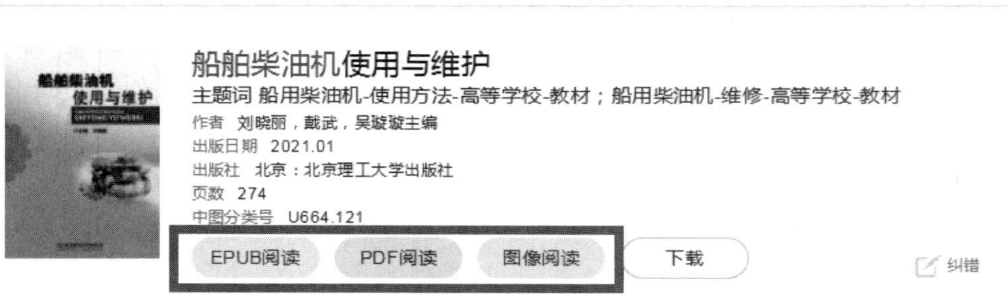

图 8-12 阅读文件格式

4. 电子图书的下载

（1）在图书阅读页面上点击“下载”按钮，如图 8-13 所示。

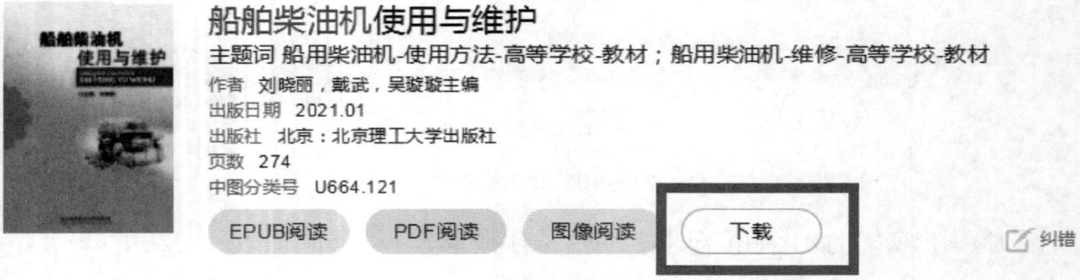

图 8-13　下载电子图书

（2）选择图书存储路径，如图 8-14 所示。

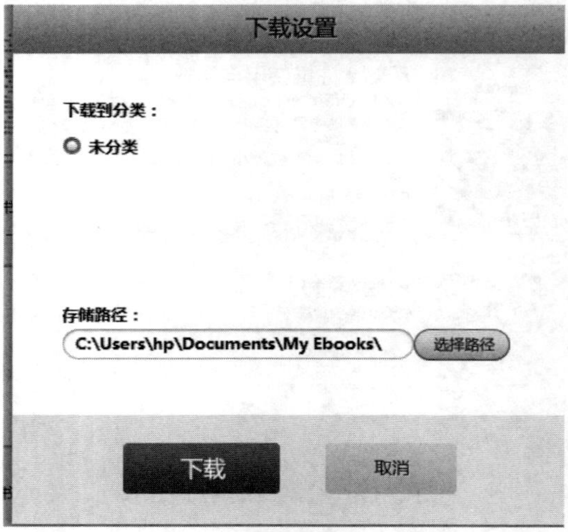

图 8-14　选择图书存储路径

5. 电子图书图片的保存和 OCR 文字识别

本例以图像图书为例进行图片的保存和 OCR 文字识别。

（1）图片的保存。

阅读超星 PDG 图像格式的图书时，为方便使用信息资料，可以将 PDG 里的图片转换为 JPG 格式保存。

方法：在阅读书籍页面点击鼠标右键选择“图片另存为”，选择存储路径即可，如图 8-15、图 8-16 所示。

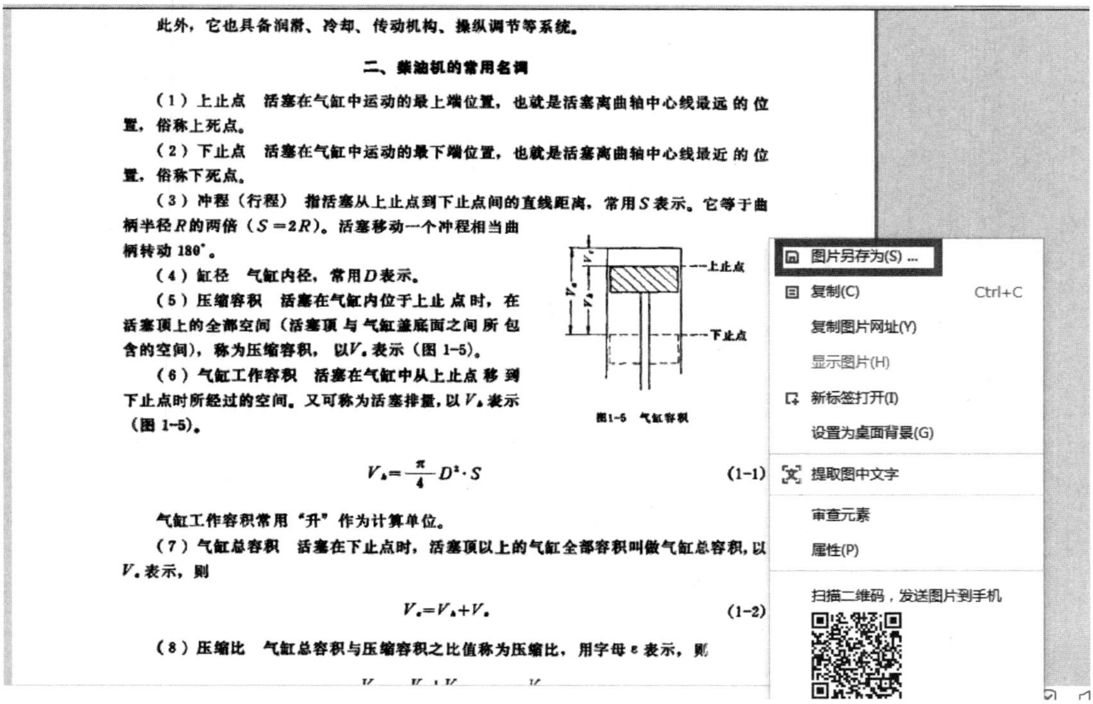

图 8-15　保存图片

图 8-16　选择存储路径

(2)OCR 文字识别。

阅读超星 PDG 图像格式的图书时，为方便信息资料的使用，可以将 PDG 里的文字转换为可复制粘贴的文字。

方法：在阅读书籍页面点击鼠标选择“文字提取”再选择“文字摘录”；鼠标成十字形，按住鼠标左键不动，选择要 OCR 文字识别的文字，松开鼠标左键即可，如图 8-17、图 8-18 所示。

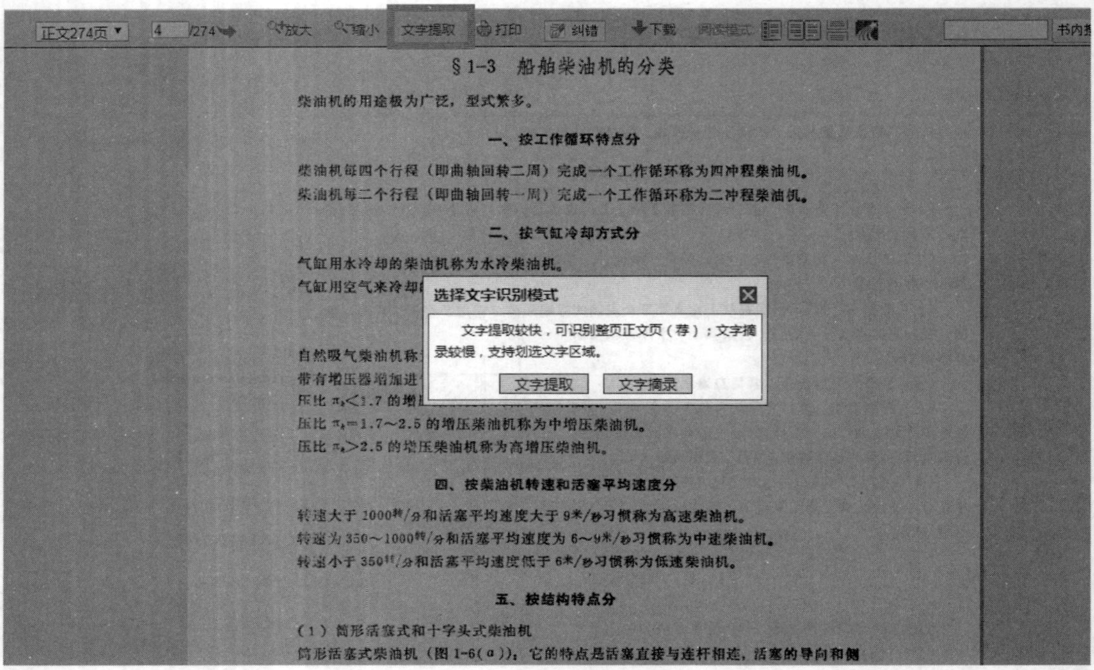

图 8-17 文件提取页面

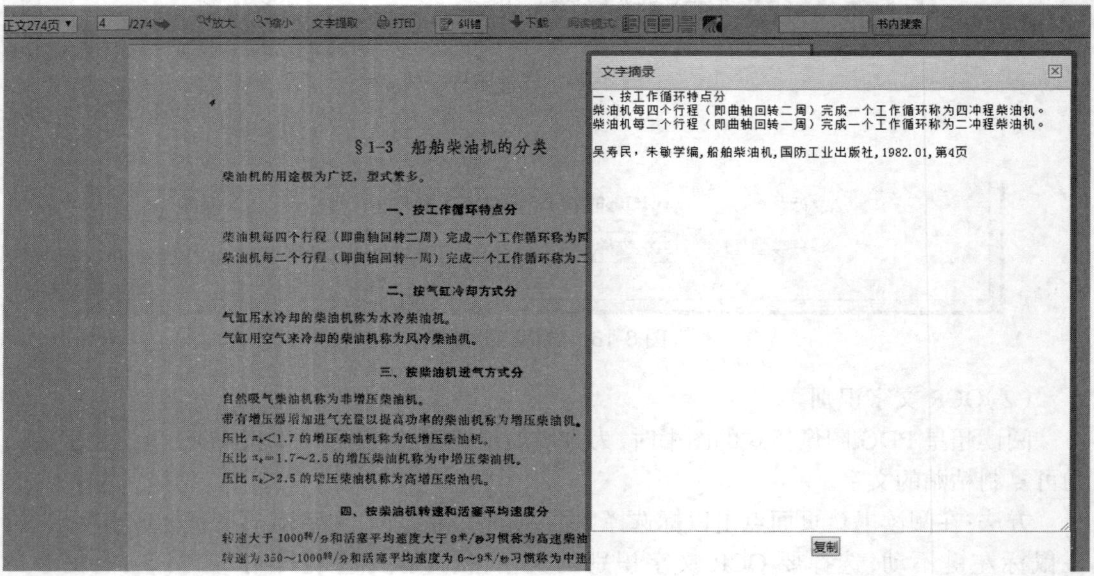

图 8-18 识别文字页面

活动二：电子期刊的检索（以万方数据知识服务平台为例）

1. 进入万方数据知识服务平台首页

在 IE 浏览器地址栏内输入学院主页地址，进入校园网。点击“图书馆”链接，进入图书馆主页。点击“万方数据”，进入万方数据知识服务平台首页，如图 8-19 所示；选择“学术期刊”，进入中国学术期刊数据库，如图 8-20 所示。

图 8-19 万方数据知识服务平台首页

图 8-20 中国学术期刊数据库页面

2. 高级检索

下面以“题名或关键词”途径检索“船舶柴油机”的内容。

（1）首先在万方智搜检索框右侧选择“高级检索”。

（2）在检索框内分别输入“船舶”和“柴油机”，检索途径为“题名或关键词”，检索关系选择“与”，点击“检索”按钮，如图 8-21 所示。

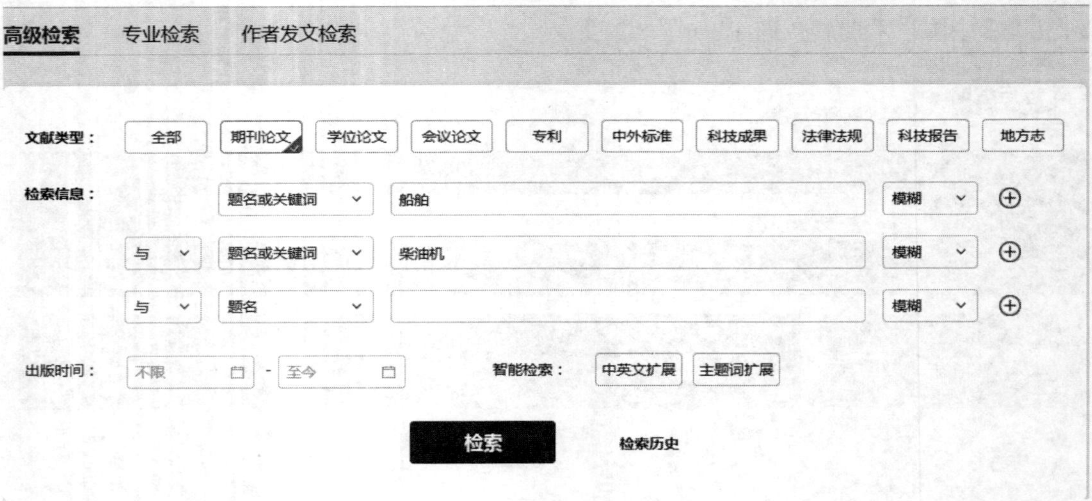

图 8-21　输入检索条件

（3）检索出所需的电子期刊 3 301 篇，如图 8-22 所示。

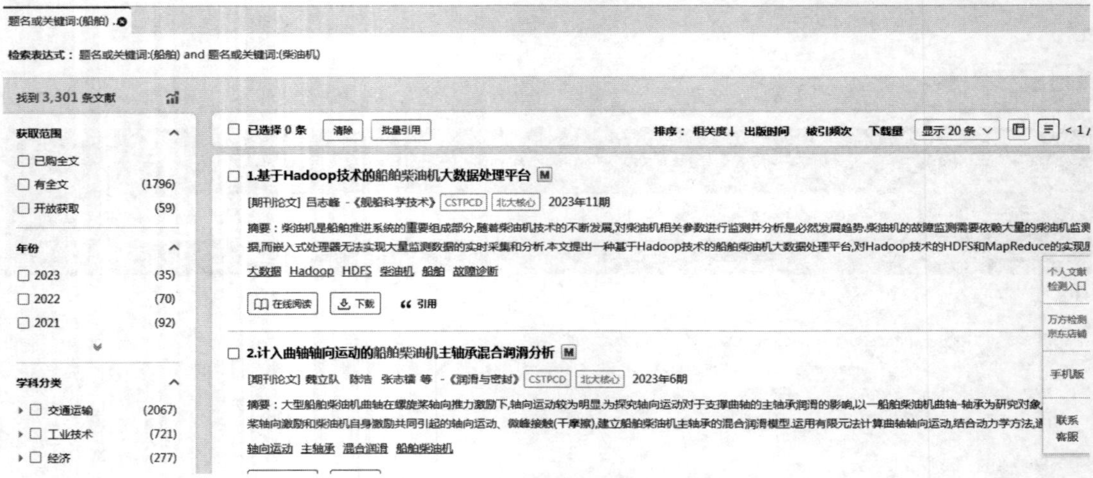

图 8-22　电子期刊检索结果页面

（4）如果在线阅读或者下载“基于 Hadoop 技术的船舶柴油机大数据处理平台”这篇电子期刊，选择“在线阅读”或者“下载”，如图 8-23 所示。

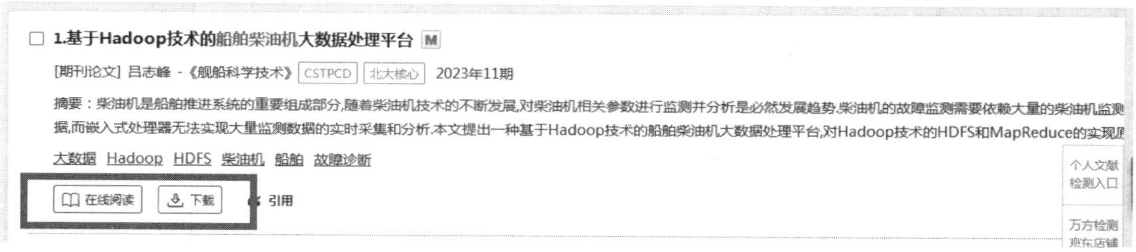

图 8-23　在线阅读或下载电子文献

活动三：综合检索平台的检索与利用（以 CNKI 为例）

CNKI 是集知识资源大规模整合出版、原创性学术文献出版、多媒体出版以及专业化、个性化数字图书馆于一体的数字出版平台，全面整合了 90% 以上的学术文献和海内外重要的学术文献数据库资源。CNKI 深度集成整合了学术期刊、学位论文、会议、报纸、标准、专利、年鉴、成果、图书等各种文献资源，包含基础科学、工程科技Ⅰ、工程科技Ⅱ、农业科技、医药卫生科技、哲学与人文科学、社会科学Ⅰ、社会科学Ⅱ、信息科技、经济与管理科学等 10 个专辑。

1. 进入 CNKI 首页

在 IE 浏览器地址栏内输入学院主页地址，进入校园网。点击“图书馆”链接，进入图书馆主页。点击“CNKI 中国知网”，进入 CNKI 首页，如图 8-24 所示。

图 8-24　CNKI 首页

2. 阅读器的下载与安装

（1）在 CNKI 首页最下面，选择 CAJViewer 阅读器，进入下载界面，如图 8-25、图 8-26 所示。

图 8-25　选择 CAJViewer 浏览器

图 8-26　选择“Windows 客户端”

（2）选择存储路径，即可下载安装 CAJViewer，如图 8-27 所示。

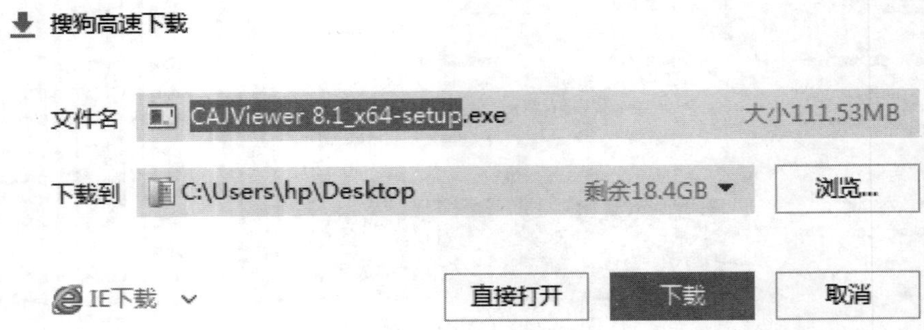

图 8-27　选择存储路径

3. 综合检索平台的检索

下面以“主题”途径检索“船舶柴油机”的内容。

（1）进入中国知网 CNKI 首页，选中所有文献类型，再点击检索框右侧“高级检索”链接，如图 8-28 所示。

图 8-28　选择“高级检索”

（2）检索条件选择“主题”，在检索框内输入“船舶”和“柴油机”，检索关系选择“AND”，点击“检索”按钮，如图 8-29 所示。

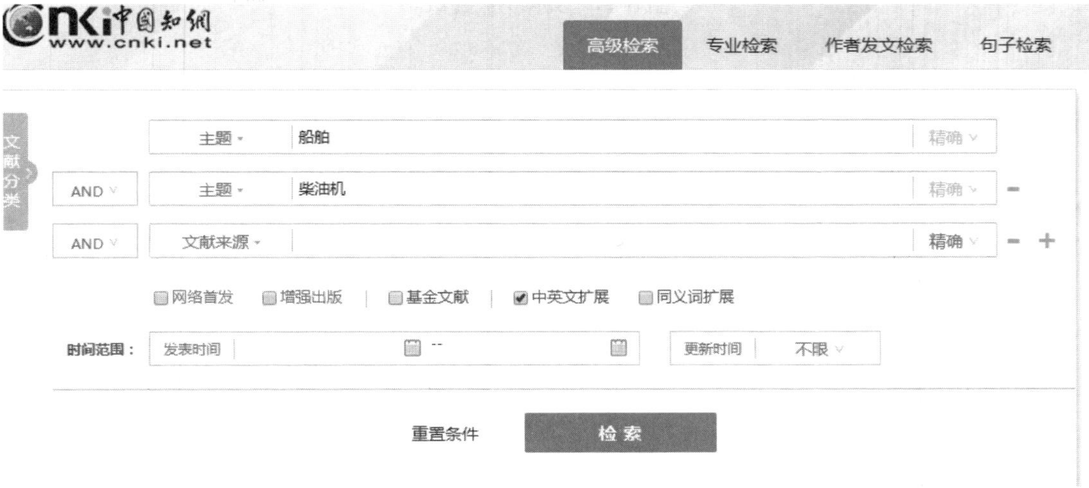

图 8-29　填写检索条件

（3）共计检索到 9 463 篇文献，包含有学术期刊、学位论文、会议、报纸、年鉴、专利、标准和成果等文献类型，如图 8-30 所示。

图 8-30　检索结果

(4)如果要下载某一篇学位论文,则直接点击⬇,在弹出的文件下载窗口中选择下载路径。“直接打开”是在线打开,“下载”是保存到本地计算机,如图 8-31、图 8-32 所示。

图 8-31　文件下载窗口

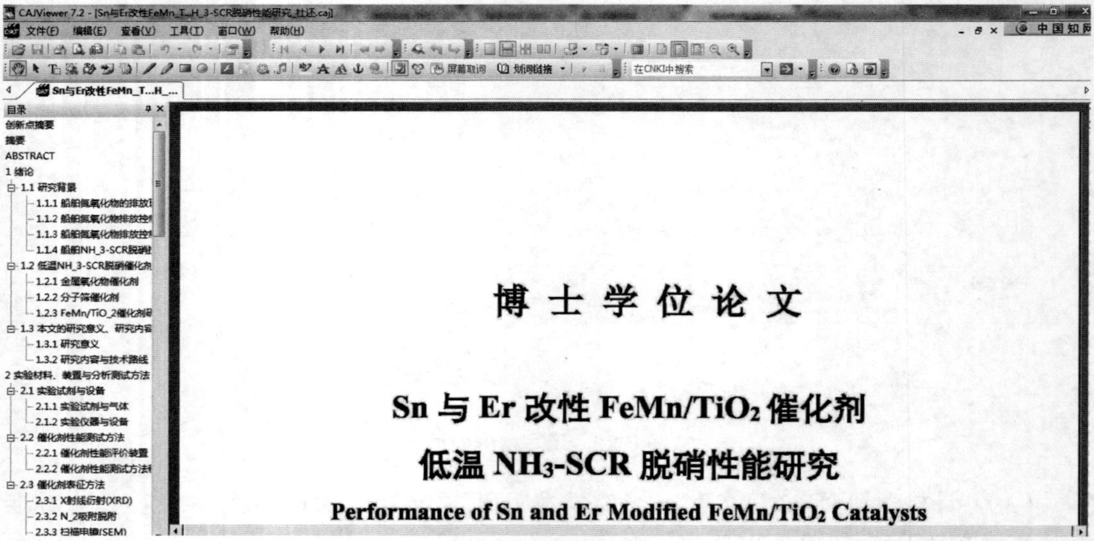

图 8-32　阅读文献

(5)OCR 文字识别,点击 CAJViewer 阅读器工具栏中的“选择文本”,按住鼠标左键选择文本,然后松开左键,即可选择需要识别的文字,右键点击“复制”即可,如图 8-33 所示。

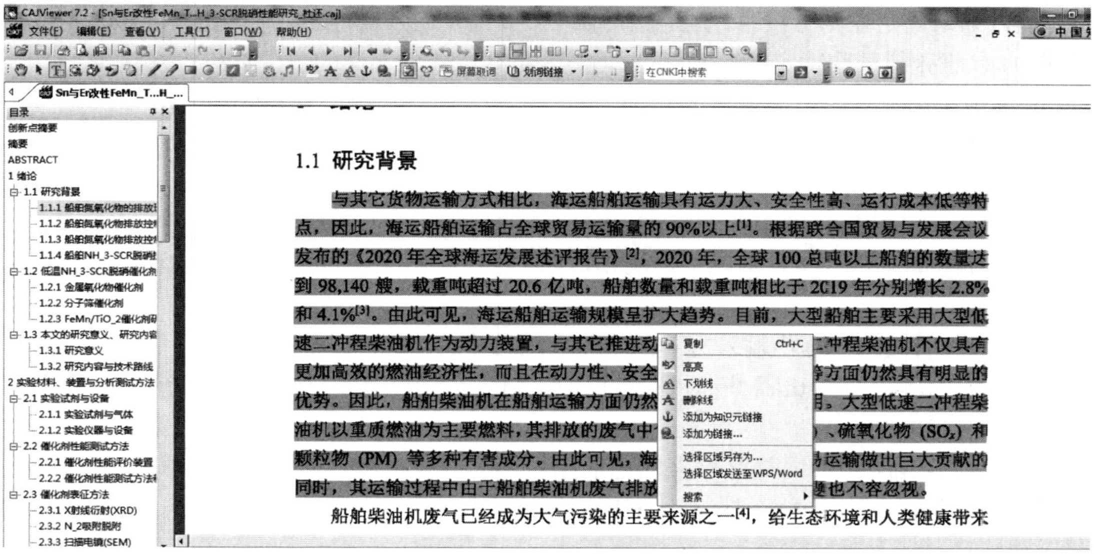

图 8-33　OCR 文字识别

任务三　利用网络搜索引擎检索信息

【实训内容】

利用 Internet 搜索引擎检索信息。

【实训说明】

Internet 的迅猛发展使网络信息数量急剧增长，在这样一个浩瀚无边的信息空间里，快速搜索并获取所需要的信息已成为人们最迫切的需求。为了帮助人们从众多网络信息中将对自己有价值的部分搜寻、挑选出来，网络搜索引擎便应运而生了。如果说 Internet 上的信息浩如烟海，那么搜索引擎就是海洋中的导航灯。本任务以百度为例。

【注意事项】

1. 关键词原则

关键词原则就是利用搜索引擎检索时，首先要把检索问题分析成若干个关键词（或用词语切分），然后对这些关键词进行组配，形成“检索表达式”，让计算机能够理解和执行，并输出检索结果。这是检索成功的关键。

2. 检索词的选用

用百度等搜索引擎时，应尽量选择专指词、特定概念或专业术语作为检索词，除了不使用虚词外，还要避免使用太宽泛的词，像计算机、植物、动物等。这些词大多太宽泛，如果用作关键词会导致检索结果太多，失去检索意义。可以选用专指性更高的词，如计算机网络、蕨类植物、哺乳动物。

3. 检索思路

（1）不是互联网上的所有信息都能被搜索引擎检索到。

（2）搜索前多动脑，不要期望一次搜索就能解决问题。

（3）不要盲目信任搜索到的信息。

(4)如果只是在网上漫游,享受畅游网络无边世界的乐趣,搜索引擎可以满足这方面的要求;如果想查找某些特定的专业信息,仍然要重视专业数据库的数字资源检索功能。

【实训步骤】

以百度为例检索“船舶柴油机”等网络信息。

1. intitle

检索式:关键词 A　intitle:关键词 B。

含义:搜索含关键词 B 标题的网页,并在含关键词 B 标题的网页内搜索含关键词 A 的内容。

例如,在百度检索框内输入“船舶　intitle:柴油机”,如图 8-34 所示。

注意:“船舶”与“intitle:柴油机”之间要空一格,“intitle”要紧跟“:”,如果漏掉“:”会导致检索失败。

解析:“柴油机”一词是对检索标题的网页限定,称为“定位词”,“ intitle”前面的词为“船舶”,即检索方向。目标词与定位词根据具体情况,可以考虑互换位置。

图 8-34　“intitle”检索

2. site

检索式:关键词 A　site:网址(不加“http://www ”)。

含义:在某个站点中搜索关键词 A 的内容。

例如,在站点 www.wspc.edu.cn 中查找船舶柴油机方面的信息,如图 8-35 所示。

检索式:船舶柴油机 site: wspc.edu.cn。

注意:“site: ”后面跟站点域名,不要加“http: //www ”;“site: ”和站点名之间不能有空格。

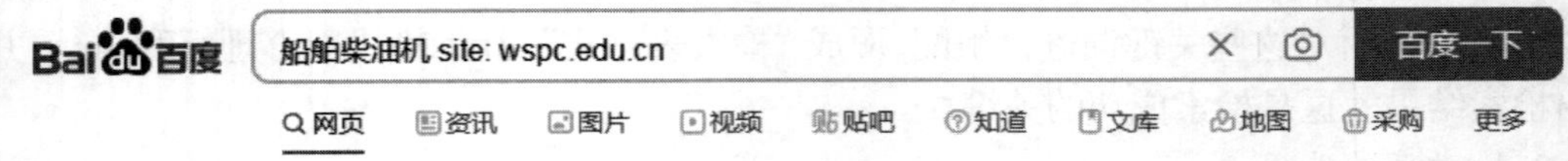

图 8-35　“site”检索

3.filetype

检索式:关键词 A　filetype:文件类型。

含义:查找关于关键词 A 的非 HTML 文件,如 PDF、DOC、PPT、XLS。

例如,查找船舶柴油机方面的 DOC 文本文件,只需搜索“船舶柴油机 filetype: doc”即可,如图 8-36 所示。

注意:“船舶柴油机”与“filetype:doc”之间要空一格,“filetype”要紧跟“:”。

图 8-36　“filetype”检索

4. inurl

检索式:关键词 A　inurl:网页的 URL 包含的字符串。

含义:表示限定搜索结果,网页的 URL 必须包含所规定的字符串。

命令格式: inurl:限定的字符串检索词。

例如,搜索船舶柴油机新闻的专题资料。许多中文网站都以“news”作为下载目录或频道名称,如图 8-37 所示。

检索式:船舶柴油机 inurl:news。

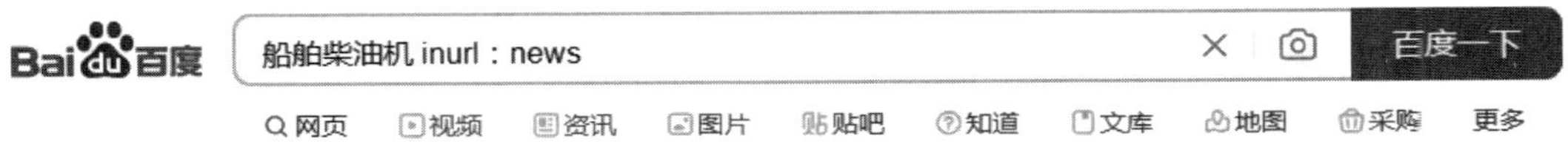

图 8-37　“inurl”检索

5. 逻辑与(找到更精确的结果)

检索式:关键词 A　关键词 B　。

“逻辑与”检索示例如图 8-38 所示。

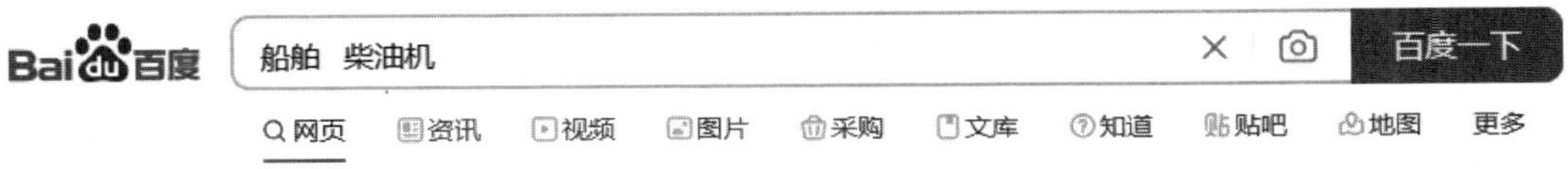

图 8-38　“逻辑与”检索

6. 逻辑或(扩大检索范围)

检索式:关键词 A| 关键词 B。

“逻辑或”检索示例如图 8-39 所示。

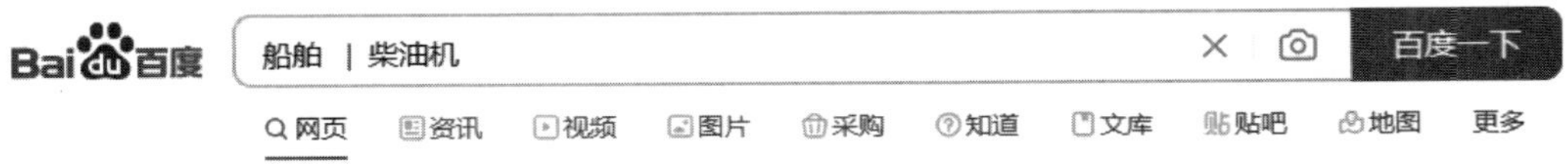

图 8-39　“逻辑或”检索

7. 逻辑非(缩小检索范围)

检索式:关键词 A　- 关键词 B。

“逻辑非”检索示例如图 8-40 所示。

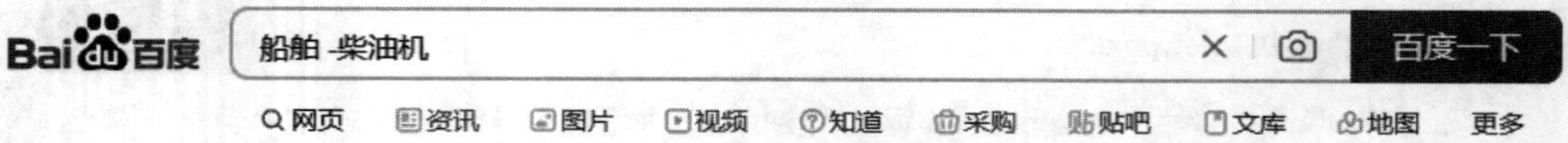

图 8-40 “逻辑非”检索

课后习题

综合检索船舶辅机方面的文献信息。

第九章 AI 智能写作实训

知网 AI 智能写作平台是基于大模型和 AIGC(生成式人工智能)技术开发的智能文档生成系统。它将大模型生成能力、协同文档和知识库融合,应用于技术方案、调研报告、规划报告、研究报告、日常办公(致辞稿、演讲稿、新闻稿、邀请函、学习心得、工作总结等)等多种文档编写场景,特别是可以生成技术性、专业性较高的内容。知网 AI 智能写作平台旨在帮助用户迅速高效地创作文档,其核心功能包括大纲生成、文档内容一键生成、好句子提示、相关段落推送、内容续写、内容润色、章节重写、素材知识库、内容问答等,如图 9-1 所示。由于知网 AI 智能写作平台是一个辅助写作工具,用户在使用时,要遵守国家有关法律、法规、社会公德及学术规范和学术道德,尊重知识产权,拒绝学术不端行为。

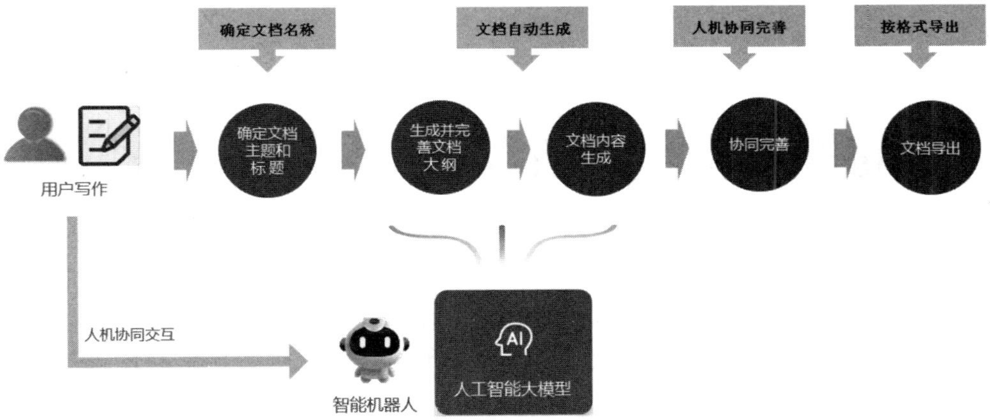

图 9-1 知网 AI 智能写作平台功能

一、注册登录

已注册中国知网个人账户的用户可以使用中国知网个人账号进行登录,同时也支持使用 QQ、微信、微博和网易账号快捷登录,如图 9-2 所示。未注册过中国知网 个人账户的用户,可以通过手机号注册后再使用该平台。

初次使用知网 AI 智能写作平台的用户,在成功登录平台后,需填写个人相关信息并点击提交试用。等待审核成功后,即可开始体验。

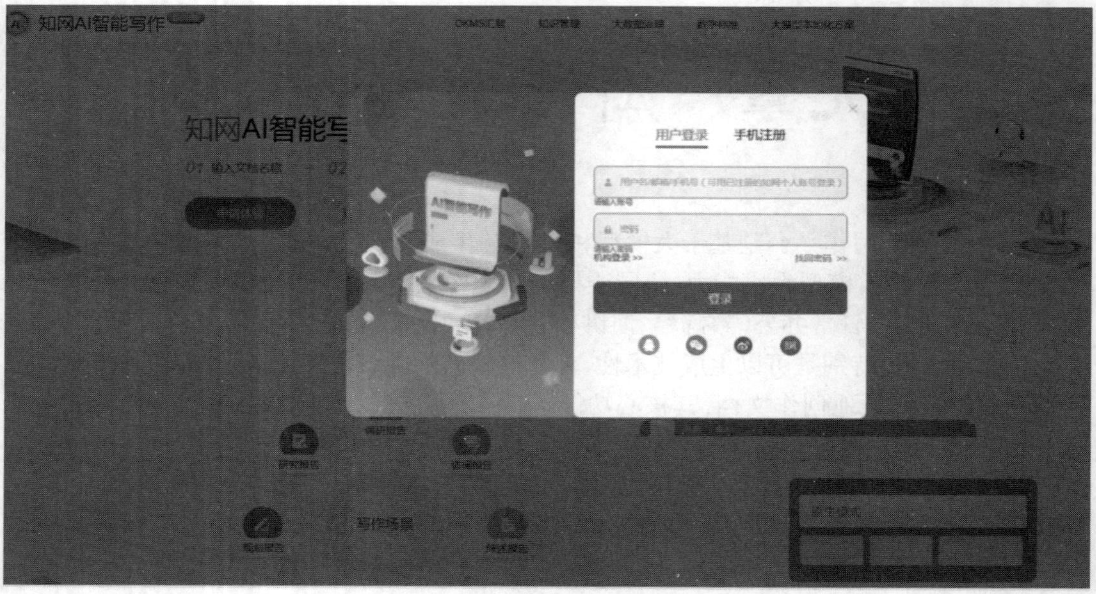

图 9-2　知网 AI 智能写作平台登录界面

二、新建文档

知网 AI 智能写作平台提供了多种文档类型的写作模板，以满足不同用户的创作需求，如图 9-3 所示。用户只需点击所需的文档模板，填写文档名称，然后点击“确定”按钮即可。以“大学生创新创业调研报告”为题目，编写调研报告，新建文档“大学生创新创业”，然后点击“确定”按钮，即可进入文档创作页面，如图 9-4 所示。在文档创作页面，系统将协助用户生成所需文档类型的大纲和正文等。

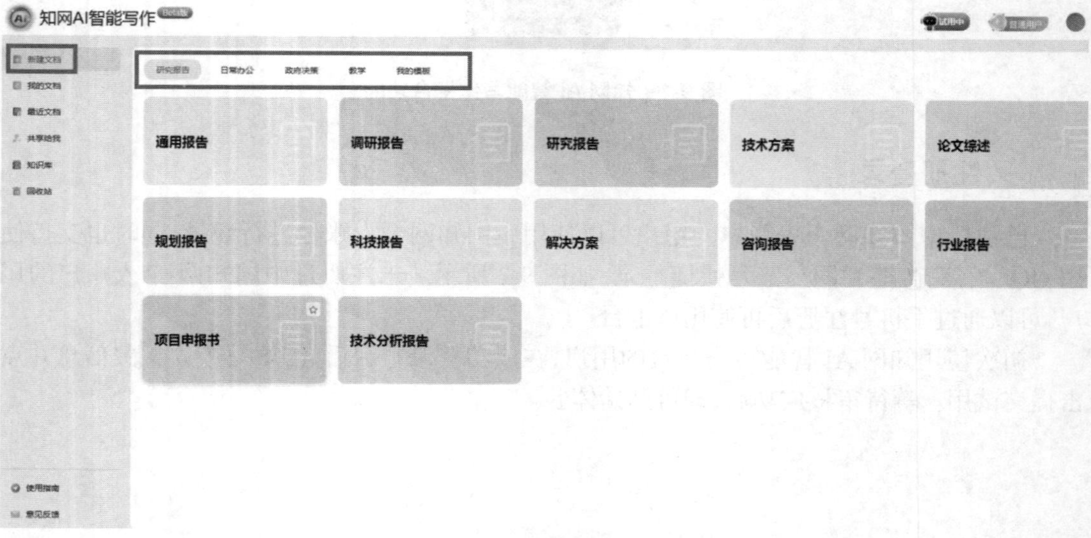

图 9-3　不同文档类型的写作模板

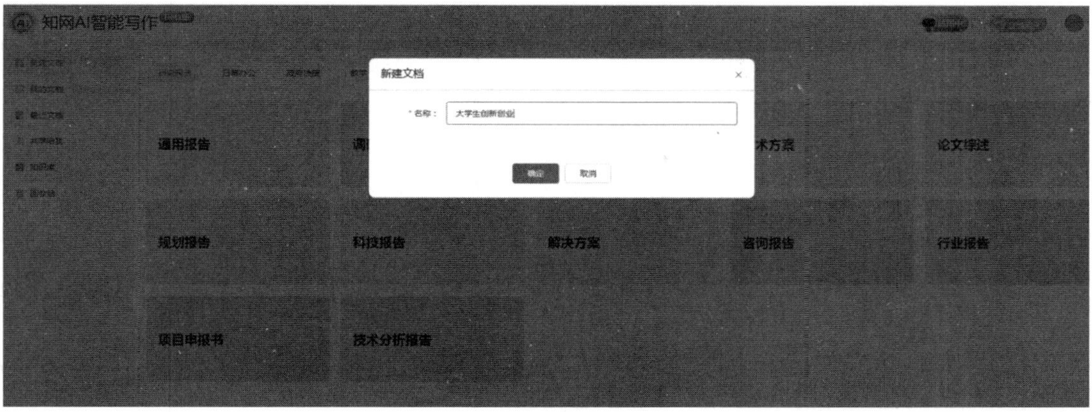

图 9-4　新建文档

三、AI 内容问答

在知网 AI 智能写作平台的提问框中输入“大学生创新创业”，点击“内容问答”按钮即可生成答案，如图 9-5 所示。答案可插入到文档的可编辑区域中。如果对答案不满意，可以重新生成。

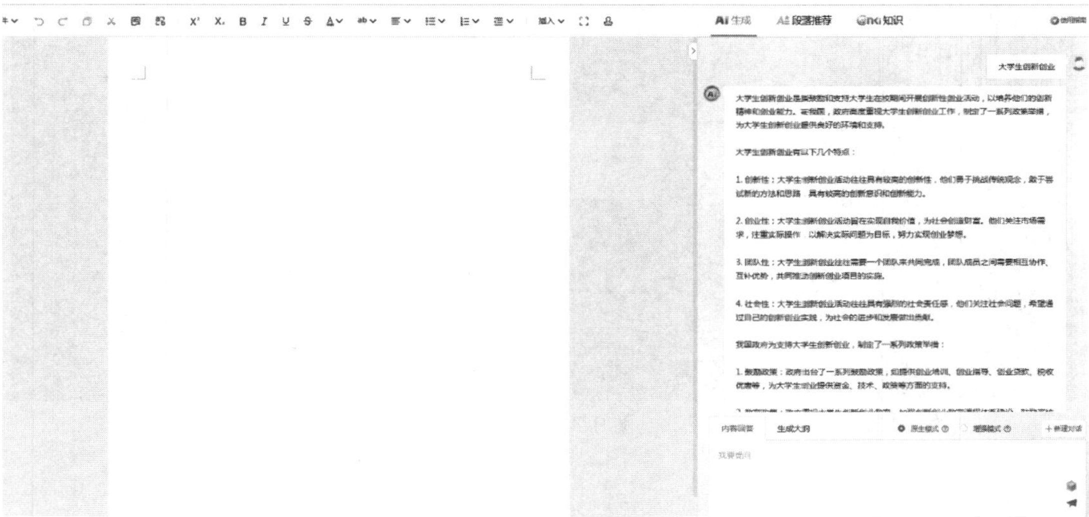

图 9-5　生成答案

四、AI 生成大纲

点击“生成大纲”按钮，可自动完成“大学生创新创业”调研报告大纲的生成，如图 9-6 所示。大纲生成完毕后，系统会提示“是否需要继续生成概述?”，点击“确定”按钮即可生成概述，如图 9-7 所示。插入章节的方式包括“替换所有章节”和“替换当前章节”两种。

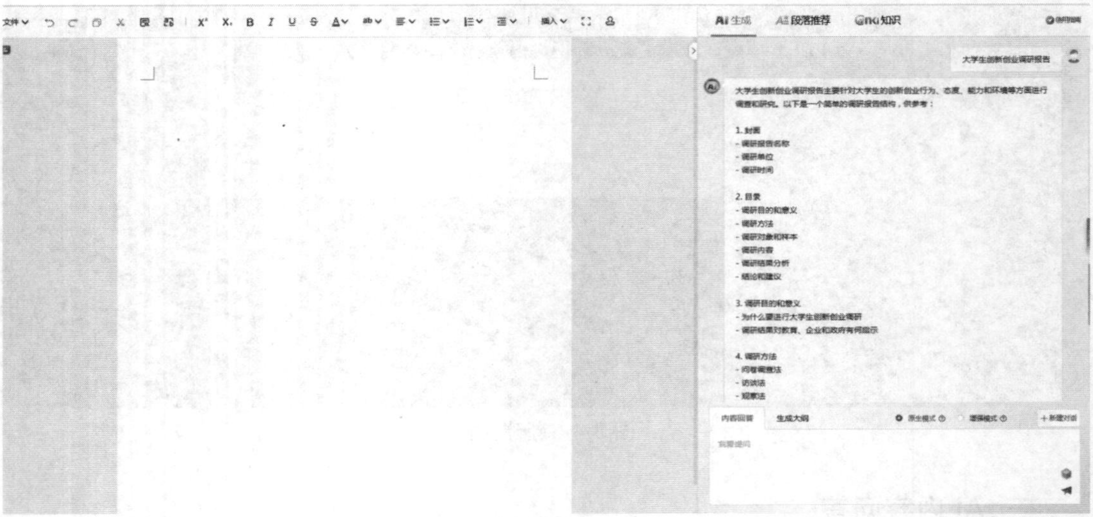

图 9-6　生成大纲

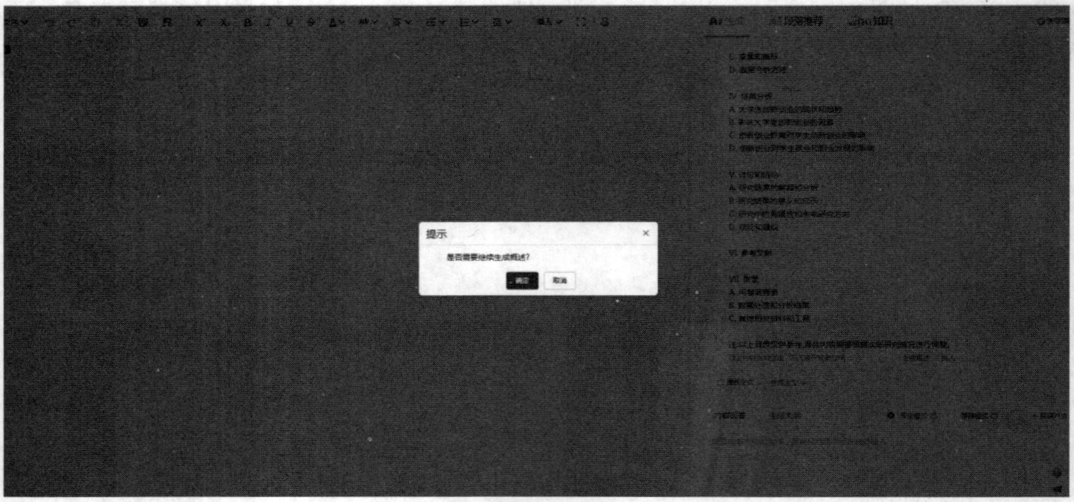

图 9-7　生成概述

五、文档内容一键生成

在将文档大纲和概述插入到文档后，可以对概述进行修改。然后，点击“生成全文”按钮，在选择自定义文档风格（本例选择“学术风格”）后，AI 将结合标题、大纲、概述，一次性生成文档的全部内容，如图 9-8 所示。默认生成模式为原生模式，可以根据需要选择切换至增强模式。

原生模式依托人工智能大模型预训练后的语言能力，根据用户输入的文档主题和背景条件智能生成各章节内容，这种方式的特点在于文档适配性强，生成速度快，能够生成各种主题的文档，但质量和深度差异较大。

增强模式是借助人工智能大模型的语言理解能力和文本生成能力，在向量知识库中找到对应主题的内容素材，让人工智能大模型实时阅读和学习，再进行总结提炼，形成逻辑合理的段落内容。这种方式虽然计算量大、生成速度较慢，但能有效提高生成文档的质量。

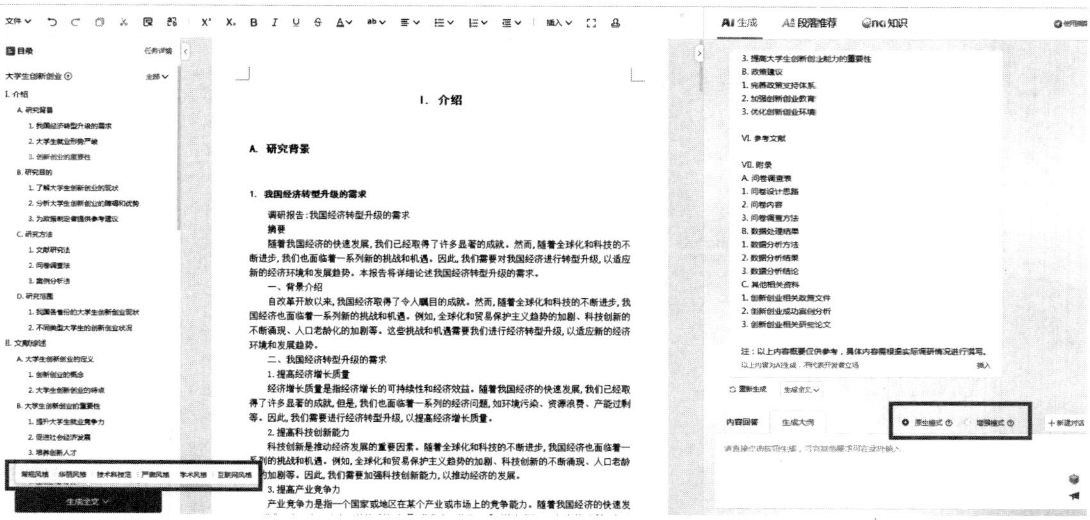

图 9-8 生成全文

六、提升写作质量

一键生成文档后，可以继续利用AI提升写作质量，包括匹配句段的自动推荐，已写内容的续写、润色、扩写以及缩写等功能。

1. 内容实时推送

（1）实时获取输入内容并识别可能的写作主题，然后推送高质量句子供参考，类似输入法提示。

（2）根据输入的前半句内容智能联想下半句写作内容，提升写作效率和质量。

（3）点击推荐内容，自动插入章节正文，方便整合优质内容。

内容实时推送如图9-9所示。

2. 智能段落推送

当完整写完一个句子时，系统会根据句子语义特征从知识库中智能推送相关内容片段，帮助用户进一步优化和完善句子内容。点击推荐内容右下角的黄色加号按钮，推送的段落内容会一键插入到正文中，如图9-10所示。

3. 鼠标选中智能操作

（1）续写内容：选定文本后，点击“续写内容”，即可在已生成的段落上进一步续写，以增加篇幅并完善内容。

（2）章节重写：选中目标章节段落，点击“章节重写”，即可自动生成该章节的新内容。

（3）润色：选择需要润色的文本，点击“润色”，以提升文本质量和表达效果。

（4）扩写、缩写：选中要扩写或缩写的文本，点击相应功能实现内容的扩展或压缩。

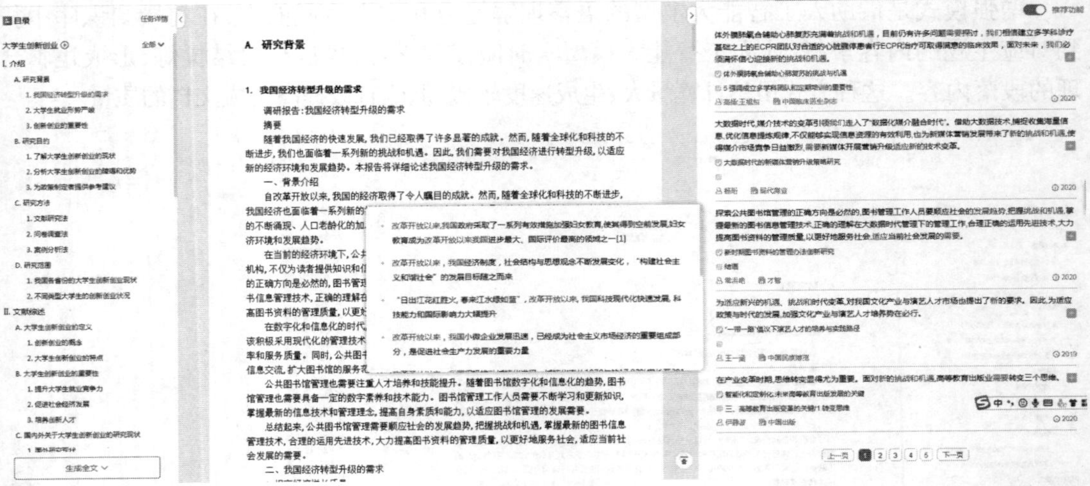

图 9-9 内容实时推送

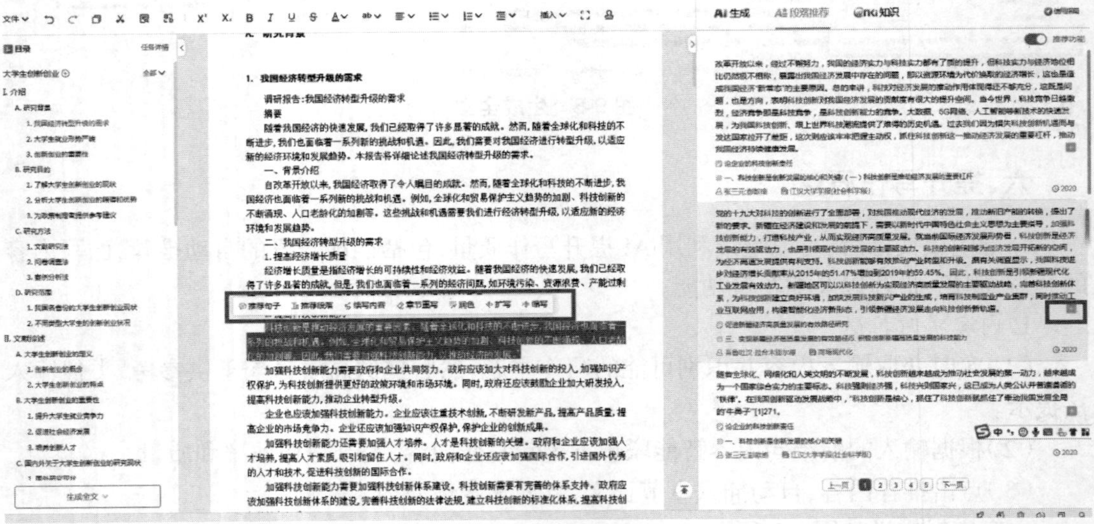

图 9-10 智能段落推送

七、CNKI 知识检索

该系统支持检索 CNKI 知识。在搜索框输入关键词，点击搜索图标即可进行知识检索，如图 9-11 所示。在检索结果列表中，点击文档名称即可进入在线阅读页面。可以选择所需的文字内容或图片，然后点击“添加”将其添加到编辑文档中。对于付费文档，可以选择机构漫游、个人积分或个人账号等扣费方式。

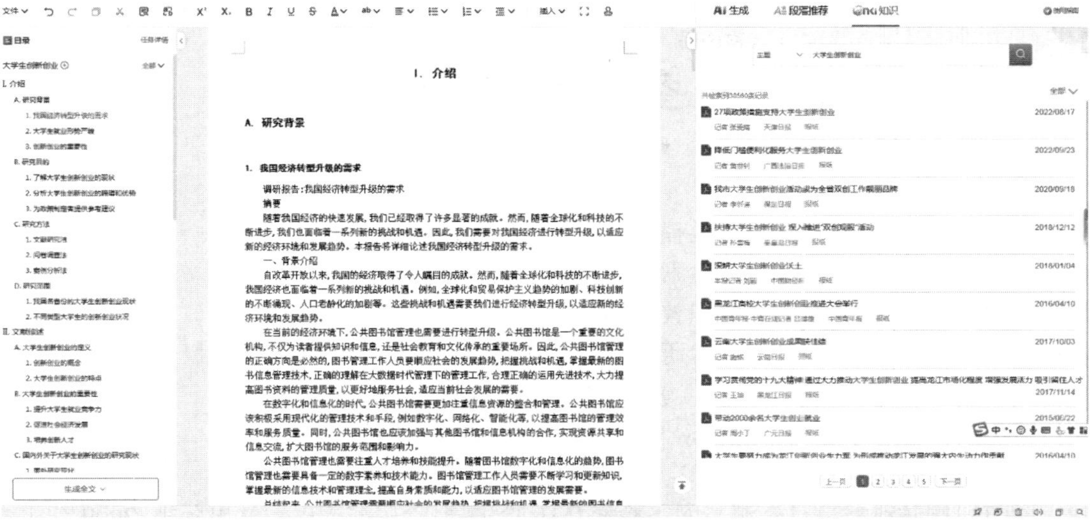

图 9-11　知识检索

八、文档导出

创作完成后，可以对文档进行导出。点击页面左上角的“文件”，选择“导出”，设置所需的导出样式即可，如图 9-12 所示。

图 9-12　导出样式设置

课后习题

运用 AI 智能写作系统编写行业报告。

参考文献

[1] 肖亚明,李世龙. 信息检索教程 [M]. 北京:人民邮电出版社, 2007.

[2] 肖亚明,尹志清. 高职信息检索 [M]. 天津:天津大学出版社, 2014.

[3] 潘燕桃,肖鹏. 信息素养通识教程 [M]. 北京:高等教育出版社, 2019.

[4] 张倩苇. 信息素养:开启学术研究之门 [M]. 北京:北京理工大学出版社, 2020.

[5] 明均仁. 信息检索 [M]. 武汉:华中科技大学出版社,2021.

[6] 周建芳. 信息素养与信息检索 [M].3 版. 北京:科学出版社, 2021.

[7] 施燕斌. 信息检索与利用 [M]. 长沙:国防科技大学出版社,2021.

[8] 张玲. 国防科技信息资源与网络检索 [M]. 哈尔滨:哈尔滨工程大学出版社,2009.

[9] 燕今伟,刘霞. 信息素质教程 [M]. 武汉:武汉大学出版社,2008.

[10] 黄如花. 信息检索 [M]. 2 版. 武汉:武汉大学出版社,2010.

[11] 符绍宏. 信息检索 [M]. 北京:高等教育出版社,2004.